인물로 보는 삼국사

정구복 지음

일러두기

1. 이 책의 서술은 정구복·노중국·신동하·김태식·권덕영이 역주한 『역주 삼국사기』(전5권, 한국정신문화연구원, 1997)을 토대로 이루어졌다. 『삼국사기』의 본기와 열전을 중심으로 구성하고 잡지와 연표는 생략했지만, 중요한 내용은 본기와 열전의 해당 기사와 관련하여 실었다. 또한 본기와 열전에서도 모든 기사를 싣지 않고 중요 사건에 관계된 기사만을 추렸다.
2. 독자의 편의를 돕기 위해 본문 기사 중에 표제어를 붙였다.
3. 원문 이해에 필요한 간단한 주석은 본문 중 ( ) 속에 달았으며, 보다 세밀한 주석은 따로 처리하였다. 또 본문의 내용을 이해하는 데 필요하다고 여겨진 내용들을 '역사상식'으로 보충하였다.
4. 경우에 따라서는 다른 기록을 보완해 넣기도 하였다. 예컨대 고구려 고주몽에 대한 내용은 『구삼국사』의 기록을 보충했고, 김유신 열전에 전하는 김춘추 이야기는 무열왕 부분에 넣었으며, 특히 원효와 의상, 구진천에 대한 부분은 다른 기록을 보충하여 저자가 다시 서술하였다.
5. 연대 표시는 왕력과 함께 서력을 부기하였다. 연호의 경우도 서력을 부기하였다.
6. 한자는 최초 1회 표기를 원칙으로 하나 필요할 경우 재표기를 하였다.
7. 이 책은 『새로 읽는 삼국사기』의 개정증보판(3판)으로, 초판과 제2판에 실었던 서문을 함께 실었다.

책머리에
과거의 인물을 통해 역사의 숨결을 느끼다

　현재 한국의 수평적인 문화의 축은 세계의 문화를 수용하는 점에서 크게 확대되었다. 그러나 우리의 역사적 전통과 문화를 전하는 수직적인 문화의 축은 아주 연약하다. 문화의 수직적인 중심축이 약하다는 것은 사람의 척추가 약하다는 말과 같다. 문화의 중심축이 없으면 문명으로 설정할 수 없다. 중국문명, 일본문명은 있는데 아직 한국의 문명은 세계적으로 인정을 받지 못하고 있다. 한국문화를 한국문명으로 위상을 높이려면 문화의 역사적 중심축을 강화하여야 한다. 문화의 역사적 중심축은 없는 것이 아니라 우리가 체계화하지 못하고 있을 뿐이다. 그 중심축은 한국의 생활과 무의식, 정서 속에는 연면히 흐르고 있다. 이를 재발견하여 크게 확장, 강화하는 것은 이 시대를 살고 있는 한국인이 반드시 해야 할 역사적 과제이다.

　문화의 역사적 중심축이 약하게 된 것은 오늘 갑자기 생긴 것이 아니다. 1,000여 년간 발전시켜온 불교 및 유교문화 그리고 정치문화, 교육문화, 생활문화 등의 전통이 일제시기와 광복 후 단절되었다. 그뿐만 아니라 2,000여 년의 오랜 기간에 걸쳐 국가를 유지해온 나라치고는 국가의식이 허약하기만 하다. 일제의 잔재를 없애야 한다며 총독부 건물을 폭파한 나라이다. 근대화 시기의 문화유산도 현대화란 명분으로 철저히 파괴되었다. 또한 광복 후 정부의 조직법에 의해 과거의 문화전통은 깡그리 팽개쳐졌다. 이에 비하여 중국은 수백 년 동안 계속된 이민족의 지배를 자기 역사화했다는 점에서 우리와 다르다. 즉 거란의 요, 여진의 금, 몽고의 원, 여진의 청나라 역사를 자기의 역사로 인정하는 전통을 수립하였다. 과거의 역사는 허물 것이 아니라 있었던 사실을 인정하는 아량이 있어야 한다. 우리에게 좋은 것만 치장하고 부끄러운 것은 모두 제거하거나 감추면 겉으로는 그럴듯하지만 속으로는 골병을 앓는 법이다.

우리는 문화의 수직적인 중심축이 약하기 때문에 시류에 시달린다. 불명예스러운 이혼율, 입양아 수출, 자살률 등이 세계에서 1, 2순위를 차지하고 있다. 문화의 중심축이 약한 것은 역사학에서도 마찬가지이다. 서양의 역사학이 19세기 말에 수용되어 사회와 문화의 발전을 새롭게 해석하고 있다. 서양의 역사학이 현대 역사학의 방법론과 역사관의 주류를 형성하면서 과거 2,000여 년간 발전해온 동양 역사학의 방법론과 역사관은 모두 팽개쳐졌다. 이처럼 과거의 동양 역사학이 모두 쓰레기통에 버려야

할 정도로 의미와 가치가 없는가 되묻지 않을 수 없다.

즉 서양 역사학의 성행으로 인해 동양의 전통적인 기전체 역사학을 포기하기에 이른 것이다. 동양의 기전체 역사에서는 왕의 정치와 통치제도, 자연현상 등과 함께 당시를 주도한 인물들의 열전기록을 실었다. 그런데 현대의 역사학에서는 사회변화의 서술에 중점을 둔다고 하여 개설서나 통사 등에서 구체적인 인간의 활동이 배제되고 있다. 따라서 인간의 역사를 다루면서도 인간이 살아온 구체적인 모습은 전혀 보이지 않는다. 인간의 활동이 서술되지 않은 역사학은 독자로 하여금 생활의 도움이나 교훈을 줄 수 없다.

그리고 이런 책들은 체계적이고 논리적이지만 역사의 숨결이 느껴지지 않아 일반 독자들로부터 외면당하고 있다. 고대부터 지금까지의 문화의 축을 찾는 일은 당시에 살았던 사람들의 이야기에서 직접 찾을 수밖에 없다. 과거의 인물을 통하여 역사의 숨결을 느낄 수 있다. 삼국시대 인물들에 대한 자료는 『삼국사기』의 본기에 실린 국왕들의 이야기에서, 그리고 열전에 실린 개인들의 이야기에서 풍부하게 얻을 수 있다.

이 책 『인물로 보는 삼국사』는 전에 나온 『인물로 읽는 삼국사기』를 시아출판사에서 새로이 출판하면서 위와 같은 의식을 가지고 새롭게 재편집하였다.『삼국사기』에서 단편적으로 다루어진 고승의 이야기와 일반 서민의 이야기도 새로이 보충하였다.

고대에는 불교가 사상적·종교적으로 사회를 이끌어갔다. 따라서 고대사회에서 고승들은 대단히 중요한 역할을 했다. 그럼에도 불구하고 김부식이 쓴『삼국사기』에는 고승들의 전기가 다루어지지 않았다. 고승들은 왕과 신하 그리고 일반 국민들에게 살아가는 원리와 철학을 앞서 실천하며 가르쳐 준 사람들이다. 이에 고승 중에 철저한 수행을 통하여 당시 사회의 문제를 해결하려고 고민한 의상대사와 승려의 전형적인 틀을 깨고 불교를 일반 사람에게 널리 알리려 한 원효대사가 살아온 삶을 새로이 추가하였다. 그리고 일반 서민으로 열전에는 나와 있지 않지만 과학기술의 해외 유출을 막으려 애쓴 기술자인 '구진천'의 이야기 등을 새로이 추가하였다. 그밖에 장절의 제목도 일부 바꾸고, 또 일부를 삭제하여 새롭게 편집하였다.

이 책은 역사적인 문화의 중심축을 고대로부터 찾아야 한다는 필자의 뜻을 담았다. 역사를 외면하는 국민은 역사를 발전시킬 수 없다는 말을 강조하고 싶다. 역사는 사치스런 호고가의 여가를 즐기기 위한 대상이 아니다. 역사는 인간이 축적해온 온갖 지혜를 갖추고 있다. 모든 사람이 자기의 삶의 새로운 아이디어를 얻을 수 있는 지식의 보고이다. 또한 인물의 역사는 한국 문화의 중심축을 찾을 수 있는 길이며, 인류의 보편적인 삶의 여러 모습을 보여주는 것이기도 하다.

　독자들이여! 이점을 깊이 헤아려 주시기 바란다.

지은이

개정판에 부치는 말
인간이 역사를 만든다

『삼국사기』는 김부식(1075~1151)이 고려 인종 23년(1145)에 중국의 정사체를 본떠서 기전체(紀傳體)로 편찬한 삼국시대 역사서이다. 이 책은 국가의 정치사인 신라 본기, 고구려 본기, 백제 본기와 통치제도 등을 내용에 따라 분류하여 서술한 지(志), 그리고 개인의 기록인 열전 등 총 50권으로 되어 있다. 이 책은 고려 초기에 편찬한『삼국사』를 재편찬한 것이다. 동양에서는 왕조가 멸망하면 그 다음 왕조에서 전 왕조의 역사를 편찬하는 관행이 있었다. 이에 따라 고려에서는 광종 대에『삼국사』가 편찬되었다. 이를『구삼국사』라고 칭한다. 그런데 삼국의 역사를 김부식이 다시 편찬한 이유는 무엇일까?

이미 중국에서도 당나라 역사서는『당서』가 편찬된 후 다시『신당서』를 편찬하였던 관행도 있었고,『구삼국사』가 옛 기록을 그대로 모아 놓아 문장이 졸렬하며, 또한 그 내용이 소략하여 정치에 교훈을 줄 수 없다는 것이 김부식이 삼국의 역사를 다시 편찬하게 된 주된 이유였다.

김부식은『삼국사기』를 편찬하여 국왕에게 바칠 때에 올린 글인「진삼국사기표(進三國史記表)」에서『구삼국사』를 '고기(古記)'라고 칭하였고,『삼국사기』본문이나 주에서도 이를 '고기'라고 칭하였다. 이는 『구삼국사』가 역사가에 의하여 주견 있게 씌어진 저술이 아니라 단지 옛 기록을 묶어 놓은 것이라고 평하였음을 뜻한다. 삼국시대 초기의 한

문 표현이 세련되지 못한 문장이었고, 신라 중기 이후에는 문구가 네 글자 또는 여섯 글자로 이루어진 문장이 유행하였다. 이는 중국 남북조 시대에 유행하던 소위 '사륙변려문체(四六駢儷文體)'로 문장이 유려하지만 같은 의미를 가지는 글자가 중복되어 사용되는 단점이 있었다. 그런데 김부식은 당시 유행되고 있던 사륙변려문체를 버리고 당송의 문인에 의해 부활된 고문체의 문장을 사용할 것을 주장하였다. 고문체는 논리적이고 간결한 것이 그 특징이다.

역사를 통해 정치적 교훈을 주어야 한다는 그의 주장은 군주의 선악, 신하의 충성스러움과 사악함, 백성의 삶의 편안함, 나라가 잘 다스려졌는지의 여부 등을 밝혀내야 한다는 것이었다. 이는 김부식이 전래한 새로운 역사서인 사마광의 『자치통감(資治通鑑)』의 영향을 강하게 받은 것이다. 그리고 그는 당시의 학자들이 중국의 역사와 유교경전에는 해박한 지식을 가지고 있음에도 우리나라 역사에 대하여는 진혀 모르는 사실을 개탄하고 우리 역사에 대한 관심을 촉구했다.

또한 김부식의 시대에는 우리나라의 역사 인식에도 고려 초기와는 다른 새로운 변화가 나타났다. 즉 고려 초기에는 고구려 계승의식이 정치적 이념으로 표방되었으나 실제로 신라의 불교사상이나, 유교사상은 물론 영토적·문화적으로도 신라 왕조의 영향이 지대하게 미치게 되었다. 신라의 고승인 원효와 의상대사, 그리고 유학자인 설총과 최치원이 추존되었다. 점차 고려 왕조는 신라 왕조를 계승한 왕조라는 의식이 보편화되었다.

따라서 고구려 본기를 제일 앞에 내세워 서술한『구삼국사』의 형식을 따르지 않고 신라 본기를 제일 앞에 서술한 것이『삼국사기』였다고 할 수 있다. 신라 본기를 제일 앞에 내세운 이유는 건국이 제일 먼저 이루어졌고, 또한 제일 늦게 망하였다는 점이 근거였을 것이다. 삼국 중 신라의 건국이 제일 먼저였다는 기록은 신라가 삼국을 통일한 후에 신라인에 의해 기록된 것으로 이해된다. 이는 현재 연구된 고구려와 백제의 건국이 신라에 비하여 앞섰다는 역사사실과는 다르다.

그리고『삼국사기』는 역사서임과 동시에 당시 최선진의 역사 이론을 담은 역사 이론서였다고 할 수 있다. 역사를 쓰는 원칙, 역사의 동인, 역사의 방향에 대한 깊은 논의가 김부식이 직접 쓴 31편의 사론(史論)을 통하여 표출되고 있다.

『삼국사기』에 대한 평은 시대마다 크게 달랐지만 삼국시대의 역사와 문화에 대한 가장 기본적인 사료로서 가치를 가진다는 점은 움직일 수 없는 사실이다. 이 책은 역사를 인간이 만든다고 하는 역사관을 강조하였다. 이는 합리적인 사고방식이라고 할 수 있다. 이에 대한 반발로 이규보와 일연은 외침을 당한 상황과 신비적인 요소에 기댈 수밖에 없는 상황에서 역사에서 보이지 않는 힘, 즉 신의 도움을 강조하였다. 그리고 이는 김부식의 문헌 존중주의 사학에 대한 반발이기도 하였다. 그러나 이런 반발이 김부식 역사학의 방향을 돌려놓을 정도는 되지 못하였다. 그래서 김부식의 역사학은 이후 학자들과 조선시대에 계승되었다.

『삼국사기』는 왕조국가의 발달사라는 측면에서 설명이 집중되어 있다. 김부식은 삼국의 역사가 진행된 모습을 국가 중심으로 파악하였다. 영토의 확장, 군주의 계승, 관료의 임명, 법령의 반포와 실시 등이 국가의 발전이란 측면에서 서술되었다. 당시 국가라 함은 왕조국가를 뜻했다. 그는 왕조국가의 유지가 중요함을 강조했다. 신라, 고구려, 백제 등의 삼국이 '해동의 삼국'이라 하여 우리나라 역사임을 강조하고 있다. 이 국가 중심적인 역사는 『삼국유사』에 비하여 이 책이 가지는 특징이다.

김부식의 역사관이 사대적인 것이라고 비판되고 있지만 이는 민족주의 역사학의 결과이다. 전쟁을 미리 막아 평화관계를 구축하여야 한다는 그의 이상은 전혀 잘못된 것이 아니고, 오히려 올바른 선택이었다고 할 수 있다. 농업 중심적인 국가에서 부국강병을 외치고 전쟁을 준비할 때에 인민이 당하는 고통은 이만저만한 것이 아니다. 평화정책의 추구는 인구와 면적에서 비교가 되지 않는 한족의 중국과 평화 공존관계를 1,300년 간 이어오게 한 힘이었다. 이처럼 당시의 사대정책의 의미를 새롭게 평가할 필요가 있다.

이 책은 과거의 사실을 다룬 고대사이면서 문체와 역사의식, 평가기준은 중세적인 관점이 강하게 투영된 역사서이다. 중세적인 관점이라것은 우리나라 역사를 당시의 세계사적인 관점에서 이해하는 것이다. 즉 천하에서 자기의 국가가 최고라고 여기던 고대인의 독존적인 역사관에서 벗어났다. 즉 우리나라 역사를 중국의 역사와 관련하여 이해하는 국제적인 시각으로 확대되었다. 또한 고대 역사의 특징인 영토 확장을 위한 전쟁을 지양하고 국가간의 평화관계 구축이 중세의 특징이라 할 수 있다. 고대가 무인 중심의 사회였다면 중세는 문인 중심의 사회였다. 문인 중심의 사회는 능력 있는 사람이 발탁되어 관료로 충원될 수 있는 길이 확대되었음을 뜻한다. 유교에서는 천하에 능력 있는 사람을 재야에 남겨두어서는 안 된다는 이상을 가지고 있었다. 유교적인 관점에서 역사를 이해한 것은 당시의 국제적 · 보편주의적 · 합리적 성향을 띤 것으로 평가할 수 있다.

이 책이 과거 역사와 문화의 실상을 얼마나 전해주고 있는가에 대하여는 문제점이 있을 수 있으나 단편적인 기사의 진가는 새롭게 발굴되는 고고학적 유물이나 고문서·목간·금석문 등의 자료를 통하여 새롭게 입증이 되고 있다. 실제로 고구려 문화의 웅장함은 고구려 고분벽화를 통하여 알려지고 있으며, 백제 예술의 정교함과 국제화된 성향은 용봉대향로의 조각에서 거듭 확인된다. 이런 모습은 『삼국사기』에는 크게 반영된 사실이 아니다. 실제로 고구려와 백제의 문화는 그 나라들이 당나라에게 멸망한 후에 철저하게 파괴되어 다시 소생할 가능성을 완전히 잃을 정도였다. 즉 고구려의 수도였던 평양성의 귀족과 장인 3만 8,000여 호의 사람이 당나라에 분산 이주되었고, 백제의 수도였던 부여의 백제 귀족 1만 2,000여 명이 포로로 잡혀 당나라에 강제 이주되었다. 고대국가의 문화 중심지였던 수도가 인위적으로 철저히 파괴되었다.

역사라는 것은 원래 문자로 기술되는 학문분야이다. 그러나 한 시대의 문화를 문헌만 가지고 총체적으로 전하기에는 불완전하다. 따라서 삼국의 문화를 재구성하기 위해서는 문헌학적인 방법만으로는 부족하다. 부족한 사료를 어떻게 보완하여 설명하는가에 고대사 연구가들의 고민이 있다. 삼국에 대한 역사 편찬 자체가 수백 년이 지난 뒤에 이루어졌기 때문에 그 진실성의 여부가 문제가 될 수 있다. 즉 진흥왕 대의 거칠부에 의해서 편찬된 『국사』에는 수백 년 전의 전설이 구전되어 오다가 문자로 기록되었다고 할 수 있기 때문이다. 그 결과는 왕대의 계승관계, 왕의 생존연대 등에 많은 불합리성이 나타나고 있고, 역사적 사실성이 의문시되고 있는 사건이 많다. 그렇다고 이를 조작되었거나 날조되었다고 보는 일본학계의 설은 수용할 수 없다.

오늘날 『삼국사기』와 『삼국유사』를 제쳐두고 삼국시대의 역사를 연구할 수 없다. 여기에 전하고 있는 전설과 설화, 단편적인 기사를 통하여 한국 고대문화를 복원하고 그 특성을 찾아내려는 노력이 가해져야 한다. 물론 고대사의 영역은 단순히 문헌사학이나 실증사학의 방법론에만 의존할 수 없다. 민속학적·인류학적·언어학적·다양한 사회과학 및 자연과학의 관심이 투영되어야 할 것이다.

예컨대 국악계에서 전라도 민요에 육자배기토리의 민요적 특성, 고구려 지역인 평안도 지방의 수심가토리, 신라지역인 메나리토리 민요의 특성이 발굴되고 있음은 귀중한 해석이라 할 수 있다. 토리란 음계, 음조, 선법 등의 지역적 특색을 말한다. 또한 국어학적인 연구에 의하면 삼국 언어의 차이는 방언적 차이보다는 조금 더 큰 차이를 보이지만 하나의 같은 언어 계통이었다. 이런 언어 연구의 자료는 『삼국사기』 지리지의 자료에 붙여진 주(註)의 기록이다. 이 책에는 다른 이설의 기록을 주에서 많이 남기고 있다. 언어학자의 연구성과에 의하면 부여계와 한족 계통의 언어가 삼국의 성립 시기에 상호 교호작용을 통하여 하나의 언어 체계가 되었다고 한다.

솔직히 말하여 『삼국사기』는 한국 고대 문화의 실상을 제대로 전해주지 못한다. 이는 당시에는 후대처럼 그때그때 역사를 사관이 기록으로 남기는 일이 없었기 때문이다. 『삼국사기』에서 삼국에 대한 초기 기록이 소략한 것을 『삼국사기』 찬자의 잘못만으로 돌리는 것은 온당하지 못하다. 왜냐하면 삼국 초기 역사에 대한 기록 자체가 오랜 기간 전승되어 온 기억을 정리한 것이고, 그 기록마저도 고구려와 백제의 경우 나라의 멸망과 함께 인멸되었기 때문이다.

그뿐만 아니라 있는 자료도 김부식이 유교문화의 시각에서 윤색하였다. 또한 김부식은 고대인들의 자신에 넘쳤던 패기를 억제하고 폄하하였으며, 자연과 일체가 되었던 신이적이고 웅장한 신화는 축소시켰다. 그는 한국인이 원래 천성이 유순하다거나 풍속이 돈후하다고 믿고 있었지만 우리 고대 문화의 가치에 대한 그의 신뢰성은 크지 않았다. 그 결과는 삼국의 역사를 쓰면서 당대의 자료를 수집하려는 노력을 크게 기울이지 않았다. 그가 고대 자료를 수집하려는 노력을 기울였다 하더라도 삼국 왕조의 초기 기록을 보완하는 일은 그리 쉽지 않았을 것이다. 김부식이 사료 수집에 큰 정열을 바치지 않은 점은 『삼국사기』의 최대의 결점이라 할 수 있다. 헤로도토스나 사마천, 사마광에 비유할 때 사료의 수집에 들인 노력이 너무나 적었다고 할 수 있다.

  그러나 단편적으로 전하는 고대에 관한 토막기사는 커다란 해석을 가할 수 있는 아주 소중한 실마리를 제공해 준다. 이를 연구자들이 놓쳐서는 안 된다.

  김부식은 『삼국사기』를 편찬하면서 사료의 수집보다는 표현방식에 더 많은 관심을 가졌다고 할 수 있다. 즉 그는 유창한 한문 문장으로 서술하였다. 그의 유창한 문투가 『삼국사기』의 단점이 될 수는 없다. 『삼국사기』가 역사서로서 높은 평가를 받지 못하는 것은 그의 유교사관 때문도 아니고 문장 때문도 아니다. 그 근본적인 이유는 오직 사가가 당대에 구할 수 있는 사료의 수집에 시간과 노력을 많이 들이지 않았다는 점에 있다.

  그가 노력만 하였다면 평양이나 부여, 한성 지방의 금석문이나 문헌자료를 더 많이 얻을 수 있었다고 생각된다. 오직 궁중에 전하는 자료에 의하여 이를 편찬한 것이 『삼국사기』의 최대의 결점이었다. 일연이 사료의 수집에 일생 동안 노력한 『삼국유사』에 비하여 『삼국사기』는 이 점에서 커다란 차이를 갖게 되었다. 따라서 김부식을 위대한 역사가라고 할 수 없는 점이 바로 여기에 있다. 그는 역사가라기보다 오히려 역사사상가였고, 정치적 성향을 띤 역사가라고 할 수 있다. 즉 그의 역사 서술에는 정치적 견해와 주장이 많이 반영되어 있기 때문이다.

그의 편찬을 도왔던 여덟 명의 조수(참고인)들이 한 일은 오직 중국 사료와 우리 사료를 대조하는 작업이었다. 그 결과 그들은 우리의 사료가 더 신빙성이 있다는 결론에 이르렀다. 중국의 자료를 널리 이용한 것은 사서의 균형을 맞추고 국내 자료의 부족을 메우는 일이었다. 편찬에 범례들이 작성되었겠지만 이를 통일되게 적용하지 못하였음을 확인할 수 있다.

김부식이 강조한 유교사관은 오직 그가 유학자였다고 하는 개인적 속성에 근거한 것인지, 아니면 당시의 시대적 흐름을 반영한 것인지를 검토할 필요가 있다. 이는 김부식 개인의 성향이라기보다는 오히려 당시의 문화적 추세 즉 유학적인 분위기가 고조되고 있었던 분위기의 영향을 크게 받았다고 할 수 있다. 이러한 유교화의 진전은 당시 우리 역사의 발전 방향이었다. 이후의 무신집권기 100년 간은 유교화의 진전에 약간 장애가 되었으나 그 방향을 막지는 못했다. 고려 말 유학의 부흥과정을 거쳐 조선시대에 이르러 유교는 통치이념으로 확고한 지위를 차지하게 되었다.

따라서 역사를 유교적 관점에서 이해하려는 노력은 비록 김부식이 아니었어도 다른 사람에 의해 유사한 역사 서술이 이루어졌을 것이다. 역사를 정치의 교훈으로 생각한 점, 유교적 예절의 강조, 군신간의 협력, 왕조 유지책 등이 이후 역사학에서 지속적으로 강조되었다. 이런 역사관은 김부식 개인의 것이라기보다는 고려 사회가 이룩한 문화와 역사의 총체적 귀결이었다. 그렇기에 이런 사학은 한국 중세사학의 기초가 될 수 있었다. 김부식 역사관의 합리성은 역사와 국가의 발전을 고대 왕통의 신성성에서 찾으려 하지 않고, 인간의 노력에 의하여 이룩된다고 믿은 점이다.

또한 『삼국사기』는 삼국의 건국에서 영토 확장을 통한 고대국가로의 성장 과정, 정치·법제적 발전, 삼국통일을 상세히 서술하여 왕조의 흥망성쇠를 설명해 주고 있는 유일한 값진 역사서라 할 수 있다. 『삼국사기』가 고구려·백제·신라의 역사를 우리나라의 역사로 만듦에 지대한 공헌을 하였다. 현재 중국에서 고구려의 역사가 자기들의 역사라고 하는 역사탈취 전쟁을 국가적으로 행하고 있다. 이 책은 고구려가 우리나라 역사였음을 입증해 주는 100만 원군과 같은 확고한 근거를 제시해 준다. 고구려와 백제, 신라의 역사를 서술하면서 각국의 역사 서술에서 '우리나라' 라는 표현을 직접 쓰고 있으며, 고구려 본기를 기록한 역사서는 오직 『삼국사기』가 유일한 책이기 때문이다.

김부식은 『삼국사기』를 통해서 전쟁을 미화하거나 합리화하지 않았고, 부국강병을 강조하지는 않았다. 오히려 고대 삼국 간의 치열한 전쟁은 선린우호로 전환되어 평화관계가 정착되었어야 함을 강조하였고, 왕조국가를 잘 유지하려면 사대외교가 필요함을 강조하였다. 그는 수나라, 당나라와의 싸움에서는 고구려를 '우리나라', '우리 군대', '우리 사신'으로 표현하여 자국의식을 분명하게 보여 주었고, 우리나라가 600~700년 간의 왕조사를 가졌음을 자랑으로 여겼다. 우리 역사에서 고유한 풍속은 향속으로서 앞으로 고도의 중국 문화를 수용하여 고쳐야 한다고 생각하였다. 이는 중세인의 특징이라 할 수 있다. 중세 초기의 최승로는 모든 풍속을 다 바꿀 필요는 없다고 보았으나, 김부식은 근친혼, 여자의 왕위승습, 즉위년칭원법 등 고유한 풍속은 고쳐야 한다고 생각하였다.

그럼에도 불구하고 역사 기술에서는 당대의 사실을 사실대로 기술하는 자주성을 가지고 있었다. 그는 부강한 나라가 아니라 평안한 나라를 이룩하여야 한다는 정치사상을 가졌다. 이는 당시 기마족인 여진족과의 여러 차례 전쟁을 통해서 농업 중심의 국가에서는 장기적인 전쟁이 얼마나 큰 피해를 인민에게 주는가를 직접 체험하였기 때문이다. 맹자의 왕도정책을 베풀어 스스로 평안하고 안정되며 부강한 국가를 만들 것을 사론에서 강조하였다. 김부식은 사론을 통하여 정치의 중요성, 인민의 화합이 왕조국가를 유지할 수 있는 기본임을 누누이 강조하였다. 이는 맹자의 왕도정치를 이상으로 했다고 할 수 있다.

한국사에서 모처럼 두 차례 편찬된 '신·구 삼국사'가 있을 법했으나 문헌의 보존과 전래의 손실로 『삼국사』는 전하지 않고 있다. 『삼국사기』도 하마터면 우리에게 전해지지 않았을 뻔하였다. 1512년에 이를 판각한 이계복의 발문은 『삼국사기』와 『삼국유사』가 가까스로 전해졌음을 충격적으로 전하고 있다.

역사학은 과거의 일만을 다루는 학문이 아니다. 현재와 연결된 과거를 다루어 현재의 문제를 해결함에 일정한 기여를 하고자 하는 학문이다. 역사학은 전문 영역이지만 그 결과는 현재를 살고 있는 모든 시민이 공유할 수 있는 내용이다. 역사는 전통의 확립과 개혁에 많은 자료를 제공해 준다. 역사의 전환기를 맞이하여 전통을 유지·발전함과 개혁함에 자기중심적 관점을 가지게 함이 역사학의 중요 사명이다.

그리고 새로운 개혁은 보편적이고 합리성을 띠어야 한다는 점에서 『삼국사기』는 현재의 우리에게 많은 역사철학과 사색의 자료를 제공해주고 있다. 지금도 전쟁과 평화는 인류가 직면하고 있는 인류 역사의 공통된 화두이다. 이를 해결하기 위한 아이디어와 이에 관한 많은 자료를 『삼국사기』는 제공해 주고 있다.

　이 점에서 『삼국사기』는 이제 한국 사람만이 연구하는 소재가 아니라 한국의 고대 역사와 문화를 연구할 수 있는 세계인의 고전이라 할 수 있다. 한국 사람만이 아니라 세계인이 동참하여 연구할 수 있는 자료로 만들기 위해서 외국어로 번역함이 국가적 과제라 할 수 있다. 또한 우리는 주석을 보완하고 새로운 해석을 내려 고전을 더욱 가꾸어 가야 할 것이다. 삼국의 문화는 고대 동북아시아 지역의 값진 문화유산이라 할 수 있다. 고전은 비록 원전 그대로 있으나 그 해석과 주석은 항상 새롭게 보태질 수 있다. 이것이 바로 오늘 한국 문화를 세계화하는 길의 하나임을 강조하고 싶다.

제1판에 부치는 말
『삼국사기』는 중세 보편주의적 역사서이다

오늘날 교통과 통신의 발달은 세계를 하루 거리로 좁혔다. 옛날 선인들이 축지법에 걸었던 이상이 현실로 다가온 것이다. 또 문화와 문명의 급속한 발전은 인간의 역사가 어떻게 전개될지를 예측할 수 없게 하고 있다. 특히 인터넷의 정보화는 삶의 패턴을 새롭게 창조하여 국가 간 각종 장벽을 허물고 있다. 이러한 세계화 물결은 우리의 고유한 것이야말로 가장 세계적인 것이라는 역설을 현실화하고 있기도 하다.

우리나라는 세계 어느 나라보다 오랜 역사를 지속적으로 발전시켜 왔고, 또 그 산물인 문헌이 허다하게 전해지는 나라이다. 그런데도 우리는 역사를 등한시하고 전통을 무시하는 타성에 빠져 있다. 우리의 전통문화와 사상은 고작 박물관의 전시물로만 보관되어 있을 뿐이다. 이렇게 된 이유로 한국의 근대화가 일제의 식민지로 전락하는 과정 속에서 진행되었다는 것, 해방 이후 미국 문화의 홍수에 빠져 들었던 것 등을 들 수 있다. 다행히 요즘은 박제화된 전통문화를 되찾자는 목소리가 여기저기서 들려오고 있다.

그동안 '전통문화'나 '전통사상' 하면 으레 조선시대의 것만으로 착각하는 경향이 있었다. 그러나 우리의 전통문화를 조선시대 문화만으로 설명할 수는 없다. 조선시대의 문화도 그 전부터 전해진 전통을 토대로 형성된 것이다. 우리의 전통문화와 사상은 우리 민족이 이 땅에서 활약하기 시작한 고대에 그 원형이 만들어졌다. 그 원형은 이후 전개된 한국사에 언제나 중심축으로 작용하고 있었다. 고대 우리 선조들의 삶은 어떠했을까. 우리 전통문화의 원형은 어떠한 것이었을까.

약 1,000년 전에 고려시대의 김부식(1075~1151)이 편찬한 『삼국사기』는 우리나라에서 가장 오래된 고전이다. 또 아름다운 문체로 씌어진 뛰어난 역사서이다. 그럼에도 불구하고 『삼국사기』는 많이 읽혀지지 않고 있다. 오늘날 이처럼 『삼국사기』가 읽혀지지 않는 데는 여러 이유들이 있다.

첫째, 사대적인 관점에서 씌어졌다는 선입관이 작용하고 있는 것을 들 수 있다. 근대 사학의 창시자라고 할 수 있는 신채호는 『삼국사기』를 사대적 역사서라고 폄하했다. 그는 묘청의 난을 '1천 년래 제1대 사건'이라 하여 대단히 크게 평가한 반면, 김부식이 이 난을 진압한 후 자주적 성향을 꺾기 위해 『삼국사기』를 편찬했다고 하였다. 이런 영향이 국민들에게 지금까지 크게 선입관으로 작용하고 있다. 둘째, 『삼국사기』에 대한 불신론을 들 수 있다. 일본 사학자들은 『삼국사기』의 초기 기록은 조작, 날조된 것이어서 믿을 수 없다고 하였다. 이들 일본 사학자들의 부정적 평가가 아직도 영향을 미치고 있다. 셋째, 신라 중심으로 구성되었다는 점을 들 수 있다. 신라에 치중된 『삼국사기』의 서술은 삼국시대 역사서로서의 가치를 일면 삭감시키고 있다.

그러나 『삼국사기』에 대한 이러한 편견들은 잘못된 것이다. 여러 학자들에 의해 이미 밝혀졌음에도 불구하고, 『삼국사기』에 대한 피상적 인식은 바뀌지 않고 있는 형편이다. 우리는 『삼국사기』에 씌워진 부당한 누명을 벗기고 정당한 평가를 할 필요가 있다.

『삼국사기』의 사대성 문제는 민족 주체성과 관련된 평가이다. 민족의식이 강하게 나타났던 일제 시기라면 신채호처럼 평가할 수 있겠다. 그러나 고려 당시의 시대적 경향을 올바로 이해한다면 이 문제는 그렇게 큰 문제가 될 수 없다. 고려시대에서 조선시대에 이르는 중세인에게는 민족의식보다는 선진 문화를 수용해야 한다는 의식이 더 크게 작용하고 있었다. 그들에게는 아직 민족의식이 없었을 뿐만 아니라, 역사를 세계사적 관점에서 파악하려는 보편주의적 관점이 강하였다. 자국 중심의 편협한 역사적 평가를 세계사적인 관점에서 평가하려 한 『삼국사기』는 훨씬 선진적인 입장에 있었다고 할 수 있다. 이런 역사관이 고대의 역사관을 바꾸어 한국의 역사를 지속시켜 준 원동력이 되었다. 오늘날 입장에서 평가한다면, 『삼국사기』는 사대적 역사서라기보다는 중세 보편주의적 역사서인 것이다.

『삼국사기』 초기 기록을 불신하여 김부식을 일방적으로 비난하는 견해도 피상적이다. 물론 이들 초기 기록에는 상식으로는 이해할 수 없는 불합리한 내용들이 보이고 있는 것은 사실이다. 그러나 이것은 김부식이 날조한 것이 아니라 김부식이 이용한 당시 자료에 설화적 내용이 많이 들어 있었기 때문이다. 이는 한국 고대 역사학의 한계일 뿐이다.

　이런 맥락에서 『삼국사기』가 신라 중심으로 편찬된 것도 이해할 수 있다. 신라는 삼국의 최후 승리자로서 고려 왕조와 직결되었다. 실제로 고려는 지리, 제도, 사상, 문화 등 모든 측면에서 신라를 계승하고 있었다. 또 당시 고려에는 신라의 역사 기록이 가장 풍부하게 남아 있었기 때문에 『삼국사기』는 신라 중심으로 편찬될 수밖에 없었다.

　『삼국사기』에 대한 편견과 피상적 이해를 벗어나서 평가하면, 『삼국사기』야말로 우리나라의 고대 삼국이 어떻게 성장, 발전해 왔는가를 알려 주는 가장 중요한 자료이다. 뿐만 아니라 고대인의 삶의 모습과 사유 방식, 생활 문화를 알려주는 자료로서 이보다 좋은 고전은 없다. 고전을 읽는 이유는 자기가 살고 있는 시대를 벗어나지 못하는 인간의 본질적 한계를 뛰어넘게 해 주는 것에 있다. 이제 역사는 도덕적 또는 정치적 교훈만을 위해서가 아니라, 우리 자신의 삶의 폭과 깊이를 넓고 깊게 하기 위해서 존재해야 한다.

　이 점에서 역사가는 전문적 학문 연구만이 아니라 일반 대중에게 역사 연구의 결과를 쉽게 알려 주는 일도 소홀히 해서는 안 된다. 일반 대중에게 사랑받지 못하는 역사학은 학문이 아니라 호사가의 취미에 지나지 않는다. 또 역사가는 역사학을 통해 국민의 삶의 질을 향상시키기 위해 노력해야 한다. 어떻게 해야 우리의 역사를 국민에게 사랑받게 할 수 있을까.

『삼국사기』는 한문으로 씌어진 역사서이기 때문에 오늘날 사람들이 원전 그대로 읽기는 어렵다. 아름다운 문장으로 서술된 『삼국사기』는 조선조까지는 많은 사람들에 의해 읽혀졌지만, 오늘날은 원전을 그대로 읽을 수 있는 사람이 드물다. 『삼국사기』 번역본이 여러 종류가 나오긴 했지만, 이것은 모두 원문의 직역에 충실해서 일반 국민들이 읽기에는 어렵다. 사실 『삼국사기』의 더 큰 문제점은 김부식의 인식 체계를 반영한 틀이다. 이것이 『삼국사기』를 재미없게 하고 있다. 따라서 삼국 역사의 원 모습을 보여 주기 위해서는 이 틀을 깨야 한다. 그래야만 고려 초기에 편찬된 『삼국사』의 원 모습이 드러날 것이다.

이 책은 일반 국민들이 『삼국사기』를 우리의 고전으로서 쉽고 재미있게 읽을 수 있도록 하자는 취지에서 새로 쓴 것이다. 『삼국사기』의 원형을 해체하여 파격적으로 인물을 중심으로 해서 재구성하였다.

김부식이 반역전에 실은 사람들, 예컨대 견훤과 궁예를 왕으로 취급한 것은 당시의 가치 기준을 재평가해야 한다는 뜻에서이다. 문화 전통에 대한 해설을 각 장의 말미에 넣은 것은, 고대부터 연면히 이어져 내려오는 문화 전통에 대한 이해의 폭이 넓어졌으면 하는 마음에서이다. 보다 자세하게 『삼국사기』를 읽고 싶은 사람은 완역본인 『역주 삼국사기』(한국정신문화원 간)를 읽기 바란다.

이 책을 통해 우리 역사에 대한 인식이 깊어지기를 바라고, 또 한편으로는 이 책에 나타난 고대인의 삶의 모습이 현대 문명이 봉착하고 있는 시대적 고민을 푸는 데 실마리를 제공할 수 있었으면 한다.

이 책은 한국정신문화연구원 한국학대학원에서 강의한 '삼국사기론'이 토대가 되었다.

차례

책머리에 5
개정판에 부치는 말 10
제1판에 부치는 말 24

1장 국가의 흥망성쇠와 왕

천제의 아들, 하백의 외손 __ 동명성왕 37
동생에게 왕위를 물려주다 __ 태조대왕 56
명재상을 등용하다 __ 고국천왕 62
왕이 된 소금장수 __ 미천왕 69
호태왕비를 남긴 정복 군주 __ 광개토왕 75
아버지의 나라를 떠나 새 나라를 세우다 __ 온조왕 80
첩자에 속아 목숨을 잃다 __ 개로왕 87
당나라로 잡혀간 해동증자 __ 의자왕 96
알에서 태어나 왕이 되다 __ 박혁거세 110
미모의 남자를 꾸며 화랑이라 하다 __ 진흥왕 117
여자는 나라를 다스릴 수 없는가 __ 선덕여왕 127
진골에서 처음으로 왕이 된 호걸 __ 무열왕 133
용이 되어 나라를 지키다 __ 문무왕 145
미륵불인가, 포악한 군주인가 __ 궁예 157
자식에게 재앙을 받았으니 누구를 탓하리오 __ 견훤 169

2장 시대가 낳은 명장과 충신

임금의 사위가 된 바보 _ 온달 191
신묘한 계책으로 천문을 꿰뚫다 _ 을지문덕 197
꾀로 우산국을 점령하다 _ 이사부 200
제비의 턱에 매의 눈을 가진 장수 _ 거칠부 202
우리 집 물맛은 옛날 그대로구나 _ 김유신 206
욕을 보느니 차라리 죽는 게 낫다 _ 계백 235
어찌 사사로이 병사를 때리겠는가 _ 흑치상지 239
개는 주인이 아닌 사람에게 짖는 법이다 _ 김양 242
해상왕국을 건설하다 _ 장보고 246
군사가 적을 때는 지켜야 한다 _ 명림답부 252
위기에서 나라를 구하다 _ 밀우와 유유 256
간하지 않는 것은 충성이 아니다 _ 창조리 259
명을 받아 적국으로 들어가다 _ 박제상 261
무덤 속에서도 간언하다 _ 김후직 266
나당연합군을 조직한 신라의 왕자 _ 김인문 270
다섯 개의 칼을 차고 다니다 _ 연개소문 276

3장 지식인과 예술인

사해에 문명을 떨치다 _ 강수 285
인류의 영원한 고민을 풀은 세계적 사상가 _ 원효대사 291
실천을 중시한 참된 구도자 _ 의상대사 298
화왕 이야기로 임금에게 충언하다 _ 설총 306
때를 만나지 못함을 가슴 아파하다 _ 최치원 310
거문고를 뜯어 아내의 마음을 달래다 _ 백결선생 319
황룡사 벽에 그린 늙은 소나무 _ 솔거 321
신묘한 글씨로 세상을 놀라게 하다 _ 김생 323
군사기밀을 끝까지 지키다 _ 구진천 327

[역사 상식]

우리나라 신화의 특징 52 · 추모와 주몽이라는 이름에 나타난 고대의 한자 문화 53 · 우리나라의 제천의식 53 · 천제의 손자인 주몽 54 · 왕위의 부자세습과 형제세습 61 · 고구려의 인구는 얼마나 되었을까? 66 · 고구려의 왕호와 시호 67 · 고대국가의 기반을 마련한 을파소 68 · 우리 역사에서 무덤 도굴 74 · 우리나라의 연호 78 · 방대한 연구 결과를 낳은 광개토왕릉비 79 · 온조설화의 특징 84 · 백제의 국호 84 · 온조설화와 비류설화를 통해 본 백제의 건국 85 · 백제의 강역 107 · 한국인의 자연관 107 · 씨족에서 왕국으로 바뀌는 과정을 반영한 혁거세신화 113 · 알영의 탄생신화 114 · 신라 초기 기사에 대한 의구심 114 · 피휘법 115 · 신라의 청소년 수련 집단, 화랑 124 · 우리나라의 역사 편찬 125 · 여왕 통치에 대한 논란 132 · 성골과 진골 143 · 죄의 경중에 대한 인식을 통해 본 고대인의 사상 144 · 통일신라 말의 호족은 어떤 사람들이었나? 167 · '고려'라는 국호에 대해 167 · 경순왕이 신라를 고려에 바친 것에 대하여 186 · 온달은 귀족이었다 196 · 신라단

4장 효와 정절, 충의를 드높인 사람들

몸을 버려 부모를 봉양하다 __ 향덕과 성각 333
공을 자랑함은 선비가 할 일이 아니다 __ 실혜와 물계자 338
태산을 기러기 털보다 가벼이 보다 __ 검군 341
언약을 천금보다 중시하다 __ 설씨녀 344
죽어도 두 마음을 갖지 않는다 __ 도미의 아내 348
세속오계의 가르침을 따르다 __ 귀산과 추항 350
차라리 호랑이처럼 싸우다 죽겠다 __ 죽죽 355
적장의 목을 베지 못해 한스럽다 __ 관창 358
장부는 마땅히 전쟁터에서 죽어야 한다 __ 심나 361
그 아버지에 그 아들 __ 김영윤 364

양적성비에 나타난 신라의 유공자 처우 205 · 팔관회 205 · 김해김씨의 시조 수로왕 234 · 관창을 살려 보낸 계백 237 · 고대인의 사생관 237 · 억울하게 죽은 흑치상지 241 · 해상 무역을 주관한 장보고 251 · 명림답부 열전의 사료적 성격 254 · 고대의 수묘인 제도 254 · 유교사상이 담긴 김후직 열전 269 · 우리나라 성씨는 어떻게 만들어졌을까? 275 · 당나라의 침입에 대비해 쌓은 천리장성 282 · 대장장이 딸과의 혼인 289 · 고대의 사민정책 289 · 고대인의 정신세계를 지배했던 불교 290 · 삼국이 삼한을 계승하였다는 견해 317 · 신라와 발해를 어떻게 볼 것인가 317 · 사두란 무엇인가 318 · 해동 제일의 서예가 김생 325 · 민간에서 채록한 향덕 열전 336 · 왕위를 둘러싼 김경신과 김주원 이야기 336 · 서민에게 가장 부담이 되었던 고대의 부역제도 347 · 세속오계를 가르친 원광법사 354 · 대를 이은 충성 367

1장 국가의 흥망성쇠와 왕

동명성왕
태조대왕
고국천왕
미천왕
광개토왕
온조왕
개로왕
의자왕
박혁거세
진흥왕
선덕여왕
무열왕
문무왕
궁예
견훤

천제의 아들, 하백의 외손
동명성왕

시조 동명성왕(東明聖王)은 성이 고씨(高氏)이고 이름이 주몽(朱蒙)―추모(鄒牟) 또는 중해(衆解)라고도 하였다―이다.

웅장하고 거대한 건국신화

부여(扶餘)의 왕 해부루(解夫婁)는 늙도록 아들이 없어 산천에 제사를 드리고 대를 이을 자식을 구하였다. 그가 탄 말이 곤연(鯤淵)에 이르렀을 때 갑자기 큰 돌을 보고 눈물을 흘렸다. 왕은 이상히 여겨 사람을 시켜 그 돌을 굴리게 하였다. 그러자 돌 아래 어린아이가 있었는데, 마치 금색의 개구리 모양이었다. 왕은 기뻐하며 말하였다.

"이 아이는 바로 하늘이 나에게 준 자식이다."

왕은 그 아이를 거두어 길렀는데, 이름을 금개구리라는 뜻으로 금와(金蛙)라 하였다. 그리고 그 아이가 장성하자 태자로 삼았다. 후에 재상 이란불(阿蘭弗)이 말하였다.

"일전에 하느님이 내게 내려와 '장차 내 자손으로 하여금 이 곳에 나라를 세우게 할 터이니 너희는 피하거라. 동쪽 바닷가에 가섭원(迦葉原)이라는 땅이 있는데 그 곳은 토양이 비옥하여 오곡이 잘 자라니 도읍할 만하다'고 하였습니다."

아란불이 왕에게 권하여 그 곳으로 도읍을 옮기고, 나라 이름을 동부

백두산 예로부터 백두산은 성산으로 숭배되어 왔다. 주몽신화에서 금와왕은 하백의 딸, 즉 주몽의 어머니를 백두산 남쪽 우발수에서 발견하였다.

여(東扶餘)라고 하였다. 그 후 동부여의 해부루가 죽자, 금와가 뒤를 이어 즉위하였다.

　금와왕이 태백산(지금의 백두산) 남쪽 우발수(優渤水)에서 한 여자를 발견하였다. 그 여자가 왕의 물음에 대답하였다.

　"나는 하백(河伯)의 딸이며 이름이 유화입니다. 여러 동생과 밖에서 놀고 있는데, 스스로 천제(天帝)의 아들 해모수라 칭하는 남자가 나를 웅심산(熊心山) 아래 압록수(鴨淥水) 가의 집으로 꾀어냈습니다. 이어 사통하고 곧바로 가서는 돌아오지 않았습니다. 부모는 내가 중매 없이 남을 좇았다고 책망하며 우발수에서 귀양살이를 하게 하였습니다."

　금와는 이상하게 여겨서 유화를 방안에 가두어 두었다. 방에 햇빛이 비치어 유화는 몸을 피하였으나 햇빛이 또 쫓아왔다. 그래서 임신을 하여 알 하나를 낳았는데 크기가 다섯 되쯤 되었다. 왕은 알을 개, 돼지에게 주었으나 모두 먹지 않았다. 또 길 가운데에 버렸으나 소나 말이 피하였다. 후에 들판에 버렸더니 새가 날개로 덮어 주었다.

　왕은 알을 쪼개려고 하였으나 깨뜨리지 못하여 어머니에게 돌려주었다. 어머니는 알을 물건으로 싸서 따뜻한 곳에 두었다. 그러자 한 사내아이가 껍질을 깨고 나왔는데, 골격과 외모가 빼어나고 기이하였다. 나이가 겨우 일곱 살이었을 때 남달리 뛰어나 스스로 활과 화살을 만들어 쏘면 백발백중이었다. 부여의 속어에 활 잘 쏘는 이를 주몽(朱蒙)이라고 하였는데, 그것으로 이름을 삼았다.

물고기와 자라가 다리가 되어

　금와에게 일곱 아들이 있어 항상 주몽과 더불어 놀았다. 그러나 그 기예와 능력이 모두 주몽에게 미치지 못하였다. 맏아들 대소(帶素)가 왕에게 말하였다.

　"주몽은 사람이 낳은 자가 아니어서 사람됨이 용맹스럽습니다. 만약 일찍 일을 도모하지 않으면 후환이 있을까 두렵습니다. 청컨대 없애 버리십시오!"

　왕은 듣지 않고 주몽을 시켜 말을 기르게 하였다. 주몽은 날랜 말을 알아내어 먹이를 적게 주어 마르게 하고, 둔한 말은 잘 먹여 살찌게 하였다. 왕은 살찐 말을 자신이 타고 마른 말을 주몽에게 주었다. 후에 들판에서 사냥할 때 활을 잘 쏘는 주몽에게 화살을 적게 주었으나 그는 짐승을 매우 많이 잡았다. 왕자와 여러 신하가 주몽을 또 죽이려고 꾀하지, 그의 어머니가 이것을 눈치채고 일렀다.

　"나라 사람들이 장차 너를 죽일 것이다. 너의 재주와 지략으로 어디를 간들 안되겠느냐? 지체하여 머물다가 욕을 당하느니보다 멀리 가서 뜻을 이루는 것이 나을 것이다."

　주몽은 오이(烏伊)·마리(摩離)·협보(陝父) 등 세 사람을 벗으로 삼아 함께 도망갔다. 그러나 엄사수(淹㴲水)—또는 개사수(蓋斯水)라고도 한다. 고려의 압록강(鴨淥江) 동북쪽에 있다―에 다다르자, 다리가 없어 곧 추격병에게 잡힐 처지에 놓이게 되었다. 이를 두려워한 주몽이 물을 보며 고했다.

"나는 천제의 아들이요, 하백의 외손이다. 오늘 도망가는데, 추격자들이 다가오니 어찌하면 좋은가?"

그러자 물고기와 자라가 떠올라 다리를 만들어 주었다. 이에 주몽은 건널 수 있었지만, 물고기와 자라가 곧 흩어지니 추격하는 기마병은 건널 수 없었다.

주몽은 모둔곡(毛屯谷)에 이르러 세 사람을 만났다. 그중 한 사람은 삼베 옷을 입었고, 한 사람은 중 옷을 입었으며, 또 한 사람은 마름 옷을 입고 있었다. 주몽이 물었다.

"자네들은 어디에서 온 사람들인가? 성은 무엇이고 이름은 무엇인가?"

삼베 옷 입은 사람이 먼저 말했다.

"이름은 재사(再思)입니다."

중 옷 입은 사람도 "이름은 무골(武骨)입니다"라고 말했다.

또 마름 옷 입은 사람도 "이름은 묵거(默居)입니다"라고 했다.

그러나 그들은 성을 말하지 않았다. 주몽은 재사에게 극(克)씨, 무골에게 중실(仲室)씨, 묵거에게 소실(少室)씨의 성을 주었다. 그리고 무리에게 일러 말하였다.

"내가 이제 하늘의 큰 명을 받아 나라의 기틀을 열려고 하는데, 마침 이 세 어진 사람들을 만났으니 어찌 하늘이 주신 것이 아니겠는가?"

천제의 아들로 도읍하다

주몽은 능력에 따라 각각 일을 맡기고 그들과 함께 졸본천(卒本川)에 이르렀다. 그 곳은 토양이 기름지고 아름다우며, 산하가 험하고 견고하

오녀산성 고구려의 첫 도읍지인 홀승골성 또는 졸본성으로 추정되는 곳으로 중국 길림성 환인에 있다.

여 도읍으로 정할 만하였다. 하지만 궁실을 지을 겨를이 없었기 때문에 비류수(沸流水) 가에 초막을 짓고 살았다. 나라 이름을 고구려(高句麗)라 하고 자신의 성을 고(高)로 삼았다.

이때 주몽의 나이가 스물두 살이었다. 이 해는 한나라 효원제(孝元帝) 건소(建昭) 2년(서기전 37), 신라 시조 혁거세 21년 갑신년이었다. 사방에서 소문을 듣고 와서 주몽을 따르는 자가 많았다. 주몽이 있던 곳은 말갈 부락에 붙어 있어 침략과 도적질을 당하기 쉬웠다. 이를 염려한 주몽이 마침내 그들을 물리치니, 말갈이 두려워하여 굴복하고 감히 침범하지 못하였다.

왕은 비류수 가운데로 채소 잎이 떠내려오는 것을 보고 상류에 사람이 있는 것을 알게 되었다. 사냥하며 상류까지 올라간 왕은 결국 비류국(沸流國)에 이르렀다. 그 나라 왕 송양(松讓)이 나와 왕을 보고 말하였다.

"과인이 바다의 구석에 치우쳐 있어 일찍이 그대를 보지 못하였는데, 오늘 서로 만나니 다행이 아닌가? 그러나 그대가 어디서 왔는지 알지 못하겠다."

왕은 대답하였다.

"나는 천제의 아들로 모처에 와서 도읍하였다."

송양이 말하였다.

"우리는 여러 대에 걸쳐서 왕 노릇을 하였다. 여기는 땅이 좁아서 두 왕을 용납하기에 부족하다. 그대는 도읍한 지 얼마 되지 않으니 나의 부하가 되는 것이 어떠한가?"

왕은 그 말을 듣고 분하게 여겼다. 결국 그와 말다툼하고 활을 쏘아 재능을 겨루었는데, 송양이 왕을 당하지 못하였다.

2년(서기전 36) 여름 6월에 송양이 나라를 들어 항복해 왔다. 왕은 그 땅을 다물도(多勿都)로 삼고 송양을 우두머리로 삼았다. 고구려 말에 옛 땅을 회복하는 것을 다물이라 하였는데, 여기서 유래한 것이다.

3년(서기전 35) 봄 3월에 황룡(黃龍)이 골령(鶻嶺)에 나타났다. 가을 7월에 상서로운 구름이 골령 남쪽에 나타났는데, 그 빛깔이 푸르고 붉었다.

4년(서기전 34) 여름 4월에 구름과 안개가 사방에서 일어나 사람들은 7일 동안이나 빛을 분별하지 못하였다. 가을 7월에 성곽과 궁실을 지었다.

6년(서기전 32) 가을 8월에 신작(神雀)이 궁정에 모였다. 겨울 10월에 왕이 오이와 부분노(扶芬奴)에게 명하여 태백산 동남쪽의 행인국(荇人國)을 치고 그 땅을 빼앗아 성읍(城邑)으로 삼았다.

10년(서기전 28) 가을 9월에 난새[鸞]가 왕궁 축대에 모였다. 겨울 11월에 왕이 부위염(扶尉猒)에게 명하여 북옥저를 쳐서 멸하고 그 땅을 성읍으로 삼았다.

14년(서기전 24) 가을 8월에 왕의 어머니 유화가 동부여에서 죽었다. 금와왕이 태후의 예로 장사지내고 신묘(神廟)를 세웠다. 겨울 10월에 왕은 사신을 부여에 보내 토산물을 주어 그 은덕을 갚았다.

19년(서기전 19) 여름 4월에 왕자 유리(類利)가 부여에서 그 어머니와 함께 도망해 오니, 왕은 기뻐하고 태자로 삼았다. 가을 9월에 왕이 승하(昇遐)하였다. 그때 나이가 마흔 살이었다. 용산(龍山)에 장사지내고 동명성왕이라 하였다.

—『삼국사기』 권13, 고구려 본기 1

『삼국사』*에 달리 전하는 동명성왕신화

부여의 왕 해부루가 늙도록 아들이 없어 산천에 제사를 드려 대를 이을 자식을 구하였다. 그가 탄 말이 곤연에 이르렀을 때 큰 돌을 보고 눈물을 흘렸다. 왕은 이상히 여겨 사람을 시켜 그 돌을 굴리게 하였더니, 돌 아래 어린아이가 있었다. 마치 금색의 개구리—달팽이라고도 한다—모양이었다. 왕은 기뻐하며 말했다.

"이 아이는 바로 하늘이 나에게 준 자식이다."

왕은 아이를 거두어 길렀고, 이름을 금와라 하였다. 그가 장성하자 태자로 삼았다. 후에 재상 아란불이 말하였다.

"일전에 하느님이 내게 내려와 '장차 내 자손으로 하여금 이 곳에 나라를 세우게 할 터이니 너희는 피하거라. 동쪽 바닷가에 가섭원이라는 땅이 있는데 그 곳은 토양이 비옥하여 오곡이 잘 자라니 도읍할 만하다'고 하였습니다."

---

*『삼국사』: 고려 초 광종 대에 사관(史館)에서 편찬한 것으로 추정되는 삼국의 기전체 역사책이 『삼국사』이다. 이 책은 김부식이 『삼국사기』를 쓸 때 이용한 것이 확실하다. 그 후 이규보의 문집에 「동명왕편」이란 서사시와 그에 붙인 주를 통하여 『삼국사』의 내용을 확인할 수 있다. 이 내용은 『삼국사기』와 다른 점이 있으므로 참고로 싣는다. 『삼국사』는 일연의 『삼국유사』에서도 이용된 듯하나 그 이후에는 자료가 전하지 않는다. 「동명왕편」에는 주몽에 관한 기록과 2대 유리왕에 대한 기록이 있는데, 여기서는 주몽에 대한 기록만을 실었다.

아란불이 왕에게 권하여 그 곳으로 도읍을 옮기고, 나라 이름을 동부여라고 하였다. 그 후 동부여의 해부루가 죽자, 금와가 뒤를 이어 즉위하였다.

한나라 신작 3년 임술년(서기전 59)에 하느님이 태자를 보냈다. 부여의 옛 수도로 내려온 태자는 자신의 이름을 해모수라 칭하였다. 하늘에서 내려올 때 다섯 마리의 용이 끄는 수레를 탔으며, 백여 명이 흰 고니를 타고 그 뒤를 따랐다. 그 위에는 채색 구름이 떠 있었고 구름 속에서 음악이 울렸다.

태자는 웅심산에 내려 십여 일을 머문 후에야 비로소 세상에 나왔다. 머리에 새털로 장식한 관을 썼고, 허리에 용광검(龍光劍)을 찼다. 아침에 내려와 일을 보고 저녁에 하늘로 올라갔다. 세상은 그를 천왕도령이라 불렀다.

도성 북쪽에 지금의 압록강인 청하(青河)가 있었다. 이 곳을 관장하는 하백에게 예쁜 딸이 셋 있었다. 큰딸은 버들꽃(유화)이고, 둘째는 원추리꽃(훤화), 셋째는 갈대꽃(위화)이었다.

어느 날 세 딸이 청하에서 웅심의 연못(천지)으로 놀러갔다. 요염하고 아리따운 모습은 짤랑거리는 패물과 함께 천하의 절색이었다. 그때 마침 천왕이 사냥을 나왔다가 멀리서 보고 쫓아가니, 세 처녀가 물 속으로 숨어 버렸다. 그러자 좌우에서 말했다.

"대왕은 어찌 궁전을 만들어 세우지 않으십니까? 처녀들이 방에 들어오기를 기다렸다가 문을 닫아 붙드십시오!"

왕이 그렇겠다고 마음먹고 말채찍으로 땅을 그었다. 그러자 웅장하고 화려한 구릿빛 방이 생겼다. 왕은 거실에 세 자리를 마련하고 술상을 차려 놓았다. 과연 세 처녀가 들어와 서로 권하여 취할 정도로 즐겁게 마셨다. 왕은 세 처녀들이 크게 취하기를 기다렸다. 처녀들은 크게 취하여 급하게 나가려고 했다. 길을 막았더니 두 처녀는 놀라 도망치고 큰 처녀 버들꽃만이 붙들려 남았다.

이 소식을 들은 하백은 크게 화를 내고 사람을 시켜 전했다.

"너는 어떤 사람인데 내 딸을 잡고 있는가?"

왕은 이렇게 알렸다.

"나는 천제의 아들이오. 지금 하백의 딸과 결혼을 하고자 하오."

하백이 또 사람을 시켜 알렸다.

"네가 만약 천제의 아들이고 나의 딸에게 청혼을 하려면 마땅히 중매를 넣어 시킬 일이 아닌가? 그런데 지금 나의 딸을 갑자기 잡고 있으니 어찌 그리 실례를 하는가?"

이에 왕은 부끄럽게 생각하고 장차 찾아가 하백을 뵙겠다고 전했다. 그러나 하백은 집에 오지 말고 오직 자기 딸만을 풀어 달라고 하였다. 그 동안 버들꽃 처녀는 이미 마음을 굳혀 떠나려 하지 않고 왕에게 권했다.

"만약 용의 수레가 있으면 저의 집에 갈 수가 있습니다."

이에 왕이 하늘을 가리키며 말하니 조금 있다가 오룡거가 하늘에서 내려왔다. 왕과 규수가 함께 수레에 오르니 바람과 구름이 갑자기 일고 수레가 그 궁궐에 이르렀다.

하백이 예를 갖추어 맞이하고 자리에 앉자 말했다.

"혼인의 도는 보편적인 천하의 규정이 있는데 어찌 예에 실수하여 우리 가문을 욕보이게 할 수 있겠는가? 그대가 천제의 아들이라면 어떤 신통력을 보여줄 수 있는가?"

하백이 왕을 시험하고자 하자 왕은 "무엇이든지 시험에 따르겠습니다"라고 하였다.

이에 하백이 잉어가 되어 뜰 앞에 있는 연못에 들어가 물결을 따라 노니 왕은 수달이 되어 잡았다. 그리고 하백이 사슴이 되어 달아나니 왕은 이리가 되어 쫓았다. 다시 하백이 꿩이 되어 날으니 왕은 매가 되어 공격하였다. 하백은 그가 틀림없는 천제의 아들임을 확인하고 예를 갖추어 결혼하게 하였다. 그러나 하백은 혹 왕이 신방을 차린 후 자기의 딸을 데리고 가지 않을까 걱정이 되어 음악을 연주하면서 술을 차려 놓고 대취하도록 권하였다. 하백은 왕에게 칠 일이 지나야 깨어나는 독주를 먹였다.

 술에 취한 왕은 규수와 함께 조그만 가죽 포대로 들어가 그 포대를 용의 수레에 실으라 하였다. 막 승천하기 위해 그 수레가 물에서 벗어나려는 순간 왕은 술에서 깨어 지상의 인간을 하늘로 데리고 갈 수 없다는 생각이 문득 떠올라 신부의 황금 비녀를 뽑아 가죽 주머니의 구멍을 내어 홀로 탈출하여 하늘로 올라가고 말았다.

 하백이 대노하여 딸에게 나의 가르침을 따르지 않아 집안에 먹칠을 하게 되었다고 하였다. 이에 딸이 이것은 아버지가 이미 승낙하신 것이 아니냐고 말대꾸를 하자 사람을 시켜 주둥이를 잡아 빼게 하여 입술이 두 자나 늘어나게 하였다. 그리고 노비 두 사람을 딸려서 금와의 나라 우발수 연못으로 귀양을 보냈다.

 금와왕에게 물고기를 잡아 바치는 어사(漁師) 강력부추가 말했다.

 "요즘 연못 속에서 물고기를 훔쳐 가는 놈이 있는데 무슨 짐승인지를 알 수 없습니다."

 이에 왕이 그물로 건져내게 하였으나 그물이 찢어졌다. 그래서 쇠그물로 건져내게 하니 한 여자가 따라 올라왔다. 그 여자의 입술이 길어서 말을 못 했기 때문에 가위로 입술을 세 번 잘라 내게 하니 말을 하였다.

 왕이 천제의 아들 해모수의 비임을 알고 별궁에 안치하였다. 그 여자의 품에 햇빛이 비치어 임신을 하여 계해년(서기전 58년) 여름 4월에 주몽을 낳았다. 울음소리가 대단히 우렁찼고, 골상이 특이하였다.

 버들꽃이 왼쪽 옆구리로 알을 하나 낳았는데 다섯 되가량 되었다. 왕이 사람이 알을 낳은 것은 길한 것이 아니라 생각하여 마구간에 두게 하였는데 모든 말들이 밟지 않았다. 그래서 깊은 산에 버리게 하였는데 모든 짐승들이 모여 보호하였고, 구름이 있어 해가 나지 않은 날에도 그 알 위에는 항상 햇빛이 비쳤다. 그래서 금와는 그 알을 어미에게 갖다 주게 하였더니 잘 보듬어서 마침내 사내아이를 얻게 되었다. 아이는 한 달이 채 지나지 않아 말을 똑똑하게 하였다.

아이가 어머니에게 말했다.

"많은 파리들이 눈에 덤벼들어 잠을 잘 수 없으니 활과 화살을 만들어 주십시오."

어머니가 사립문의 나무를 뽑아 활과 화살을 만들어 주었더니 베틀 위에 앉은 파리를 '톡톡' 쏘아 다 잡았다. 부여의 말에 백발백중의 명사수를 '추모'라 칭했으므로 이름을 주몽이라 하였다.

주몽은 나이가 들면서 그 재능이 날로 늘어만 갔다. 금와왕은 아들이 일곱 있었다. 종종 그들과 함께 사냥을 하였는데, 왕자 및 그들을 따르는 자가 사십여 명이었지만 하루 종일 사슴 한 마리를 잡을 뿐이었다. 그러나 주몽은 사슴을 많이 잡곤 하였다.

어느 날 왕자들은 주몽과 함께 사냥을 갔다가 그를 나무에 붙잡아 매달고 사냥한 사슴을 모두 빼앗아 왔다. 그랬더니 주몽은 붙들어 맨 나무를 통째로 뽑아 끌고 돌아왔다.

태자 대소는 왕에게 주몽을 투기하여 고하였다.

"주몽은 대단한 용기를 가진 자이고, 쳐다보는 눈빛이 비상하니 만약 일찍 치워 버리지 않으면 반드시 후환을 입게 될 것입니다."

그러자 왕은 주몽으로 하여금 말을 기르는 일을 시켜 그의 의중을 떠보려 하였다. 주몽은 속으로 한을 품고 어머니에게 말하였다.

"저는 천제의 손자인데 님의 말을 기르는 일을 맡는다면 사는 것이 죽는 것만 못합니다. 그러니 남쪽 땅으로 가서 나라를 세우겠습니다."

어머니는 눈물을 흘리면서 말했다.

"이는 나도 밤낮으로 걱정해 온 바이다. 내 들으니 사내가 먼 곳에 가려면 잘 달리는 말이 필요하다. 내 말을 골라 보겠다."

어머니가 마구간에 들어가 긴 채찍을 휘두르니 붉은 말 한 필이 두

길의 장대를 뛰어넘었다. 주몽은 그 말이 좋은 말임을 알고는 이를 붙들어 혓바닥 밑에 가시를 찔러 두었다. 그 말은 혀가 아파서 물과 풀을 제대로 먹지를 못해 파리하게 말랐다. 그 후 목장을 돌아보던 왕이 모든 말이 기름이 줄줄 흐를 정도로 살찐 것을 보고 기뻐하면서 가장 마른 말을 주몽에게 주었다. 그때야 주몽은 그 말의 혀 밑에 찌른 가시를 뽑고 잘 먹였다.

지혜가 많고 어진 오이·마리·협보 세 사람과 몰래 약속을 하고 어느 날 탈출을 하여 남쪽으로 오다가 엄리대수(奄利大水)를 만났다. 뒤에는 추격병이 쫓아왔다. 그런데 나루에는 배가 없어 큰 걱정이었다. 이때 주몽은 채찍으로 하늘을 가리키면서 슬프게 탄식하였다.

"나는 천제의 손자요, 하백의 외손자인데 지금 난을 피하여 오다가 여기에 이르렀습니다. 황천후토시여! 저를 불쌍히 여기시어 속히 배다리를 놓아 주소서!"

말을 마치고 활로 물을 쳤더니 물고기, 자라 등이 떠올라 자신들의 몸으로 다리를 만들었다. 주몽이 강을 건너자 추격병이 도착하였다. 추격병이 강에 이르렀을 때 다리가 가라앉아 다리 위에 있던 자들이 모두 물에 빠져 죽었다.

주몽이 어머니를 이별함에 차마 발길을 돌리지 못하자 어머니가 말하였다.

"너는 이 어미를 너무 염려하지 말라."

어머니는 오곡의 씨앗을 싸서 주었다. 생이별하는 마음이 너무 간절하여 그중 보리 씨앗을 챙기지 못하고 왔다. 주몽이 큰 나무 밑에 앉아 쉬면서 어머니 생각을 하고 있는데 한 쌍의 비둘기가 와서 나무에 앉았다. 주몽은 이는 틀림없이 신령스런 어머님이 보낸 보리 씨앗을 가져온 사자라고 생각하고 활을 꺼내 하나의 화살에 두 마리를 모두 맞추었다. 그 밥통을 열고 보리 씨앗을 얻게 되었다. 그리고 비둘기에게 물을 뿌리니 다시 살아서 날아갔다.

도읍할 만한 곳을 찾던 주몽은 텁수룩한 풀밭 위에 앉아 군신의 지위를 정하여 왕이 되었다. 그때 마침 비류왕 송양이 사냥을 왔다가 왕의 용모가 비상함을 보고 가까이 와서 앉아 말하였다.

"궁벽한 바닷가 이 곳에서 그대를 일찍이 뵌 적이 없는데 오늘 만나게 되어 기쁩니다. 그대는 누구며 어디서 왔습니까?"

왕이 말하였다.

"저는 천제의 손자이고 서쪽 나라의 왕입니다. 그런데 군왕은 누구의 뒤를 이었는지를 감히 여쭙겠습니다."

송양이 대답하였다.

"나는 선인(仙人)의 후손으로 여러 대 동안 왕이 되어 왔습니다. 지금 이 땅은 지극히 좁아서 두 나라로 나눌 수 없으니 그대가 나라를 만든 지가 일천하니 나의 속국이 됨이 좋을 듯합니다."

그러자 왕이 말하였다.

"저는 하늘의 뒤를 이은 사람인데 지금 그대는 신의 후손도 아니면서 억지로 왕을 칭하니 만약 나에게 귀부하지 않으면 반드시 하늘이 재앙을 내릴 것입니다."

송양이 생각하기를, 말끝마다 하느님의 손자라고 하는데 내심 의심스러워 그 재주를 시험해 보아야겠다고 하여 다음과 같이 말하였다.

"원컨대 그대와 활쏘기 시합을 합시다!"

송양이 100보 안에 사슴을 그리고 화살을 쏘았는데, 배꼽을 맞추지 못했다. 화살은 마치 손을 돌린 듯 비스듬히 날아가 꽂혔다. 그러자 왕이 사람을 시켜 왕의 가락지를 100보 밖에 걸어 놓게 하고 쏘아 맞춰 산산조각으로 부숴 버렸다. 이에 송양이 크게 놀랐다.

왕이 말하였다.

"국가를 새로이 만들어 북과 피리가 없어 위엄 있는 의식을 갖출 수가 없다. 비류국의 사신이 왕래할 때 왕의 예로 맞이하고 보낼 수 없으니 이는 그들이 우리를 경시하게 될 것이다."

이에 따르던 신하 부분노가 앞에 나아가 아뢰었다.

"제가 비류국의 북과 피리를 가져오겠습니다."

왕이 물었다.

"남의 나라에서 보관하고 있는 물건을 네가 어떻게 가져오겠는가?"

부분노는 다음과 같이 대답하였다.

"이는 하늘이 준 물건이니 어찌 가져오지 않겠습니까? 대왕께서 부여에서 곤란을 당할 때 대왕이 능히 이 곳에 이르리라고 누가 생각을 했겠습니까? 지금 대왕께서 만 번 죽을 위험에서 몸을 떨쳐 요동에서 이름을 떨치는 것은 하느님의 명으로 그렇게 된 것이니 무슨 일인들 이루지 못하겠습니까?"

그리고는 부분노 등 세 사람이 비류국에 가서 북과 피리를 가져왔다. 비류왕이 사신을 보내 항의를 하였다. 왕은 그들이 와서 북과 피리를 보지 못하게 어두운 색을 칠하여 오래된 것처럼 만들었다. 그랬더니 그들은 감히 다투지 못하고 그대로 돌아갔다.

송양이 도읍을 세운 선후를 따져 부용을 삼고자 하였으므로 궁실을 만들면서 묵은 나무로 기둥을 세웠더니 마치 천 년 된 궁궐과 같았으므로 송양이 와서 보고 더는 도읍을 세운 선후를 가지고 다투지 않았다.

대왕이 서쪽으로 사냥을 나가 해원에서 눈빛처럼 하얀 큰 사슴을 잡아 거꾸로 매달아 놓고 주문을 외웠다.

"하늘이 만약 비를 퍼부어 저 비류국의 왕도를 휩쓸게 하지 않으면 내 진실로 너를 놓아주지 않겠다. 이 위험에서 벗어나고자 하거든 네가 하늘에 호소하라!"

그 사슴이 슬피 울어 소리가 하늘에 닿으니 7일 동안 폭우가 내려 비류국의 왕도를 수몰시켰다. 왕은 갈대 새끼줄로 그 흐름을 거슬러 올라가 오리와 말을 탔으며, 백성들은 모두 그 새끼줄을 잡아 구제되었다. 왕이 말채찍으로 물을 그으니 물이 줄었다.

6월에 송양이 나라를 들어 항복해 왔다.

동명성왕릉 평남에 있는 석실봉토분으로 된 고구려 시조 동명왕의 릉. 중화 진파리 고분군 가운데 제일 남쪽에 있는 제10호분을 말한다.

    7월에 검은 구름이 골령에 덮여 사람들이 산을 볼 수가 없었다. 오직 수천 명의 인부들이 공사하는 소리만 들렸다. 왕이 말하였다.
    "이는 하늘이 나를 위해서 성을 쌓아 주는 것이다."
    그러자 7일 만에 구름과 안개가 걷히더니 성곽과 궁실 축대가 자연히 만들어졌다. 왕이 황천에 절을 하고 취임하였다. 재위 19년 9월에 승천하여 내려오지 않으니 나이 마흔 살이었다.

[역사 상식]

우리나라 신화의 특징

우리나라의 건국신화 중 단군신화가 가장 오래되었다. 다음으로 오래된 신화가 주몽신화이다. 주몽신화는 내용의 구성이나 그 장대함에서 우리나라의 신화 중 가장 웅장하고 상세하다. 이 신화는 『삼국사기』, 『삼국사』에만 전하는 것이 아니라 중국의 『삼국지』 위서, 『후한서』 등에도 개략이 전하고 있다. 또한 광개토대왕의 비문과 모두루 묘지명에도 신화의 줄거리가 보이고 있어 고구려 사람들이 실제로 믿었던 신화로 여겨진다.

우리나라 신화의 기본 특징은 하늘에서 시조의 선대가 내려왔다는 천강신화라는 점이다. 이는 김수로왕신화나 박혁거세신화 등에도 마찬가지로 나타난다. 그리고 주몽신화는 천강신화만이 아니라 난생신화의 요소도 가미되어 있다. 난생신화는 하늘에서 사람이 내려올 수 없다는 사실을 인지의 발달로 알게 되면서 취해진 신화 형태로 생각된다. 천강신화는 외부에서 새로운 문화, 예컨대 청동기문화를 소지한 집단이 들어와 정착하는 과정을 반영하고 있기도 하다.

일본의 건국신화도 천강신화이다. 반면 중국의 신화는 감응신화라고 할 수 있다. 중국신화에서는 여자가 남자와 관계없이 이상한 감응을 받아 아들을 낳았다는 내용이 전개된다. 중국신화의 주체가 여자인데 반해 우리의 천강신화는 남자가 주체인 구조를 가지고 있다.

그리고 『삼국사』의 동명성왕신화는 부여족 계통의 국가에 공존하던 신화였다. 김부식이 당시에 전하고 있는 『삼국사』의 자료와 『위서』, 『후한서』에 실린 신화를 덧붙여 서술하였다. 김부식은 고구려의 시조가 천제의 자손이라는 점은 배제하지 않았다. 하지만 아무리 천제의 자손이라고 하더라도 폭우를 내리게 하여 비류국 송양의 수도를 수몰시킨 것이라든지, 북과 피리를 훔쳐온 설화, 그리고 이를 위장한 처사, 건국의 연대를 올리기 위하여 쓴 궁궐의 위장 전술 등은 김부식에게 좋지 않은 인상을 준 듯하다.『삼국사기』에는 이와 같은 내용들이 삭제되었다.

추모와 주몽이라는 이름에 나타난 고대의 한자 문화

추모라는 이름은 당시의 발음을 비교적 원음에 가깝게 표현한 것이고, 주몽은 한자 문화가 발전하자 이름을 상용하는 한자 중 좋은 뜻의 글자로 바꾼 것이다. 추모라는 이름은『삼국사기』와 광개토대왕의 비문에도 보이고 있다. 추모라는 말은 원래 부여말로 백발백중의 명사수라는 뜻이다.

이렇게 원래의 발음을 한식으로 미화한 예로 '사로'와 '신라'를 들 수 있다. 사람의 인명 중 원래 부른 이름을 알 수 있는 방식에는 음독과 뜻으로 읽는 석독의 방식이 있다. 즉 이사부를 태종(苔宗)으로 표기하지만, '태종'이라 읽지 않고 당시에는 이끼 태(苔)라는 뜻으로 '이사부'로 읽었다. 황종(荒宗)도 쓰기는 이렇게 썼어도 발음은 거칠부로 읽었다. 세종(世宗)은 노리부로 읽었음을 금석문 자료를 통하여 확인할 수 있다. 금와(金蛙)도 당시에는 석독하면 금개구리로 읽었을 것이며, 유화(柳花)도 버들꽃의 고대음으로 읽었음이 확실하다.

그런데 이런 석독의 방식은 우리나라에서는『동국정운(東國正韻)』이라는 책이 한자음을 우리 식으로 발음하는 방식을 정리하면서 크게 쇠퇴하였다. 단지 조선시대의 노비 이름에서 그 잔재를 확인할 수 있다. 한자를 우리 식으로 읽는 방법을 정립한 것은 한자를 우리 문자화했다는 의미를 지닌다.

우리나라의 제천의식

우리나라에서 제천의식은 시조가 하늘에서 내려왔다고 하는 고조선에서부터 오랜 역사를 가지고 있다. 이런 관행은 3세기경에 진수가 쓴 『삼국지』 위서 동이전에 부여의 영고, 고구려의 동맹, 동예의 무천, 삼한의 소도 등 그 제천행사의 명칭을 전하고 있다. 그 행사의 공통점은 전 국민이 한 곳에 모여 하늘에 제사를 지낸다고 하였다. 이는 고구려와 백제, 신라에도 계승되었다.

하늘에 제사를 지내는 것의 기원은 하늘의 후손이 다스리는 국가의 태평과 백성의 안녕을 위함이었을 것이다. 이를 백제는 남단을 쌓아 제사를 올렸다고 기록하였다. 신라의 경우 중국과 교섭을 하면서 독자적 연호의 사용을 폐지하였고, 제천행사는 산악신앙으로 격하되었다. 제후는 자신의 산천에 대하여만 제사를 지냄이 옳다는 명분 때문이었다.

그러나 고려에서 다시 연호를 사용하고 황제를 칭하면서 제천행사는 팔관회라는 행사로 하늘 및 산악, 바다와 하천의 신에게 제사를 지냈다. 유교식의 제천행사는 원구단에서 치렀다.

조선은 초기에 제천행사를 하다가 폐기하였고, 고종이 황제를 자칭하면서 다시 원구단을 만들어 제천행사를 치렀다. 즉 유교적 관점에서 제천행사는 천자의 나라만이 행하고 제후는 경내의 산천신에만 제사를 지내도록 되어 있다. 결국 제천행사는 중국과의 관계에서 형식적으로 자주권의 확보와 상관관계를 가지는 것이었다.

그리고 우리나라에서 자신의 국토를 천하로 인식한 예는 고구려와 백제가 있었고, 고려도 천하라고 칭하였다. 다만 조선에서는 천하라는 용어가 국내를 가리키는 용어로 사용되지 못하였다. 그러나 일반 민중들은 천하라는 용어를 계속 사용하였으니, 민속놀이인 씨름대회에서 천하장사대회라는 용어가 현재까지 사용되고 있음을 통하여 확인할 수 있다.

천제의 손자인 주몽

김부식은 『삼국사기』에서 주몽은 '천제의 아들'이라고 하였다. 그러나 『구삼국사』에는 '천제의 손자', 광개토왕비문에는 '황천의 아들[皇天之子]'이라 하였다. 『삼국사기』에서 보이는 천제의 아들이란 표현은 『위서』의 '해의 아들[日子]'이라는 표현을 바꾼 것으로 생각한다. 광개토왕비문과 거의 같은 시기에 만들어진 모두루 묘지명에서는 '일월지자(日月之子)'라고 표현하고 있으며 이는 고분벽화에서도 확인되고 있다. 고구려의 삼족오(三足烏)는 이런 것을 반영하고 있다.

동생에게 왕위를 물려주다
태조대왕

    태조대왕(太祖大王)―혹은 국조왕(國祖王)이라고도 하였다―의 이름은 궁(宮)이다. 어렸을 때의 이름은 어수(於漱)이며, 유리왕의 아들 고추가(古鄒加) 재사(再思)의 아들이다. 어머니 태후는 부여 사람이다. 모본왕이 죽었을 때 태자가 불초하여 사직을 주관하기에 부족하였으므로, 나라 사람들이 궁을 맞이하여 뒤를 이어 왕위에 오르게 하였다. 왕은 나면서부터 눈을 떠서 볼 수 있었고 어려서도 남보다 뛰어났다. 즉위할 때 나이가 일곱 살이었으므로 태후가 수렴청정하였다.

    80년(132) 가을 7월에 왕의 동생 수성은 왜산(倭山)에서 사냥하고 주위 사람들과 함께 잔치를 열었다. 이때 관나(貫那) 우태 미유(彌儒), 환나(桓那) 우태 어지류(菸支留), 비류나(沸流那) 조의(皂衣) 양신(陽神) 등이 은밀히 수성에게 말하였다.

    "이전에 모본왕이 죽었을 때 태자가 불초하여 여러 신하들이 왕자 재사를 세우려 하였으나, 재사가 자신이 늙었다고 하여 아들에게 양보한 것은, 형이 늙으면 아우가 잇게 하기 위한 것입니다. 지금 왕이 이미 늙었는데도 양보할 뜻이 없으니 당신은 헤아려 보는 것이 좋겠습니다."

    수성은 말하였다.

    "뒤를 잇는 것은 반드시 맏아들이 하는 것이 천하의 떳떳한 도리이

무용총 벽화의 수렵도 수렵생활의 전통과 고구려의 기상과 패기를 보여준다. 무용총은 중국 길림성 집안현에 있다.

다. 왕이 지금 비록 늙었으나 적자가 있으니 어찌 감히 엿보겠느냐?"
　미유가 말하였다.
　"아우가 어질면 형의 뒤를 잇는 것이 옛날에도 있었으니 당신은 의심하지 마십시오."
　이에 좌보 패자 목도루는 수성이 다른 마음이 있는 것을 알고, 병을 칭하여 벼슬에 나아가지 않았다.
　86년(138) 봄 3월에 수성은 질양(質陽)에서 사냥하면서 7일 동안 돌아오지 않는데, 놀고 즐기는 데 헤아림이 없었다. 가을 7월에 또 기구(箕丘)에서 사냥하고 5일 만에 돌아왔다. 그 아우 백고(伯固)가 간하였다.
　"화복(禍福)에는 문이 없습니다. 다만 사람이 부르는 것입니다. 지금 당신은 왕의 아우된 몸으로 모든 벼슬아치의 으뜸이 되어, 지위가 이미 지극하며 공로도 역시 큽니다. 마땅히 충의로 마음을 지키고, 예절로

1장 국가의 흥망성쇠와 왕　57

사양하며 자신의 욕심을 이기고, 위로는 왕덕에 부응하고 아래로는 민심을 얻어야 합니다. 그런 연후에야 부귀가 몸에서 떠나지 않고 재난이 생기지 않습니다. 지금 그렇게 하지 않고 즐거움을 탐하여 근심거리를 잊고 있으니, 나는 적이 당신을 위하여 위험하게 여기고 있습니다."

수성은 대답하였다.

"무릇 사람의 심정으로 누가 부귀하고 환락하려고 하지 않겠느냐? 그러나 그것을 얻는 자는 만에 하나도 없다. 지금 내가 즐길 수 있는 형편에 있는데 뜻대로 할 수 없다면 장차 어디에 쓰겠느냐?"

수성은 그 말을 듣지 않았다.

90년(142) 가을 9월에 환도(丸都)에 지진이 일어났다. 왕이 밤에 꿈을 꾸는데 한 마리의 표범이 호랑이 꼬리를 깨물어 잘랐다. 깨어서 그 길흉 여부를 물으니 어떤 사람이 말하였다.

"호랑이는 백수의 으뜸이고, 표범은 같은 종류의 작은 것입니다. 그 뜻은 왕족으로서 대왕의 후손을 끊으려고 음모하는 자가 있는 것 같습니다."

왕은 불쾌하여 우보 고복장(高福章)에게 말하였다.

"내가 어젯밤 꿈에 본 것이 있었는데, 점치는 사람의 말이 이와 같으니 어찌하면 좋겠는가?"

고복장이 대답하였다.

"착하지 않은 일을 하면 길함이 변하여 흉함이 되고, 착한 일을 하면 재앙이 거꾸로 복이 됩니다. 지금 대왕께서 나라를 집처럼 근심하고, 백성을 아들처럼 사랑하시니, 비록 작은 이변이 있더라도 무슨 걱정이 있겠습니까?"

94년(146) 가을 7월에 수성은 왜산 밑에서 사냥하면서 주위 사람들에게 말하였다.

"대왕이 늙도록 죽지 않고 내 나이도 장차 저물어 가니 기다릴 수 없다. 주위에서 나를 위하여 꾀를 내어라."

주위 사람들은 모두 "삼가 명을 따르겠습니다"라고 하였다.

이때 한 사람이 홀로 나와 말하였다.

"저번에 왕자께서 상서롭지 못한 말씀을 하실 때, 주위 사람들이 직간하지 못하고 모두 '삼가 좇겠습니다'고 말하니 간사하고 아첨한다고 할 수 있습니다. 저는 직언을 하려고 하는데 높으신 뜻이 어떠한지 알 수 없습니다."

수성이 말하였다.

"그대가 직언을 할 수 있다면 약석(藥石)이 되는 것이니 어찌 의심을 하겠느냐?"

그 사람이 대답하였다.

"지금 대왕께서 어질어서 서울과 지방에 다른 마음을 가진 사람이 없습니다. 당신은 비록 공이 있으나 무리 중에 간사하고 아첨하는 사람들을 거느리고 어진 임금을 폐하려 모의한다면, 이것은 한 가닥 실로 만 근의 무게를 매어 거꾸로 끌려고 하는 것과 무엇이 다르겠습니까? 비록 매우 어리석은 사람이라도 그것이 불가함을 알 수 있습니다. 만약 왕자께서 의도와 생각을 바꾸어 효성과 순종으로 임금을 섬기면, 대왕께서 왕자의 착함을 깊이 알고 반드시 선양할 마음이 있을 것이며, 그렇지 않으면 장차 화가 미칠 것입니다."

수성은 기뻐하지 않았다. 주위 사람들이 그 곧음을 질투하여 수성에게 참언하였다.

"왕자께서 대왕이 늙었기 때문에 임금의 지위가 위태로워질까 염려하여 뒤를 이을 것을 도모하려고 하는데, 이 사람이 이와 같이 망언하니 저희들은 비밀이 누설되어 화가 미칠까 염려됩니다. 마땅히 죽여 입을 막아야 합니다."

수성은 그 말을 따랐다.

겨울 10월에 우보 고복장이 왕에게 말하였다.

"수성이 장차 반란을 일으킬 터이니 청컨대 먼저 죽이십시오."

이에 왕은 대답하였다.

"나는 이미 늙었다. 수성이 나라에 공이 있으므로 나는 장차 왕위를 물려주려고 하니 그대는 번거롭게 걱정하지 말라."

고복장이 말하였다.

"수성의 사람됨이 잔인하고 어질지 못해, 오늘 대왕의 선양을 받으면 내일 대왕의 자손을 해칠 것입니다. 대왕께서 다만 어질지 못한 아우에게 은혜를 베풀 것은 알고, 무고한 자손에게 화가 미칠 것은 알지 못하십니다. 원컨대 대왕께서는 깊이 헤아리십시오."

12월에 왕은 수성에게 말하였다.

"나는 이미 늙어 모든 정사에 싫증이 났다. 하늘의 운수는 너의 몸에 있다. 더욱이 너는 안으로 국정에 참여하고, 밖으로 군사를 총괄하여 사직을 오래 보존한 공이 있고, 신하와 백성들의 소망을 채워 주었다. 내가 맡기는 이유는 사람을 얻었다고 말할 수 있기 때문이니, 너는 왕위에 올라 영원히 신의를 얻어 경사를 누려라."

그리고 왕은 왕위를 물려주고 별궁으로 물러나, 태조대왕이라고 칭하였다.

-『삼국사기』권15, 고구려 본기 3

[역사 상식]

왕위의 부자세습과 형제세습

삼국시대 초기에는 왕위가 반드시 부자세습으로 이루어지지는 않았다. 고구려에서 태조의 동생 수성이 왕위를 이은 것은 형제세습의 잔재를 보여 주는 것으로 해석된다. 전투가 국가의 가장 중요한 일이었고, 왕의 아들보다는 동생이 전투 경험이 많았기 때문이다. 그러나 점차 왕권이 강화되고 전제화되면서 왕위는 부자세습제로 바뀌게 되었다. 다만 새로운 왕조 국가의 초기에는 형제세습이 이루어지기도 한다. 고려의 혜종, 정종, 광종, 덕종, 정종, 문종 등이 형제세습이었고, 조선의 정종, 태종이 형제세습이었다. 그러나 왕조가 안정되면서 부자세습 또한 정착되었다. 특히 조선시대에는 왕조의 안정이란 명분 하에 가능한 빨리 적장자를 세자로 책봉하였다.

명재상을 등용하다
고국천왕

고국천왕(故國川王)—혹은 국양왕(國襄王)이라고도 하였다—의 이름은 남무(男武)이다. 신대왕 백고의 둘째 아들이다. 왕은 키가 9척이고 자태와 겉모습이 크고 위엄이 있었으며 힘이 능히 솥을 들 만하였다. 일을 할 때는 남의 조언을 듣고 결단하였으며 관대하고 엄함에 대해서는 중용을 지켰다.

어진 재상을 구하다

13년(191) 여름 4월에 좌가려 등이 무리를 모아 왕도를 공격하였다. 왕은 근방[畿內]의 군사를 동원하여 평정하고, 마침내 명령을 내렸다.

"근래에 총애하는 바에 따라 관직을 주고 덕이 없어도 관직에 나아가니, 이 해독이 백성에게 미치고 우리 왕실을 흔든다. 이것은 과인이 똑똑하지 못한 까닭이다. 이제 너희 4부는 아래에 있는 어질고 착한 사람을 천거하여라."

이에 따라 4부가 함께 동부(東部)의 안류(晏留)를 천거하자, 왕은 그를 불러 국정을 맡겼다. 안류가 왕에게 말하였다.

"미천한 신은 용렬하고 어리석어 본래 큰 정치에 참여하기에 부족합니다. 서압록곡(西鴨淥谷) 좌물촌(左勿村)의 을파소(乙巴素)란 사람은 유리왕 때의 대신 을소(乙素)의 손자로, 성질이 굳세고 지혜와 사려가 깊으나, 세상에서 쓰이지 못하고 힘들여 농사지어 자급합니다. 대왕께서 만약 나라를 다스리려 하신다면 이 사람이 아니고는 할 수 없습니다."

왕은 사신을 보내 겸손한 말과 두터운 예로 모셔, 중외대부로 임명하고 작위를 더하여 우태로 삼고 말하였다.

"내가 외람되이 선왕의 업을 이어 신민(臣民)의 위에 있으나, 덕이 부족하고 재주가 짧아 정치에 익숙하지 못하오. 선생은 능력을 감추고 지혜를 나타내지 않으면서 궁색하게 시골에서 지낸 지 오래되었소. 이제 당신이 나를 버리지 않고 마음을 바꾸어 왔으니, 이것은 나의 기쁨과 다행일 뿐만 아니라 사직과 백성의 복이오. 가르침을 받으려 하니 공은 마음을 다하기를 바라오."

을파소가 뜻은 비록 나라에 허락하였으나 받는 관직이 일을 다스리기에 부족하다고 생각하고 대답하였다.

"신의 둔하고 느린 것으로는 엄명을 감당할 수 없습니다. 원컨대 대왕께서는 어질고 착한 사람을 뽑아 높은 관직을 주어서 대업을 이루십시오."

왕은 그 뜻을 알고 곧 국상으로 임명하고 정사를 맡게 하였다. 이리하여 조정의 신하와 왕실의 친척들이 을파소가 신진으로서 구신(舊臣)들을 이간한다고 하며 미워하였다. 왕은 교서를 내려 "귀천을 막론하고 국상을 따르지 않는 자는 멸족을 시키겠다"고 말하였다. 을파소가 물러나와 사람에게 말하였다.

"때를 만나시 못하면 숨고, 때를 만나면 벼슬하는 것이 신미의 마땅한 도리이다. 지금 임금께서 나를 호의로 대하니 이전에 숨어 지내던 것을 어찌 다시 생각할 수 있겠느냐?"

그리고는 지성으로 나라를 받들고 정치와 교화를 밝게 하고 상벌을 신중히 하니, 인민이 편안하고 안팎이 무사하였다. 겨울 10월에 왕은 안류에게 말하였다.

고구려의 생활상을 엿볼 수 있는 안악3호분 벽화 고국천왕 대에 실시한 진대법은 가난한 농민이 귀족의 노비로 전락되는 것을 막고 양인을 확보하여 고대국가의 기반을 마련하려는 정책이었다.

"만약 그대의 한 마디 말이 없었다면 나는 을파소를 얻어 함께 다스리지 못하였을 것이다. 지금 많은 공적이 쌓인 것은 그대의 공이다."

그리고는 대사자(大使者)로 삼았다.

진대법을 실시하여 백성을 구휼하다

16년(194) 가을 7월에 서리가 내려 곡식을 해쳐 백성들이 굶주렸으므로, 창고를 열어 진휼하였다. 겨울 10월에 왕은 질양으로 사냥 나갔다가 길에서 앉아 우는 자를 보고 왜 우느냐고 물었다. 그가 대답하였다.

"신은 가난하고 궁해서 항상 품을 팔아 어머니를 봉양하였는데, 올해 흉년이 들어 품을 팔 데가 없어, 한 되 한 말의 곡식도 얻을 수 없으므로 그래서 우는 것입니다."

왕은 말하였다.

"아! 내가 백성의 부모가 되어 백성들을 이런 극도의 상황에 이르게 하였으니 나의 죄다."

  왕은 옷과 음식을 주어 안심시키고 위로하였다. 그리고 서울과 지방의 담당 관청에 명하여 홀아비, 과부, 고아, 자식 없는 늙은이, 늙어 병들고 가난하여 스스로 살 수 없는 자들을 널리 찾아 구휼하게 하였다. 또 매년 봄 3월부터 가을 7월에 이를 때까지, 관의 곡식을 내어 백성의 가구 다소에 따라 차등 있게 진휼 대여하게 하고, 겨울 10월에 이르러 갚게 하는 것을 항례(恒例)로 삼게 하였다. 서울과 지방에서 크게 기뻐하였다.

─『삼국사기』권16, 고구려 본기 4

[역사 상식]

고구려의 인구는 얼마나 되었을까?

고대의 인구를 추정할 수 있는 구체적인 자료는 동원된 군대의 수이다. 그 수는 계속적으로 증가하였다. 동명성왕 대는 조그만 성읍국가여서 인구는 1,000명에서 2,000명 정도에 불과하였을 것이다. 송양국을 빼앗은 정도였다. 점차 인근의 소국가를 복속시켜 2대 유리명왕 대에는 중국의 왕망에게 알려질 정도로 강성해졌다. 영토도 졸본에서 통구의 국내성까지 수백 리의 땅을 차지하면서 인구도 크게 증가하였다.

고구려는 제3대 대무신왕 대에 비약적으로 영토가 확장되고 인구도 크게 증가하였다. 왕이 죽은 후 민중왕 4년(47)의 기록에 잠지락부의 대가, 대승 등이 1만 가(또는 1만 구)를 들어 한나라에 투항했다고 되어 있다. 이로써 미루어 보면 줄잡아 적어도 4만 명에서 5만 명에 달하였다고 추측된다.

제6대 태조대왕 대에 이르러 활발한 정복 전쟁으로 강역이 크게 넓어지면서 새롭게 백성이 되는 사람이 많아 인구가 또 비약적으로 증가하였다. 118년에 군대를 3,000명, 선비족 군대 8,000명, 그리고 1만 명의 기병을 동원한 점으로 보아, 어림잡아 인구가 10만 명 이상에 달하였을 것으로 추정한다.

산상왕 대 197년에는 왕위 승계에 불만을 가진 발기가 3만 명을 이끌고 요동의 공손도에게 투항한 사실은 인구를 추정할 수 있는 간접 자료가 된다. 동천왕 20년(246) 위나라 관구검의 침입을 받았을 때 전군을 투입하였다고 생각되는데, 보병과 기병 2만 명이 동원되었다. 259년에는 정예의 기병 5,000명을 동원하였고, 302년에는 군사 3만 명을 동원하여 8,000명을 포로로 잡았다는 기록이 있다. 342년 연나라 모용황이 침입하여 남녀 5만 명을 사로잡아 갔다. 349년에는 2만 명의 군대를 동원하여 백제를 공격한 바 있고, 385년에는 군대 4만 명을 동원하여 요동의 현도를 완전히 장악하여 남녀 1만 명을 사로잡아 왔다. 광개토대왕 대에는 5만 명의 군대를 동원하였다.

645년 당나라에 요동성이 함락되었을 때 요동성 성내의 인구가 6만 명이었고, 건안성과 신성의 두 성 군사가 10만 명이었으며 총 군사 30만 명을 동원한 바 있다. 고구려 말기에 안승이 4,000호(약 2만 명으로 추산)를 이끌고 신라로 투항하였고, 당나라에서 고구려를 멸한 후에 3만 8,300호(약 15만 명 내외)를 포로로 잡아갔다. 신·구『당서』에 고구려 최후의 인구가 176성 69만 호라고 기록된 점으로 보아 총인구는 350만 내외로 추정된다.

고구려의 왕호와 시호

태조대왕과 차대왕, 신대왕은 모두 시호적인 성격을 가진다. 시호(諡號)는 제왕이나 높은 관료가 죽은 후 그 공덕을 기려서 붙이는 이름이다. 태조대왕 이전은 이름에 따른 칭호였다. 그리고 이후 고국천왕부터 고국양왕까지의 왕호는 왕릉의 지명에 따른 칭호였다가, 광개토대왕 이후 다시 왕의 업적에 따른 시호로 바뀌었다. 장수왕이 죽은 후 북위에서 시호를 내렸는데, 중국에서 시호를 받은 유일한 사례이다.

조선 태조의 시호는 지인계운성문신무대왕(至仁啓運聖文神武大王)이다. 두 글자씩 떼어 읽어야 한다. 그 뜻은 지극히 인자하고 나라를 개칭하는 운수를 열었으며 성스러운 문지를 행했고 신령스러운 무예를 가진 대왕이라는 뜻이다. 왕과 왕비, 종친, 2품 이상의 관료에게 시호를 주도록 되어 있으나 후대에는 확장되었다. 왕과 왕비의 시호는 시호도감에서, 개인의 시호는 봉상시에서 주관하였다.

개인에게 주는 시호는 두 글자인데 한 글자씩 의미를 가진다. 예컨대 이순신의 시호 충무(忠武)에서 "위신봉상왈 충(危身奉上曰忠)"이요, "절

1장 국가의 흥망성쇠와 왕 67

충어모왈 무(折衝禦侮曰武)"였다. 일신의 위험을 무릅쓰고 임금을 받들었기 때문에 충이요, 적의 창끝을 꺾어 외침을 막아냈으니 무라는 뜻이다. 시호가 정해지면 붉은 장지의 시호 교지가 내려졌다. 관리로서 시호를 받는 것은 더 없는 영광이었다.

고대국가의 기반을 마련한 을파소

을파소(?~203)는 고구려 고국천왕 대(179~196)의 국상(國相)이다. 유리명왕 대의 대신이었던 을소의 후손으로 서압록곡 좌물촌 출신이다. 농사를 지어 생계를 유지할 정도로 한미한 그가 고국천왕 13년(191)에 국상으로 발탁되었다. 4부의 천거를 받은 안류가 사양하고 을파소를 추천하였다.

그가 국상으로 발탁될 수 있었던 배경에는 당시 고국천왕이 왕비 출신 부족인 연나부(椽那部)의 반란(190~191)을 진압한 뒤, 부족 연맹 상태에서 고대 왕권의 강화로 넘어가는 단계라는 사실이 있었다. 고대국가의 기반을 정비하면서 여러 부족장에 대한 왕실의 통제력을 크게 강화할 필요가 요청되었을 때였던 것이다. 따라서 을파소는 기존 지배 세력들의 반발을 무릅쓰고 고국천왕의 강력한 지지를 받아 고구려 사회의 안정에 크게 이바지할 수 있었다.

그는 왕실의 인척이나 세력이 큰 귀족들과 이해관계의 충돌을 일으키면서도 고국천왕 16년(194)에 진대법을 실시하였다. 이는 국가에서 토지를 가지지 못한 가난한 농민이 귀족의 노비로 전락되는 것을 막아서 양인으로 확보하려는 정책이었다. 그는 산상왕 때에도 계속 국상으로 재임하다가 죽었다.

왕이 된 소금장수
미천왕

미천왕(美川王)—또는 호양왕(好壤王)이라고도 하였다—의 이름은 을불(乙弗)—혹은 우불(憂弗)이라고도 썼다—이고, 서천왕의 아들인 고추가 돌고(咄固)의 아들이다.

살기 위해 소금장수가 되다

이전에 봉상왕이 아우 돌고가 배반할 마음을 가지고 있다고 의심하여 그를 죽이니, 아들 을불은 살해당할 것이 두려워 도망쳤다. 처음에는 수실촌(水室村) 사람 음모(陰牟)의 집에 가서 고용살이를 하였는데, 음모는 그가 어떤 사람인지 알지 못하고 일을 매우 고되게 시켰다.

그 집 곁의 늪에서 개구리가 울면 을불을 시켜 밤에 기와 조각과 돌을 던져 그 소리를 못 내게 하고, 낮에는 나무를 하라고 독촉하여 잠시도 쉬지 못하게 하였다. 을불은 괴로움을 이기지 못하여 일 년 만에 그 집을 떠나, 동촌(東村) 사람 재모(再牟)와 함께 소금장사를 하였다.

배를 타고 압록에 이르러 소금을 내려놓고 강 동쪽 사수촌(思收村) 사람의 집에서 기숙하였다. 그 집의 할멈이 소금을 청하므로 한 말쯤 주었으나 더 달라는 것을 주지 않았더니, 그 할멈은 원망하고 노하여 소금 속에 몰래 신을 넣어 두었다.

을불은 알지 못하고 짐을 지고 길을 떠났는데, 할멈이 쫓아와 신을 찾아내고는 을불이 신을 숨겼다고 꾸며 압록재(鴨淥宰)에게 고소하였다. 압록재는 신값으로 소금을 빼앗아 할멈에게 주고 을불의 볼기를 때리고 놓아주었다. 이리하여 을불은 얼굴이 야위고 옷이 남루하여 사람들이 보고도 그가 왕손인 줄을 알지 못하였다.

이때 국상 창조리가 장차 왕을 폐하기 위해 먼저 북부의 조불(祖弗)과 동부의 소우(蕭友) 등을 보내 산과 들로 을불을 찾게 하였다. 그들이 비류하 가에 이르렀을 때 한 장부가 배 위에 있는 것을 발견하였는데, 용모는 비록 초췌하였으나 몸가짐이 보통 사람과 달랐다. 소우 등은 이 사람이 을불이라 짐작하고 나아가 절을 하며 말하였다.

"지금 국왕이 무도하므로 국상이 여러 신하들과 함께 왕을 폐할 것을 몰래 꾀하고 있습니다. 왕손께서 행실이 검소하고 인자하여 사람들을 사랑하셨으므로 선왕의 업을 이을 수 있다고 하여, 저희들을 보내 맞이하게 하였습니다."

을불은 의심하여 말하였다.

"나는 야인이지 왕손이 아닙니다. 다시 찾아보십시오."

소우 등이 다시 말하였다.

"지금의 임금은 인심을 잃은 지 오래여서 나라의 주인이 될 수 없으므로, 여러 신하들이 왕손을 매우 간절히 바라고 있으니 청컨대 의심하지 마십시오."

그들은 마침내 을불을 받들어 모시고 돌아왔다. 창조리가 기뻐하며 조맥(鳥陌) 남쪽 집에 모셔 두고 사람들이 알지 못하게 하였다.

가을 9월에 왕은 후산(侯山) 북쪽으로 사냥을 갔다. 국상 창조리가 따라가며 여러 사람들에게 "나와 마음을 같이 하는 자는 내가 하는 대로 하라"고 말하고, 갈대 잎을 관에 꽂으니 여러 사람들도 모두 꽂았다. 창조리는 여러 사람들의 마음이 모두 같은 것을 알고, 마침내 그들과 함께 왕을 폐하여 별실에 가두어 군사로 주위를 지키게 하고, 왕손을 맞이하여 옥새를 바치고 왕위에 오르게 하였다.

정복 전쟁을 개시하다

3년(302) 가을 9월에 왕은 군사 3만 명을 거느리고 현도군을 침략하여 8,000명을 붙잡아 평양으로 옮겼다.

12년(311) 가을 8월에 장수를 보내 요동 서안평(西安平)을 공격하여 차지하였다.

14년(313) 겨울 10월에 낙랑군을 침략하여 남녀 2,000여 명을 사로잡았다.

15년(314) 봄 정월에 왕자 사유(斯由)를 태자로 세웠다. 가을 9월에 남쪽으로 대방군을 침략하였다.

16년(315) 봄 2월에 현도성을 공격하여 깨뜨렸는데, 죽이고 사로잡은 자가 매우 많았다.

연나라 모용씨와 각축을 벌이다

20년(319) 겨울 12월에 진(晉)나라 평주자사 최비(崔毖)가 도망쳐 왔다.

이전에 최비가 은밀히 우리나라와 단씨(段氏)와 우문씨(宇文氏)를 달래어 함께 모용외를 치게 하였다. 세 나라가 극성(棘城)을 공격하자 모용외가 문을 닫고 지키며 오직 우문씨에게만 소와 술을 보내 위로하였다. 두 나라는 우문씨와 모용외가 음모한다고 의심하고 각각 군사를 이끌고 돌아갔다.

우문씨의 대인(大人) 실독관(悉獨官)이 말했다.

"두 나라가 비록 돌아갔으나 나는 홀로 성을 빼앗겠다."

모용외가 그 아들 황(皝)과 장사(長史) 배의(裵嶷)를 시켜 정예군을 거느리고 선봉에 서게 하고, 자신은 대군을 거느리고 뒤를 따랐다. 실독관이 크게 패하고 겨우 죽음을 면하였다. 최비가 이 소식을 듣고 형의 아들 도(燾)를 시켜 극성으로 가서 거짓으로 축하하게 하였다. 모용

고구려 병사들의 창 쓰는 모습 중국 길림성 집안현에 있는 삼실총 벽화이다.

외가 군사를 이끌고 맞이하니, 최도가 두려워 머리를 조아려 사실을 고하였다.

 모용외가 최도를 돌려보내고 최비에게 "항복하는 것은 상책이고, 달아나는 것은 하책이다"라고 말하고, 군사를 이끌고 뒤따라갔다. 최비가 수십 기마병과 함께 집을 버리고 우리나라로 도망쳐 오고, 그 무리가 모두 모용외에게 항복하였다.

 모용외가 그 아들 인(仁)으로 하여금 요동을 진무(鎭撫)하게 하니 관부와 저잣거리가 예전과 같이 안정되었다. 우리나라 장수 여노(如孥)는 하성(河城)을 지키고 있었는데, 모용외가 장군 장통(張統)을 보내 습격해서 그를 사로잡고, 그 무리 1,000여 가를 사로잡아 극성으로 돌아갔다. 왕은 자주 군사를 보내 요동을 침략하였다. 모용외가 모용한(慕容翰)과 모용인을 보내 우리를 치게 하였는데, 왕이 맹약을 구하자 모용한과 모용인이 돌아갔다.

 21년(320) 겨울 12월에 군사를 보내 요동을 침략하였는데, 모용인이 막아 싸워 우리 군사를 깨뜨렸다.

 32년(331) 봄 2월에 왕이 죽었다. 미천의 들에 장사지내고 왕호를 미천왕이라고 하였다.

-『삼국사기』 권17, 고구려 본기 5

[역사 상식]

우리 역사에서 무덤 도굴

미천왕은 연나라의 모용씨와 요동 지방을 놓고 일진일퇴를 거듭했다. 평주자사 최비의 권유에 따라 선비족의 일파인 단씨, 우문씨 등과 연합전선을 형성하여 모용외를 공격했다. 그러나 미천왕은 요동에서 연나라를 축출하지 못하고 즉위 32년 만에 서거했다.

미천왕의 세찬 공격을 받았던 모용씨는 미천왕에 대한 원한이 깊었다. 다음 왕 고국원왕(故國原王) 때 모용황은 미천왕의 무덤을 파서 시체까지 인질로 삼았다. 인질로 죽은 사람의 시신을 도굴해 간 사건은 용납할 수 없는 만행이다.

임진왜란 때에는 왜군에 의하여 성종의 능인 선릉(宣陵)과 중종의 능인 정릉(靖陵)이 도굴되었다. 조선 말 고종 때에 독일인 상인 오페르트가 두 번이나 한국에 와서 통상을 교섭하다가 실패하자, 1868년(고종 5)에 충남 예산군에 있는 대원군의 아버지 남연군의 묘를 파다가 실패한 적이 있었다. 이처럼 인간이 얼마나 잔인한 동물인가를 역사는 보여 주고 있다.

호태왕비를 남긴 정복 군주
광개토왕

광개토왕(廣開土王)의 이름은 담덕(談德)이고, 고국양왕의 아들이다. 나면서부터 기개가 웅대하고 활달한 뜻이 있었다. 고국양왕이 재위 3년에 태자로 삼았고, 8년에 왕이 죽자 태자가 즉위하였다.

백제를 정벌하다

원년(391) 가을 7월에 남쪽으로 백제를 정벌해 열 곳의 성을 함락시켰다. 9월에 북쪽으로 거란을 정벌하고 남녀 500명을 사로잡았다. 또 거란에 잡혀갔던 본국 백성 1만 명을 불러 데리고 돌아왔다.

겨울 10월에 백제 관미성(關彌城: 파주의 오두산성)을 쳐서 함락시켰다. 그 성은 사면이 깎은 듯 가파르고 바닷물에 둘러싸여 있었으므로, 왕은 군사를 일곱 방향으로 나누어 공격한 지 20일 만에야 함락시켰다.

2년(392) 가을 8월에 백제가 남쪽 변경을 침략하자, 장수에게 명하여 막게 하였다. 아홉 개의 절을 평양에 창건하였다.

3년(393) 가을 7월에 백제가 침략해 왔는데, 왕은 정예 기병 5,000명을 이끌고 싸워 이겼다. 나머지 적들이 밤에 도주하였다.

8월에 나라 남쪽에 일곱 성을 쌓아 백제의 침략에 대비하였다.

4년(394) 가을 8월에 왕은 패수(지금의 예성강) 가에서 백제와 싸워 크게 이기고 8,000여 명을 사로잡았다.

후연과 자웅을 겨루다

9년(399) 봄 정월에 왕은 후연에 사신을 보내 조공하였다. 2월에 연왕 모용성(慕容盛)이 우리나라 왕이 오만하다고 하여 스스로 군사 3만 명을 이끌고 습격했다. 표기대장군(驃騎大將軍) 모용희(慕容熙)를 선봉으로 삼아, 신성과 남소성(南蘇城)의 두 성을 함락시키고 700여 리의 땅을 넓혀, 5,000여 호를 옮기고 돌아갔다.

11년(401) 왕이 군사를 보내 숙군성(宿軍城)을 공격하니, 후연의 평주자사 모용귀(慕容歸)가 성을 버리고 달아났다.

13년(403) 겨울 11월에 군대를 내어 후연을 침공하였다.

14년(404) 봄 정월에 후연 왕 모용희가 요동성을 침공해 왔다. 성이 함락될 즈음 모용희가 장병들에게 명하였다.

"먼저 성에 오르지 말라. 성을 깎아 허물어진 때를 기다려서 내가 황후와 함께 수레를 타고 들어갈 것이다."

이 때문에 성안에서 단단히 방비할 수 있어서 후연은 마침내 이기지 못하고 돌아갔다.

15년(405) 겨울 12월에 모용희가 거란을 습격하여 형북에 이르렀다가, 거란의 무리가 많아 두려워 퇴각하려 했다. 이때, 우리 목저성을 습격하였다. 그러나 연나라의 군대는 3,000여 리를 행군하였으므로 피로에 지쳐 이기지 못하고 돌아갔다.

17년(407) 봄 3월에 사신을 북연에 보내 종족(宗族)의 정을 베풀었다. 그러자 북연 왕 고운이 시어사(侍御史) 이발(李拔)을 보내 답례하였다. 고운의 할아버지 고화(高和)는 고구려의 갈래로서, 스스로 고양씨(高陽氏)의 자손이라고 하였기 때문에 고(高)로 성을 삼았다. 모용보(慕容寶: 재위 396~398)가 태자였을 때 고운이 무예로 동궁에 시위하였는데, 모용보가 그를 아들로 삼아 모용씨의 성을 내렸다.

18년(408) 여름 4월에 왕자 거련(巨連: 장수왕의 이름)을 태자로 삼았다. 가을 7월에 나라 동쪽에 독산(禿山) 등 여섯 성을 쌓고, 평양의 민호

광개토왕릉비문(왼쪽) 광개토왕릉비문의 내용은 한·중·일 세 나라 학계에서 방대한 연구 결과를 낳았는데, 그중 제일 논란이 많았던 부분은 중간 부분의 정복 기사이다.
1910년 대의 광개토왕릉비(오른쪽) 광개토왕릉비는 고구려 멸망 후 잊혀졌다가 1880년경에 재발견되어 세상에 알려졌다.

(民戶)를 그 곳으로 옮겼다. 8월에 왕은 남쪽으로 순행하였다.

　　22년(412) 겨울 10월에 왕이 죽었다. 왕호를 광개토왕이라 하였다.

　　　　　　　　　　　　　　　　　―『삼국사기』 권18, 고구려 본기 6

[역사 상식]

우리나라의 연호

광개토대왕은 일명 영락대왕이라고 불리는데, 이때의 영락은 연호이다. 연호는 연대를 계산하기 위한 칭호이다. 중국에서는 전한 무제 때부터 사용되었고 중요한 사건이 있을 때마다 개칭되었다. 명나라 이후 1세1원의 연호가 사용되었다. 우리나라에서 연호가 사용된 것은 삼국시대부터나 이에 관한 기록은 신라의 경우에만 보이고 고구려의 경우는 금석문을 통하여 확인될 뿐이다.

우리나라에서 사용된 연호를 열거해 보자. 고구려 광개토왕 때의 영락(永樂)·건흥(建興)·영강(永康), 안원왕 대의 연가(延嘉: 529) 등의 연호가 있었다. 신라의 법흥왕은 건원(建元: 536), 진흥왕은 개국(開國: 561)·태창(太昌: 568)·홍제(鴻濟: 572), 진평왕은 건복(建福: 584), 선덕왕은 인평(仁平: 634), 진덕왕은 태화(太和: 648)를 사용하였다.

발해는 국초 고왕 때부터 멸망 때까지 천통(天統) 이하 멸망 시의 함화(咸和: 830~858)까지 계속 사용하여 1세1원제의 연호가 사용되었다. 후고구려 궁예는 무태(武泰: 904)·성책(聖册: 905)·수덕만세(水德萬歲: 911)·정개(政開: 914)를 사용하였다. 고려 태조는 천수(天授: 918), 광종은 광덕(光德)·준풍(峻豊)을 사용하였다.

이후 고려는 연호를 사용하지 않다가 묘청이 반란을 일으키면서 칭제건원을 주장한 바 있다. 조선은 1894년 청일전쟁이 청나라의 패배로 끝나자 개국이란 연호를 사용하여 1392년을 원년으로 삼았으며, 이후 건양·광무·융희라는 연호가 사용되었다.

방대한 연구 결과를 낳은 광개토왕릉비

광개토왕릉비는 아들 장수왕이 아버지 광개토왕의 공훈을 기념하기 위하여 414년(장수왕 3)에 집안에 세운 비석이다. 당시 고구려의 수도였던 국내성 동쪽 국강상에 능과 함께 세워졌다. 묘호인 '국강상광개토경평안호태왕(國岡上廣開土境平安好太王)'의 마지막 세 글자를 본떠서 '호태왕비'라고도 한다. 높이는 약 6.39미터이고, 사면에 모두 44행 1,775자의 문자가 새겨져 있다.

비문의 내용은 크게 세 부분으로 구성되어 있다. 제1부는 서문격으로 주몽의 건국신화를 비롯하여 대무신왕에서 광개토왕에 이르는 왕의 세계(世系)와 약력 및 비의 건립 경위가 기술되어 있다. 제2부는 비문의 핵심을 이루는 부분으로 왕의 정복 활동과 토경순수(土境巡狩) 기사가 연대순으로 기술되어 있다. 제3부는 능을 지키는 수묘인 연호의 명단과 수묘지침 및 수묘인 관리 규정이 기술되어 있다.

비문의 내용 중 가장 논란이 많았던 것은 제2부의 정복 기사이다. 이 능비에 대한 연구는 한국, 중국, 일본 등 세 나라 학계에 의해 방대한 연구 결과를 낳았다. 이 능비는 한국 고대사 연구에 부족한 문헌 사료의 한계를 보완해 줄 수 있는 매우 중요한 자료이다.

아버지의 나라를 떠나 새 나라를 세우다
온조왕

백제의 시조 온조왕의 아버지는 추모 또는 주몽이라고 하였다. 주몽은 북부여에서 난을 피하여 졸본부여(중국 길림성 환인 지방)에 이르렀다. 부여의 왕은 아들이 없고 딸만 셋이 있었는데 주몽을 보고 그가 보통 사람이 아니라는 것을 알고 둘째 딸을 아내로 삼게 하였다. 얼마 지나지 않아 부여 왕이 죽자 주몽이 왕위를 이었다.

위례성에 도읍을 정하다

주몽은 두 아들을 낳았는데 맏아들은 비류(沸流)라 하였고, 둘째 아들은 온조(溫祚)라 하였다. 혹은 "주몽이 졸본에 도착하여 이웃 고을의 여자를 아내로 맞아 두 아들을 낳았다"고도 하였다.

주몽이 북부여에 있을 때 예씨 부인이 낳은 아들이 졸본에 와서 고구려의 태자가 되었다. 비류와 온조는 태자에게 용납되지 못할까 두려워 오간·마려 등 열 명의 신하와 더불어 남쪽으로 내려왔는데 따르는 백성이 많았다. 그들은 드디어 한산에 이르러 부아악(負兒嶽: 서울 북한산)에 올라가 살 만한 곳을 찾았다. 비류가 내려와서 바닷가에 가서 도읍을 삼고자 하니 열 명의 신하가 건의하였다.

"이 강 남쪽의 땅은 북쪽으로 한수를 띠처럼 두르고 있고, 동쪽으로

풍납토성 백제의 시조 온조는 한강 남쪽 위례성에 도읍을 정하고 정착한 것으로 기록되어 있는데, 그 위치를 둘러싸고 설이 분분하다. 그중에 서울 송파구 풍납동에 있는 백제 초기의 토성인 풍납토성과 서울 강동구에 있는 몽촌토성 등이 위례성으로 추정되고 있다.

높은 산을 의지하였으며, 남쪽으로 비옥한 벌판을 바라보고, 서쪽으로 큰 바다에 막혔으니 이와 같은 천연의 요새는 쉽게 얻기 어려운 형세입니다. 여기에 도읍을 세우는 것이 제일 좋겠습니다."

비류는 듣지 않고 그 백성을 나누어 미추홀(彌鄒忽: 인천)로 가서 정착하였다. 온조는 한수 남쪽의 위례성(慰禮城: 서울 풍납토성)에 도읍을 정하고 열 명의 신하를 보좌로 삼아 국호를 십제(十濟)라 하였다. 이때가 전한 성제 홍가 3년(서기전 18)이었다.

비류는 미추홀의 땅이 습하고 물이 짜서 편안히 살 수 없기에 위례성에 돌아와 보니 도읍은 안정되고 백성들도 평안하므로 부끄러워하고

1장 국가의 흥망성쇠와 왕 81

후회하다가 죽으니, 그의 신하와 백성들은 모두 위례에 귀부하였다. 그 후 처음 올 때 백성들이 즐겨 따랐다고 하여 국호를 백제(百濟)로 고쳤다. 그 선대의 계보는 고구려와 더불어 부여에서 같이 나왔기 때문에 부여(扶餘)를 씨(氏)로 삼았다.

다른 전승의 비류설화
또는 다음과 같이 전해지기도 한다.

시조 비류왕의 아버지는 우태로 북부여 왕 해부루의 서손이었고, 어머니는 소서노로 졸본 사람 연타발의 딸이었다. 소서노는 처음에 우태에게 시집가 아들 둘을 낳았는데 맏이는 비류라 하였고 둘째는 온조라 하였다. 우태가 죽자 소서노는 졸본에서 과부로 지냈다.

뒤에 주몽이 부여에서 용납되지 못하자 전한 건소 2년(서기전 37) 봄 2월에 남쪽으로 도망하여 졸본에 이르러 도읍을 세우고 국호를 고구려라 하고, 소서노를 맞아들여 왕비로 삼았다. 주몽은 그녀가 나라를 창업하는 데 많이 도와주었기 때문에 그녀를 총애하고 대접하는 것이 특히 후하였으며 비류 등을 자기 자식처럼 대하였다. 주몽이 부여에 있을 때 예씨가 낳은 아들 유류가 오자 그를 태자로 삼았고, 왕위를 잇기에 이르렀다.

이에 비류가 동생 온조에게 말하였다.

"처음 대왕이 부여에서 난을 피하여 이 곳으로 도망오자 우리 어머니께서 재산을 기울여 나라를 세우는 것을 도와 애쓰고 노력함이 많았다. 대왕이 세상을 떠나시고 나라가 유류에게 속하게 되었으니, 우리들은 그저 군더더기처럼 답답하게 여기에 남아 있기보다 차라리 어머니를 모시고 남쪽으로 가서 땅을 택하여 따로 도읍을 세우는 것이 좋겠다."

드디어 동생과 함께 무리를 거느리고 패수(浿水 : 예성강)와 대수(帶水 : 임진강) 두 강을 건너 미추홀에 이르러 살았다. 중국의 『북사(北史)』

와 『수서(隋書)』는 모두 다음과 같이 기록하였다.

"동명(東明)의 후손에 구태(仇台)라는 사람이 있었는데 어질고 신의가 돈독하였다. 그는 처음에 대방의 옛 땅에 나라를 세웠다. 한나라 요동태수 공손도가 자기 딸을 아내로 삼게 하였으며, 마침내 동이의 강국이 되었다."

그러나 어느 것이 옳은지 알지 못하겠다.

―『삼국사기』 권23, 백제 본기 1

[역사 상식]

온조설화의 특징

삼국의 건국신화 가운데 가장 특이한 것은 백제의 온조설화이다. 여기서는 신이라든가 기적과 관련된 부분이 전혀 없이 매우 사실적인 방법으로 백제의 건국을 설명하고 있다. 이는 백제의 건국설화가 뒤늦게 채록되었기 때문이 아닌가 한다. 백제의 건국설화는 상당히 현실적이고 사실적이다.

따라서 고구려에서 천제의 아들 또는 손자라고 소개한 주몽을 백제는 단지 부인 덕에 왕위를 계승한 비범한 인물 정도로만 묘사하고 있다.

또 온조설화에서 백제와 고구려가 이복형제의 국가로 묘사되는 친밀감이 나타나고 있어 백제의 기원을 고구려에서 찾는 듯한 기미가 보인다. 그러나 동시에 백제 왕의 성도 부여씨라 하고 "고구려와 마찬가지로 부여에서 나왔다"고 한 점을 고려할 때 백제는 또한 부여 계승 의식을 가지고 있었다고 할 수 있다. 후대의 일이기는 하지만 538년 백제의 성왕이 사비로 천도한 후 북부여와 대칭되는 남부여라는 국호를 사용한 것도 부여 계승 의식의 소산이 아닌가 한다.

백제의 국호

백제의 처음 국호는 십제였다고 하고, 이는 온조왕이 나라를 세울 때 열 명의 신하가 도왔기 때문이라고 설명하고 있다. 그리고 나중에 비류가 죽고 미추홀의 백성들이 위례성으로 이주할 때 기꺼이 따라왔으므로 국호를 백제로 고쳤다 한다. 한편 중국의 사서인 『수서』 백제전에는 처음에 백여 집이 바다를 건너 남하해 나라를 세웠기에 백제라고 했다고 한다.

그런데 『삼국지』 위서 한전에는 마한 54개국의 국명을 열거하고 있는데 그중 백제국(伯濟國)이라는 국호가 보인다. 백제(伯濟)와 백제(百濟)는 한자만 약간 다를 뿐 같은 음으로 된 글자이다.

이 때문에 보통 백제국(伯濟國)을 백제의 초기 단계로 이해하고 있다. 즉 백제국이 국력을 신장한 결과 국호를 한자 뜻이 더 좋은 백제로 바꾸었을 가능성이 있다는 것이다.

이렇게 보면 『삼국사기』의 나라가 성장함에 따라 십(十)에서 백(百)으로 국호를 바꾸었다는 설명은 어딘가 좀 어색한 감이 있다. 여하튼 백제는 538년에 성왕이 웅진에서 사비로 천도하면서 국호를 남부여로 바꾸었으며, 얼마 지나지 않아 국호를 다시 백제로 환원시켰다.

온조설화와 비류설화를 통해 본 백제의 건국

비류설화는 주몽과의 연계가 매우 약하게 묘사되고 있다. 이 설화에서 주몽은 단순히 비류 형제를 예뻐한 의붓아버지일 뿐이다. 비류 형제의 친아버지는 주몽과 마찬가지로 북부여 출신의 졸본 사람 우태이다. 그래서인지 주몽에 대한 비류 형제의 감정은 매우 우호적으로 묘사되어 있다. 강하지는 않지만 주몽과 백제의 연계는 비류설화에도 여전히 인정되고 있다.

비류설화는 비류와 온조가 함께 나라를 세운 것으로 되어 있고 미추홀이 수도로 등장한다. 이러한 차이점은 온조설화와 비류설화가 각기 다른 경로로 전승되어 왔음을 시사해 주는 것이 아닌가 한다. 즉 온조설화는 하남 위례성 지역에서, 비류설화는 미추홀 지역에서 각각 전승되어 온 설화라 할 수 있다. 중요한 것은 두 설화 모두 온조와 비류를 형제로 설정하고 있다는 점이다.

사실 신화 속의 개인이 집단을 상징한다는 말은 널리 알려진 사실이다. 그렇다면 온조 집단과 비류 집단 사이는 연맹 관계였다고 할 수 있을 만하다. 어느 시기에 온조 집단과 비류 집단 사이의 연맹 관계를 바탕으로 만들어진 설화라고 할 수 있다. 그런데 설화에서 비류가 형이고, 온조는 동생이다. 왕위를 계승하는 원칙에 따른다면 형인 비류가 우선인데, 백제는 동생인 온조를 시조로 받들었다.

한강 유역에 정착한 온조 집단의 경제·군사력이 비류 집단에 비해 훨씬 월등하여 그들을 압도하였다. 그 결과 비류 집단의 구성원까지 흡수하게 되었음을 온조설화를 통하여 추측할 수 있다. 또한 비류설화가 남아 전하는 것은 비류계의 세력이 백제 후기까지 존속했음을 뜻한다고 할 수 있다.

이상을 종합하면, 부여에서 고구려 방면으로의 주민 이동과 부여·고구려 방면에서 한강 유역으로의 주민 이동이 여러 차례에 걸쳐 이루어졌다는 사실, 그리고 한강 유역의 여러 종족 집단이 공존하다가 하나의 정치체제로 통합된 역사적 사실이 백제의 건국설화에 반영되었다고 할 수 있다.

한편, 동명의 후손인 구태(仇台)라는 사람이 대방고지에 나라를 세우고 백제의 시조가 되었다고 전하는 중국의 사료가 있다. 구태는 우태(優台)의 오기인 듯하다.

첩자에 속아 목숨을 잃다
개로왕

개로왕(蓋鹵王)—혹은 근개루(近蓋婁)라고도 하였다—은 이름이 경사(慶司)이고 비유왕의 맏아들이다. 비유왕이 재위 29년에 죽자 왕위를 이었다.

고구려의 공격으로 북위에 도움을 청하다
18년(472)에 사신을 위(魏)나라에 보내 조공하고, 표(表)를 올렸다.

"신은 나라가 동쪽 끝에 위치해 있는데 승냥이와 이리(고구려)가 길을 막아, 비록 대대로 성스러운 교화를 입었으나 번병(본뜻은 울타리이지만 왕실을 수호하는 제후국을 지칭)의 예를 바칠 수 없었습니다. 멀리 천자의 대궐을 바라보며 사모하는 정은 끝이 없습니다. 서늘한 바람이 산들산들 부는 이때에 생각하건대 황제 폐하는 천명에 화합하시니 우러러 사모하는 정을 이길 수 없습니다.

신가 사사로이 임명한 관군장군 부마도위 불사후(弗斯侯) 장사(長史) 여례(餘禮)와 용양장군 대방태수 사마(司馬) 장무(張茂) 등을 보내 험한 파도에 배를 띄워 아득한 나루터를 찾아 헤매며 목숨을 자연의 운수에 맡겨 만분의 일의 정성이라도 드리고자 합니다.

바라건대 하늘 신과 땅 신이 감응을 드리우고 황제의 신령이 크게 살피셔서 황제의 궁궐에 능히 도달하여 신의 뜻을 펴 드러낼 수 있다면 비록 그 소식을 아침에 듣고 저녁에 죽는다고 하더라도 길이 여한이 없겠습니다."

다시 표를 올려 말하였다.

"신은 고구려와 더불어 근원이 부여에서 나왔습니다. 선대는 옛 우의를 두텁게 하였는데, 그 할아버지 쇠(釗 : 고국원왕)가 이웃나라와의 우호를 가벼이 저버리고 친히 군사를 거느리고 저의 국경을 함부로 짓밟았습니다. 저의 할아버지 수(須 : 근구수왕)가 군사를 정비하여 번개같이 달려가 기회를 잡고 재빨리 공격하니, 화살과 돌로 잠시 싸운 끝에 쇠의 목을 베어 매달았습니다.* 이때부터 고구려는 감히 남쪽을 돌아보지 못하였습니다.

그러나 풍씨(북연)의 운수가 다하여 남은 사람들이 도망해 온 후 추악한 무리들(고구려)이 점점 강성해져 우리는 능멸과 핍박을 당하게 되었으며, 원한을 맺고 병화가 이어진 지 30여 년에 재물도 다하고 힘도 고갈되어 점점 약해지고 위축되었습니다. 만일 폐하의 인자하심과 간절한 보살핌이 멀리 가없는 곳까지 미친다면 속히 한 장수를 신의 나라에 보내 구해 주십시오. 마땅히 저의 딸을 보내 후궁에서 모시게 하고 아울러 자제를 보내 바깥 외양간에서 말을 기르게 하며 한 자의 땅도 한 명의 백성이라도 감히 스스로 가지지 않겠습니다."

또 표에서 말하였다.

"지금 고구려 장수왕은 죄가 있고, 대신과 힘센 귀족들을 죽이고 살해하기를 그치지 않아, 죄가 차고 악이 쌓여 백성들은 무너지고 흩어져

* **고국원왕의 죽음**: 백제의 개로왕이 북위에 보낸 국서에서 백제의 근초고왕이 고구려의 고국원왕을 잡아 목베었다고 주장하고 있다. 그러나 이것은 사실이 아니다. 고국원왕은 빗나간 화살에 맞아 죽었다. 그럼에도 백제가 이와 같이 주장한 것은 고구려에 대한 적개심을 나타내고 그때의 승리를 과장하려고 한 것으로 여겨진다. 그러나 이 싸움에 대한 고구려의 설욕은 광개토왕에 의해 이루어지고 그 아들 장수왕에게도 이어져 개로왕 대에 백제는 최대의 위기를 맞이하게 된다. 고국원왕은 백제와의 전투에서 죽었고 개로왕도 이를 설욕하려는 고구려와의 전투에서 죽었다는 점에서 두 왕은 비운의 왕이라 할 수 있다.

나라가 스스로 으깨어지고 있습니다. 이때가 고구려를 멸망시킬 수 있는 시기요, 손을 쓸 때입니다. 또 풍족(馮族)의 군사와 말들은 새와 짐승이 주인을 따르는 정을 가지고 있으며, 낙랑의 여러 군(郡)들은 고향으로 돌아갈 생각을 품고 있으니, 천자의 위엄이 한 번 떨치면 비록 정벌은 있을지언정 싸움은 없을 것입니다. 신은 비록 민첩하지 못하나 뜻을 다하고 힘을 다하여 마땅히 예하 군대를 거느리고 위풍을 받들어 호응할 것입니다.

또 고구려는 의롭지 못하여 반역과 속임수가 하나만이 아닙니다. 겉으로는 한나라 외효(隗囂)가 번국으로 낮추어 썼던 말을 본받으면서 속으로는 흉악한 재앙과 저돌적인 행위를 품어, 혹은 남쪽으로 유씨(劉氏)와 내통하였고 혹은 북쪽으로 연연(蠕蠕)과 맹약하여 서로 입술과 이처럼 의지하면서 왕법을 능멸하려 꾀하고 있습니다. 옛날 요임금은 지극한 성인이었지만 단수를 쳐서 벌주었으며, 전국시대의 맹상군(孟嘗君)은 어진 사람이라고 일컬어졌지만 길에서 욕하는 말을 못 들은 체하지 않았습니다. 졸졸 흐르는 물도 마땅히 빨리 막아야 하는데 지금 만일 고구려를 치지 않으면 장차 후회를 하게 될 것입니다.

지난 경진년(440) 후에 우리나라 서쪽 경계의 소석산북국(小石山北國: 위치 미상) 바닷가에서 시체 십여 구를 발견하고 아울러 의복과 기물과 안장과 굴레 등을 습득하였습니다. 그런데 살펴보니 고구려의 물건이 아니었습니다. 후에 들으니 이는 곧 황제의 사신이 신의 나라로 내려오던 중 큰 뱀(고구려)이 길을 막아 바다에 빠진 것이라 합니다. 비록 자세히 알 수 없었으나 매우 분하였습니다. 옛날 전국시대의 송나라가 초나라 대부 신주(申舟)를 죽이니 초나라 장왕이 맨발로 뛰어나갔고, 새매가 놓아 준 비둘기를 잡으니 전국시대 위나라 신릉군(信陵君)은 식사를 안 했다고 합니다. 적을 이겨 이름을 세우는 것은 아름답고 높기가 그지없습니다. 저 구구한 변방의 나라들도 오히려 만대의 신의를 사모하는데 하물며 폐하의 기개가 하늘과 땅에 합하고 세력은 산과 바다를 기울이는데 어찌 더벅머리 아이(고구려 왕)로 하여금 황제의 길을 막게 하겠습니까. 이제 습득한 안장을 올리니 이 하나로써 사실을 살펴보십시오."

북위에서 보내온 답신

북위의 현조(顯祖: 재위 471~499)는 백제가 궁벽하고 먼 곳에서 위험을 무릅쓰고 조공하였으므로 예우를 더욱 후하게 하고, 사자 소안을 백제의 사신과 함께 보내면서 조서를 내려 다음과 같이 말하였다.

"표를 받고 별 탈이 없음을 들으니 매우 기쁘도다. 경이 동쪽 한 구석 먼 곳에 있지만 산과 바다 길을 멀다 하지 않고 위나라의 궁궐에 정성을 바치니 지극한 뜻을 흔쾌히 가상하게 여겨 가슴에 거두어 두었도다. 짐은 만세의 위업을 이어받아 천하에 군림하고 모든 백성들을 다스리니, 지금 세상이 깨끗이 하나로 되고 팔방 끝에서까지 의에 귀순하여 업고 오는 자들이 이루 헤아릴 수 없으며, 풍속이 평화롭고 군사와 군마가 강성함은 모두 그대 사신 여례 등이 직접 듣고 본 바이다.

경은 고구려와 화목하지 못하여 여러 번 능멸과 침범을 입었지만 진실로 능히 의에 순응하고 인으로 지킨다면 원수에 대해 또한 무엇을 근심하겠는가? 앞서 보낸 사신은 바다를 건너 매우 먼 외지 밖의 나라를 위무하였는데 이제까지 여러 해가 되었지만 가서는 돌아오지 않으니 살았는지 죽었는지, 도달했는지 못했는지를 자세히 알 수 없도다. 그대가 보낸 안장은 옛날 타던 것과 비교해 보았더니 중국의 물건이 아니었다. 비슷한 일로 반드시 그렇다고 단정하는 과오를 일으켜서는 안 된다. 나라를 경영하고 공략하는 요체는 별지(別旨)에 갖추어 있다."

현조는 또 조서를 내려 다음과 같이 말하였다.

"고구려가 강함을 믿고 경의 국토를 침범하며, 전 임금 대의 옛 원한(고구려의 고국원왕이 평양성 전투에서 백제의 근초고왕에 의해 전사한 일)을 갚으려고 백성을 쉬게 하는 큰 덕을 버렸다. 그래서 전쟁이 여러 해에 걸치고 환난이 변경에 맺혔으며, 사신은 춘추시대 초나라 대부 신포서가 오나라의 침입을 받자 진나라에 가서 7일간 곡한 것과 같은 정성을 다하였고 그대 나라에는 초나라, 월나라와 같은 급함이 있음을 알겠다.

이에 응당 의를 펴고 약한 자를 도와 기회를 타서 번개처럼 쳐야 할 것이지만 다만 고구려는 선대에 번국을 칭하면서 직공을 바쳤으니 그 기강이 오래되었다. 고구려는 비록 예부터 거리는 있었지만 우리나라에 대해 고구려가 명령을 범한 허물이 아직 없었다. 경이 사신을 처음 통하면서 곧장 정벌할 것을 요구하나 사정과 기회를 검토하여 보니 이유가 또한 충분하지 못하다.

그러므로 지난해에 여례 등을 보내 평양에 이르러 그 사유와 정세를 살펴보려 하였다. 그러나 고구려가 상주하여 청원하는 것이 빈번하였고 말과 이치가 모두 맞으니, 사신이 그 청을 억제할 수 없었고 법관은 그 죄과를 만들 수가 없었다. 그 때문에 그 아뢰는 바를 들어주고 여례 등에게 조칙을 내려 돌아가게 하였다. 만일 이제 다시 명령을 어긴다면 잘못과 허물이 더욱 드러날 것이므로 뒤에 비록 몸소 진술한다고 하더라도 죄를 벗을 수가 없을 것이니, 그런 연후에 군사를 일으켜 친다면 의에 합당할 것이다.

구이(九夷 : 중국 동쪽 지방에 거주하는 이민족들을 지칭하는 말)의 나라들은 대대로 해외에 살면서 도가 창달되면 번국의 예를 받들고, 은혜를 그치면 자기 나라를 보전할 뿐이었다. 그러므로 속박해 묶는 일은 옛 전적에 드러났으되 광대씨리로 만든 회살을 비치는 것은 언중 때때로 히지 않았다. 경이 강하고 약한 형세를 갖추어 아뢰고 과거의 행적을 일일이 열거하였는데, 풍속이 다르고 사정도 달라 비기고 견주는 것이 적당하지 않으나 우리의 넓은 규범과 큰 책략의 뜻은 아직 그대로 있도다.

지금 중국이 평정되고 통일되어 천하에 근심이 없으므로 매양 동쪽 끝까지 위엄을 높이고 국경 밖에 군사 깃발을 달아 외진 나라의 백성을 구하고 먼 지방까지 황제의 위풍을 펴려고 하였다. 그러나 진실로 고구려가 제때에 사정을 말하였기 때문에 미처 정벌을 결정하지 못하였다. 지금 만일 고구려가 조서의 뜻을 따르지 않는다면 경이 전달해 준 계책이 짐의 뜻에 합당하여 대군이 출동하는 것도 장차 멀다고 할 수 없다. 경은 마땅히 미리 군사를 함께 일으킬 것을 갖추어 일을 기다릴 것이며, 수시로 소식을 전하는 사신을 보내 속히 저쪽의 정황을 낱낱이 아뢰도록 하라. 군사를 일으키는 날에 경이 향도의 우두머리가 되면 크게 승리한 뒤에는 또 으뜸가는 공훈의 상을 받을 것이니 또한 좋지 않겠는가. 바친 비단과 해산물은 비록 모두 도달하지는 않았으나 그대의 지극한 마음을 밝혔도다. 이제 여러 가지 물건들을 내렸는데 그 내용은 별지와 같다."

고구려 장수왕의 압박

현조는 또 고구려 장수왕에게 조서를 내려 소안(邵安) 등을 백제로 호송케 하였다. 그러나 소안 등이 고구려에 이르니 장수왕은 이전에 백제 개로왕과 원수진 일이 있다고 하면서 동쪽으로 지나가지 못하게 하였다. 소안 등이 이에 모두 돌아오자 곧 조서를 내려 준절히 책망하였다. 뒤에 소안 등으로 하여금 동래(중국 산동성 등주 내주)에서 바다를 건너 여경(개로왕)에게 조서를 내리고 그의 정성과 절조를 포상하게 하였다. 소안 등이 바닷가에 이르렀으나 바람을 만나 떠다니다가 끝내 도달하지 못하고 돌아갔다. 왕은 고구려 사람이 누차 변경을 침범하므로 표를 올려 군사를 청하였는데 위나라가 듣지 않았다. 왕은 이를 원망하여 드디어 조공을 끊었다.

21년(475) 가을 9월에 고구려 장수왕이 군사 3만 명을 거느리고 서울 한성을 포위하였다. 왕은 성문을 닫고 능히 나가 싸우지 못하였다. 고구려인이 군사를 네 길로 나누어 양쪽에서 공격하였고, 또 바람을 이용하여 불을 놓아 성문을 불태웠다. 이에 인심이 대단히 불안해져서 나가서 항복하려는 자도 있었다. 왕은 상황이 급박하여 어찌할 바를 몰라 기병 수십을 거느리고 성문을 나가 서쪽으로 달아났으나 고구려인이 쫓아가 살해하였다.

고구려의 첩자 도림

이보다 앞서, 백제를 공격하려는 고구려 장수왕이 백제에 가서 첩자 노릇할 사람을 몰래 구하였다. 이때에 승려 도림(道琳)이 모집에 응하여 말하였다.

"어리석은 이 승려가 아직 도를 알지 못하였으나 나라의 은혜에 보답하고자 합니다. 원컨대 대왕은 신을 어리석다 하지 마시고 지시하여 시키신다면 반드시 왕명을 욕되게 하지 않겠습니다."

왕이 기뻐하여 몰래 그로 하여금 백제를 속이게 하였다. 이에 도림은 거짓으로 죄를 짓고 도망하여 온 것처럼 하여 백제에 들어갔다. 이때 백제 왕(개로왕)은 바둑과 장기를 좋아하였다. 도림이 대궐 문에서 고하였다.

"신은 어려서 바둑을 배워 자못 신묘한 경지에 들었습니다. 원컨대 곁에서 뵙고자 합니다."

왕이 불러들여 바둑을 두어 보니 과연 국수였다. 드디어 그를 높여 상객으로 삼아 매우 친근히 지내면서 서로의 만남이 늦은 것을 한탄하였다. 도림이 하루는 왕을 모시고 조용히 말하였다.

"신은 다른 나라 사람인데 왕께서 저를 멀리하지 않으시고 은총을 매우 두터이 해주셨습니다. 그러나 저는 오직 한 가지 기술로써 보답하였을 뿐 일찍이 털끝만한 도움도 드린 일이 없었습니다. 지금 한 말씀을 드리려 하는데 왕의 뜻이 어떠하실지 알지 못하겠습니다."

왕이 "말해 보라. 만일 나라에 이로움이 있다면 이는 선생에게 바라는 바이다"라고 하자 도림이 말하였다.

"대왕의 나라는 사방이 모두 산과 언덕과 강과 바다입니다. 이는 하늘이 베푼 험한 요새요 사람의 힘으로 만든 형국이 아닙니다. 그러므로 사방의 이웃나라들이 감히 엿볼 마음을 먹지 못하고 다만 받들어 섬기고자 하는 데 겨를이 없습니다. 그런즉 왕께서는 마땅히 존귀하고 높은 위세와 성대한 사업으로 남의 이목을 두렵게 해야 할 것입니다. 그러나 성곽은 수선되지 않았고 궁실도 수리되지 않았으며, 선왕의 해골은 맨 땅에 임시로 매장되어 있고, 백성의 집은 자주 강물에 허물어지고 있으니 신이 곰곰이 생각건대 대왕께서는 이렇게 해서는 안 됩니다."

왕이 "옳다. 내가 장차 그렇게 하리라"고 말하였다.

이에 나라 사람들을 모두 징발하여 흙을 쪄서 성을 쌓고, 안에는 궁실과 누각과 축대와 건물을 지었는데, 웅장하고 화려하지 않음이 없었다. 또 욱리하(郁里河: 한강)에서 큰 돌을 가져다가 곽을 만들어 부왕의 뼈를 장사하고, 강을 따라 둑을 쌓았는데 사성 동쪽에서 숭산 북쪽에까지 이르렀다. 이로 말미암아 창고가 텅 비고 백성들이 곤궁해져 나라의 위태로움은 알을 쌓아 놓은 것에 비할 바가 아니었다. 이에 도림이 도망쳐 돌아와 보고하니 장수왕이 크게 기뻐하여 백제를 치려고 군사를 장수에게 내주었다. 개로왕이 이를 듣고 아들 문주에게 말하였다.

"내가 어리석고 밝지 못하여 간사한 사람의 말을 믿고 썼다가 이 지경에 이르렀다. 백성은 쇠잔하고 군사는 약하니 비록 위태로운 일이 있다고 하더라도 누가 기꺼이 나를 위하여 힘써 싸우겠는가? 나는 마땅히 국가를 위하여 죽겠지만 네가 이 곳에서 함께 죽는 것은 도움이 되지 않는다. 난을 피하여 나라의 왕계를 어찌 잇지 않겠는가?"

문주는 이에 목협만치(木劦滿致), 조미걸취(祖彌桀取)와 함께 남쪽으로 갔다.

이때 고구려의 대로(對盧)인 제우(齊于), 재증걸루(再曾桀婁), 고이만년(古尒萬年) 등이 군사를 거느리고 와서 북성을 공격하여 7일 만에

개로왕이 피살되었다고 전해지는 아차산성 아단성 또는 장한성, 광장성으로 불린다. 서울 성동구 광장동에 있다.

함락시키고, 남성으로 옮겨 공격하였다. 성안은 위태롭고 두려움에 떨었다. 왕이 성을 나가 도망가자 고구려의 장수 재증걸루 등은 왕을 보고 말에서 내려 절한 다음에 왕의 얼굴을 향하여 세 번 침을 뱉고 그 죄를 꾸짖었다. 그리고는 왕을 포박하여 아차성 아래로 보내 죽였다. 재증걸루와 고이만년은 본래 백제 사람이었는데 죄를 짓고 고구려로 도망하였던 자들이었다.

—『삼국사기』 권25, 백제 본기 3

당나라로 잡혀간 해동증자
의자왕

의자왕은 무왕의 맏아들이다. 웅걸차고 용감하였으며 담력과 결단력이 있었다. 무왕이 재위 33년(632)에 태자로 삼았다. 어버이를 효성으로 섬기고 형제와는 우애가 있어 해동증자(海東曾子)라고 불렸다.

꺼져가는 백제의 불을 되살리다

무왕이 죽자 태자가 왕위를 이었다. 당나라 태종은 사부랑중(祠部郞中) 정문표(鄭文表)를 보내 왕을 책봉하여 주국 대방군왕 백제 왕으로 삼았다. 가을 8월에 사신을 당나라에 보내 감사의 뜻을 표하고 아울러 토산물을 바쳤다. 2년(642) 봄 정월에 사신을 당나라에 보내 조공하였다. 2월에 왕은 주·군을 순행하면서 위무하고 죄수를 살펴 사형할 죄 이외에는 모두 용서해 주었다. 가을 7월에 왕은 친히 군사를 거느리고 신라를 쳐서 미후성 등 사십여 성을 함락하였다.

8월에 장군 윤충(允忠)을 보내 군사 1만 명을 거느리고 신라의 대야성(大耶城: 경남 합천 지방)을 공격하였다. 성주 품석(品釋)이 처자와 함께 나와 항복하자, 윤충은 모두 죽이고 그 머리를 베어 서울에 전달하고, 남녀 1,000여 명을 사로잡아 나라 서쪽의 주·현에 나누어 살게 하였다. 그리고 군사를 남겨 두어 그 성을 지키게 하였다. 왕은 윤충의 공로를 표창하여 말 20필과 곡식 1,000섬을 주었다.

3년(643) 봄 정월에 사신을 당나라에 보내 조공하였다. 겨울 11월에 왕은 고구려와 화친하고 신라의 당항성(黨項城: 경기 화성군 남양 일대)을 빼앗아 당나라에 조공하는 길을 막고자 하였다. 마침내 군대를 발동하여 공격하니 신라 왕 덕만(德曼: 선덕왕)이 당나라에 사신을 보내 구원을 요청하였다. 왕이 이를 듣고 군대를 철수하였다.

4년(644) 봄 정월에 사신을 당나라에 보내 조공하였다. 태종은 사농승(司農丞) 상리현장(相里玄奬)을 보내 두 나라를 타이르니 왕은 표를 받들어 사례하였다. 왕자 융(隆)을 태자로 삼고 크게 사면하였다. 가을 9월에 신라 장군 김유신(金庾信)이 군사를 거느리고 쳐들어 와서 일곱 성을 빼앗았다.

5년(645) 여름 5월에 왕은 당나라 태종이 친히 고구려를 정벌하면서 신라에서 군사를 징발하였다는 소식을 듣고 그 틈을 타서 신라의 일곱 성을 습격하여 빼앗았다. 신라는 장군 김유신을 보내 쳐들어 왔다.

7년(647) 겨울 10월에 장군 의직(義直)이 보병과 기병 3,000명을 거느리고 신라의 무산성(茂山城: 전북 무주군 무풍면) 아래로 나아가 주둔하고, 군사를 나누어 감물성(甘勿城: 경북 금천시 어모면)과 동잠성(桐岑城: 경북 구미시 인의동) 두 성을 공격하였다. 신라 장군 김유신이 친히 군사를 격려하여 죽기를 결심하고 싸워 크게 깨뜨리니 의직은 한 필의 말을 타고 혼자 돌아왔다.

8년(648) 봄 3월에 의직이 신라의 서쪽 변방의 요거성(腰車城: 위치 미상) 등 십여 성을 습격하여 빼앗았다. 여름 4월에 옥문곡으로 군사를 나아가게 하니 신라 장군 김유신이 맞아 두 번 싸워 크게 이겼다.

9년(649) 가을 8월에 왕은 좌장 은상(殷相)을 보내 정예 군사 7,000 명을 거느리고 신라의 석토성(石吐城) 등 일곱 성을 공격하여 빼앗았다. 신라 장군 유신·진춘(陳春)·천존(天存)·죽지(竹旨) 등이 이를 맞아 치자, 은상은 이롭지 못하므로 흩어진 군사들을 수습하여 도살성(道薩城: 충북 괴산군 도안면) 아래에 진을 치고 다시 싸웠으나 패배하였다.

부여 부소산성 부소산에 있는 백제시대 토석혼축산성으로 『삼국사기』에는 사비성, 소부리성으로 기록되어 있다.

당나라 고종이 백제를 나무라다

11년(651)에 사신을 당나라에 보내 조공하였다. 사신이 돌아올 때 당나라 고종이 조서를 내려 왕을 타일러 말하였다.

"해동의 삼국이 나라를 세운 지 오래며, 경계를 나란히 하나 강역은 실로 들쭉날쭉하다. 최근 이래로 마침내 의혹과 틈새가 생겨 전쟁이 번갈아 일어나서 거의 편안한 해가 없었고, 삼한의 백성으로 하여금 목숨을 칼과 도마 위에 올려놓게 하고, 무기를 갖고 분풀이를 하는 것이 아침저녁으로 서로 이어졌다. 짐은 하늘을 대신하여 만물을 다스리므로 심히 긍휼히 여기고 민망히 여기는 바이다.

지난해 고구려와 신라 등의 사신이 함께 와서 조공하자 짐은 이러한 원한을 풀고 다시 화목을 돈독히 하도록 명령하였다. 신라 사신 김법민(金法敏)이 상주하여 아뢰었다.

'고구려와 백제가 입술과 이와 같이 서로 의지하여 마침내 무기를 들고 번갈아 침략하니 큰 성과 중요한 진들이 모두 백제에게 병합되어 영토는 날로 줄어들고 위력도 아울러 쇠약해졌습니다. 바라건대 백제에 조서를 내려 침략한 성을 돌려주게 하소서. 만약 조서를 받들지 않으면 곧 스스로 군대를 일으켜 쳐서 빼앗을 것이되 다만 옛 땅을 얻으면 곧 서로 화호를 청할 것입니다.'

짐은 그 말이 순리에 맞으므로 허락하지 않을 수 없었다. 옛날 제(齊)나라 환공(桓公)은 제후의 반열에 있으면서도 오히려 망한 나라를 존속시켰는데 하물며 짐은 만국의 임금으로 어찌 위기에 처한 번국을 구휼하지 않으리오. 왕이 겸병한 신라의 성은 모두 마땅히 그 본국에 돌려줄 것이며 신라도 사로잡은 백제의 포로들을 또한 왕에게 돌려보내야 할 것이다. 그러한 연후에 환난을 풀고 분규를 해결하고, 무기를 거두어들이고 전쟁을 그치면 백성은 짐을 내려놓고 어깨를 쉬는 소원을 이루게 되고 세 번국들은 전쟁의 수고로움이 없을 것이다. 이는 저 변경의 부대에서 피를 흘리고 강토에 시체가 쌓이고 농사와 길쌈이 모두 폐하게 되어, 사녀(士女)가 의지할 곳이 없게 된 것과 어찌 같은 상황이라고 말할 수 있겠는가?

왕이 만약 나아가고 머무는 것을 따르지 않는다면 짐은 이미 법민이 청한 바대로 왕과 승부를 결정하도록 내맡길 것이고, 또 고구려와 약속하여 멀리서 서로 구원하지 못하게 할 것이다. 고구려가 만약 명령을 받들지 않으면 즉시 거란과 여러 번국들로 하여금 요하를 건너 깊이 들어가 노략질하게 할 것이다. 왕은 짐의 말을 깊이 생각하여 스스로 많은 복을 구할 것이며, 좋은 세책을 살펴 노모하여 후회함이 없도록 하라!"

휘청거리는 의자왕

12년(652) 봄 정월에 사신을 당나라에 보내 조공하였다.

13년(653) 봄에 크게 가물어 백성이 굶주렸다. 가을 8월에 왕은 왜와 우호를 통하였다.*

15년(655) 봄 2월에 태자궁을 극히 사치스럽고 화려하게 수리하였다. 왕궁 남쪽에 망해정을 세웠다. 여름 5월에 붉은색의 말이 북악의 오함사(烏숨寺: 충남 보령시 남포의 성주사지)에 들어가 울면서 법당을 돌다가 며칠 만에 죽었다. 가을 7월에 마천성(馬川城: 경남 함양군 마천면)을 고치고 수리하였다. 8월에 왕은 고구려, 말갈과 더불어 신라의 30여 성을 공격하여 깨뜨렸다. 신라 왕 김춘추는 당나라에 사신을 보내 조공하고 표를 올려 백제가 고구려, 말갈과 함께 우리의 북쪽 경계를 쳐들어 와서 30여 성을 함락시켰다고 하였다.

16년(656) 봄 3월에 왕은 궁녀와 더불어 주색에 빠져 마음껏 즐기며 술 마시기를 그치지 아니하였다. 좌평 성충(成忠)―혹은 정충(淨忠)이라고도 하였다―이 극력 간언하자 왕은 분노하여 그를 옥에 가두었다. 이로 말미암아 감히 간언하는 자가 없었다. 성충이 옥중에서 굶어 죽었는데 죽음에 임하여 글을 올려 말하였다.

"충신은 죽어도 임금을 잊지 않는 것이니 원컨대 한 말씀 올리고 죽겠습니다. 신이 늘 때를 보고 변화를 살폈는데 틀림없이 전쟁이 있을 것입니다. 무릇 군사를 쓸 때에는 반드시 그 지리를 살펴 택할 것이니, 강의 상류에 처하여 적을 맞이한 연후에야 가히 보전할 수 있을 것입니다. 만약 다른 나라의 군사가 오면 육로로는 침현(沈峴: 일명 탄현, 전북 완주군 운주면 삼거리)을 넘지 못하게 하고, 수군은 기벌포(伎伐浦) 언덕에 들어오지 못하게 하고서 험난하고 길이 좁은 곳에 의거하여 적을 막

* 왜와의 통교: 『삼국사기』 백제 본기에서 왜와의 접촉 기사는 비유왕 2년(428)에 왜국 사신이 50명의 수행원을 거느리고 백제를 예방한 기사를 끝으로 보이지 않다가 이때 다시 나온다. 이 시기 의자왕이 왜와 통호를 한 것은 의자왕 초년에 왜로 도망간 왕자 교기(翹岐)로 인한 양국간의 껄끄러운 관계를 해소하기 위한 것으로 추정된다. 이때에 맺어진 왜와의 우호 관계는 백제 멸망 후 왜가 백제 부흥군에 원군을 파견하게 된 토대가 된 것으로 생각된다.

은 연후에야 가할 것입니다."

그러나 왕은 유념하지 않았다.

가득 찬 달은 기우는 법

19년(659) 봄 2월에 여러 마리의 여우가 궁궐 안으로 들어왔는데 흰 여우 한 마리가 상좌평(上佐平)의 책상 위에 앉았다. 여름 4월에 태자궁의 암탉이 참새와 교미했다. 장수를 보내 신라의 독산성(獨山城)과 동잠성의 두 성을 쳤다. 5월에 서울 서남쪽의 사비하(泗沘河)에 큰 물고기가 나와 죽었는데 길이가 세 장(丈)이었다. 가을 8월에 여자의 시체가 생초진(生草津)에 떠올랐는데 길이가 열여덟 자였다. 9월에 궁중의 홰나무가 울었는데 사람이 곡하는 소리 같았다. 밤에는 귀신이 궁궐 남쪽 길에서 울었다.

20년(660) 봄 2월에 서울 우물물이 핏빛이 되었다. 서해 바닷가에서 조그마한 물고기들이 나와 죽었는데 백성들이 다 먹을 수가 없었다. 사비하의 물의 붉기가 핏빛과 같았다. 여름 4월에 두꺼비와 개구리 수만 마리가 나무 위에 모였다. 서울의 저자 사람들이 까닭 없이 놀라 달아났는데, 마치 붙잡으려는 사람이 있는 것처럼 하여 넘어져 죽은 자가 백여 명이나 되었고 재물을 잃은 것은 헤아릴 수 없었다.

5월에 바람과 비가 갑자기 불어 닥쳤고 천왕사(天王寺)와 도양사(道讓寺) 두 절의 탑에 벼락이 쳤으며, 또 백석사(白石寺) 강당에도 벼락이 쳤다. 검은 구름이 용과 같이 공중에서 동과 서로 (갈라져) 서로 싸웠다.

6월에 왕흥사(王興寺)의 여러 승려들 모두가 배의 돛과 같은 것이 큰물을 따라 절 문으로 들어오는 것을 보았다. 야생의 사슴과 같은 모양의 개 한 마리가 사비하의 언덕에서 왕궁을 향하여 짖더니 잠깐 사이에 간 곳을 알 수 없었다. 서울의 여러 개들이 길가에 모여 혹은 짖고 혹은 울고 하다가 얼마 후에 곧 흩어졌다.

귀신 하나가 궁궐 안으로 들어와 "백제가 망한다. 백제가 망한다"라고 크게 외치고 곧 땅으로 들어갔다. 왕이 괴이히 여겨 사람을 시켜 땅을 파보게 했더니 세 자 가량의 깊이에서 한 마리의 거북이 있었다. 그 등에 글이 씌어 있었는데 "백제는 둥근 달과 같고 신라는 초승달과 같다"라고 하였다. 왕이 이를 물으니 무당이 말하였다.

"둥근 달과 같다는 것은 가득 찼다는 것입니다. 가득 차면 기울 것입니다. 초승달과 같다는 것은 아직 차지 않은 것입니다. 차지 않으면 점점 가득 차게 될 것입니다."

왕이 노하여 그를 죽였다. 어느 사람이 말하였다.

"둥근 달과 같다는 것은 왕성하다는 것이요, 초승달과 같다는 것은 미약하다는 것입니다. 생각건대 우리나라는 왕성하게 되고 신라는 점차 미약해진다는 뜻일까 합니다."

왕이 기뻐하였다.

나당연합군과 결사대

소정방이 군사를 이끌고 성산(城山)에서 바다를 건너 우리나라 서쪽의 덕물도(德物島)에 이르렀다. 신라 왕은 장군 김유신을 보내 정예 군사 5만 명을 거느리고 백제 방면으로 나아가게 하였다. 왕이 이를 듣고 여러 신하들을 모아 싸우는 것이 좋을지, 지키는 것이 좋을지를 물었다. 좌평 의직이 나와 말하였다.

"당나라 군사는 멀리 바다를 건너왔으므로 물에 익숙지 못한 자는 배에서 반드시 피곤하였을 것입니다. 처음 육지에 내려서 군사들의 기운이 안정치 못할 때에 급히 치면 가히 뜻을 얻을 수 있을 것입니다. 신라 사람은 당나라의 후원을 믿는 까닭에 우리를 가벼이 여기는 마음이 있을 것인데 만일 당나라 군사가 불리하게 되는 것을 보면 반드시 의심하고 두려워하여 감히 기세 좋게 진격하지는 못할 것입니다. 그러므로 먼

군창지 부여에 있으며 군량을 비축하던 창고 유적지이다. 660년 나당연합군에 의해 사비성이 공격을 받았을 때 불에 타버린 것으로 생각된다. 지금도 이 일대에서 불에 탄 쌀 등이 나오고 있어 급박했던 당시를 느끼게 한다.

저 당나라 군사와 승부를 결정하는 것이 좋을 것으로 압니다."

달솔(達率) 상영(常永) 등이 말하였다.

"그렇지 않습니다. 당나라 군사는 멀리서 와서 속히 싸우려고 생각하고 있으므로 그 예봉을 감당하지 못할 것입니다. 신라 사람은 이전에 여러 번 우리 군사에게 패배를 당하였으므로 지금 우리 군사의 위세를 바라보면 두려워하지 않을 수 없을 것입니다. 오늘의 계책은 마땅히 당나라 군대의 길을 막아 그 군사가 피로해지기를 기다리면서 먼저 일부 군사로 하여금 신라군을 쳐서 그 날카로운 기세를 꺾은 후에 형변을 엿보아 세력을 합하여 싸우면 군사를 온전히 하고 국가를 보전할 수 있을 것입니다."

왕은 주저하여 어느 말을 따를지 알지 못하였다. 이때에 좌평 홍수(興首)는 죄를 얻어 고마미지현(古馬彌知縣)에 유배되어 있었다. 왕은 사람을 보내 그에게 물었다.

"사태가 위급하니 이를 어찌하면 좋겠느냐?"

홍수가 말하였다.

"당나라 군사는 수가 많고 군대의 기율도 엄하고 분명하며 더구나 신라와 함께 모의하여 앞뒤에서 호응하는 형세를 이루고 있으니 만일 평탄한 벌판과 넓은 들에서 마주 대하여 진을 친다면 승패를 알 수 없을 것입니다. 백강(白江)—혹은 기벌포라고도 하였다—과 탄현(炭峴)은 우리나라의 요충지여서 한 명의 군사와 한 자루의 창으로 막아도 1만 명이 당할 수 없을 것입니다. 마땅히 용감한 군사를 뽑아 가서 지키게 하여 당나라 군사가 백강에 들어오지 못하게 하고 신라 군사가 탄현을 넘지 못하게 하고, 대왕은 성을 여러 겹으로 막아 굳게 지키다가 적의 군량이 다 떨어지고 사졸이 피로함을 기다린 연후에 힘을 떨쳐 치면 반드시 깨뜨릴 것입니다."

이때에 대신들은 믿지 않고 말하였다.

"홍수는 오랫동안 잡혀 갇힌 몸으로 있어 임금을 원망하고 나라를 사랑하지 않았을 것이니 그 말을 가히 쓸 수가 없습니다. 당나라 군사로 하여금 백강에 들어오게 하여 물의 흐름을 따라 배를 나란히 할 수 없게 하고, 신라군으로 하여금 탄현을 올라오게 하여 좁은 길을 따라 말을 가지런히 할 수 없게 함과 같지 못합니다. 이때 군사를 놓아 공격하면 마치 조롱 속에 있는 닭을 죽이고 그물에 걸린 물고기를 잡는 것과 같습니다."

왕이 그럴듯하게 여겼다.

또 당나라와 신라의 군사가 이미 백강과 탄현을 지났다는 말을 듣고 왕은 장군 계백(階伯)을 보내 결사대 5,000명을 거느리고 황산(黃山)에 나아가 신라 군사와 싸우게 하였다. 계백은 네 번 크게 어울려 싸워 모두 이겼으나 군사가 적고 힘도 꺾이어 드디어 패하고 계백도 죽었다. 이에 군사를 합하여 웅진강(熊津江) 입구를 막고 강변에 군사를 둔치게 하였다.

유왕산 부여군 양화면 원당리에 있으며 당나라에 잡혀 갔던 의자왕에 얽힌 이야기가 전해진다.

정방이 왼편 물가로 나와 산으로 올라가서 진을 치자 그들과 더불어 싸웠으나 우리 군사가 크게 패하였다. 당나라 군사를 실은 배들은 조수를 타고 꼬리에 꼬리를 물고 나아가며 북을 치고 떠들어댔다. 정방이 보병과 기병을 거느리고 곧장 그 도성으로 나아가 30리쯤 되는 곳에 머물렀다. 우리 군사는 모든 병력을 모아 이를 막았으나 또 패하여 죽은 자가 1만여 명이었다.

당나라 군사가 승세를 타고 성으로 육박하자 왕은 피하지 못할 것을 알고 탄식하며 말하였다.

"성충의 말을 쓰지 않아 이 지경에 이른 것을 후회한다."

드디어 태자 효(孝)와 함께 북쪽 변경으로 달아났다. 정방이 사비성을 포위하니 왕의 둘째 아들 태(泰)가 스스로 왕이 되어 무리를 거느리고 굳게 지켰다. 태자의 아들 문사(文思)가 왕자 융(隆)에게 말하였다.

"왕과 태자가 성을 나갔는데 숙부가 멋대로 왕이 되었습니다. 만일 당나라 군사가 포위를 풀고 가면 우리들은 어찌 안전할 수 있겠습니까?"

그들은 드디어 측근들을 거느리고 밧줄에 매달려 성밖으로 나갔다. 백성들이 모두 그들을 따라 가니 태가 말릴 수 없었다. 정방이 군사로 하여금 성첩(城堞)에 뛰어 올라가 당나라 깃발을 세우게 하였다. 태는 형세가 어렵고 급박하여 문을 열고 명령대로 따를 것을 요청하였다. 이에 왕과 태자 효가 여러 성과 함께 모두 항복하였다.

정방이 왕과 태자 효, 왕자 태 · 융 · 연(演) 및 대신과 장사(將士) 88명과 백성 1만 2,807명을 당나라 서울로 보냈다.

―『삼국사기』 권28, 백제 본기 6

[역사 상식]

백제의 강역

백제가 웅진으로 천도하기 이전 한강 유역은 백제의 강역이었고, 천도 이후는 고구려의 영역이 되었다. 그럼에도 『삼국사기』의 지리지나 이후의 한국의 역사지리서, 읍지류 등에서 한강 유역 군현의 역사는 맨 처음 고구려의 군현이었다고 기록되어 있어 백제의 강역이었던 군현 명칭은 영원히 망실되었다. 이는 백제 역사 기록의 상실이라고 할 수 있다.

이렇게 된 원인으로 신라가 통일 후 역사 편찬을 하였을 때에 백제 세력이 집권층에서 완전히 소멸된 것, 그리고 이미 백제 역사 기록의 망실이 있었음을 들 수 있다.

또한 백제가 한강 유역을 일시적이나마 회복한 것은 무녕왕 이후 성왕 대까지 이다. 하지만 『삼국사기』에는 백제가 웅진으로 천도한 이후의 기사에도 한강을 비롯하여 한강 이북의 지명이 다수 나온다. 이 문제에 대해서는 백제가 웅진으로 천도한 이후에 일시적으로 한강 유역을 회복한 결과로 보는 견해, 웅진 천도 후에도 한성 시기의 지명을 그대로 옮겨 사용한 결과로 보는 견해, 백제 왕실이 한강 유역에 대한 전통적 의식에서 웅진기의 지명에다 한성기의 지명을 의도적으로 대입한 것으로 보는 견해 등이 있다.

한국인의 자연관

『삼국사기』는 고대 한국인의 자연관에 관한 많은 정보를 제공하고 있다. 인간은 자연을 떠나서 살 수 없듯이 자연에게 많은 도움을 받고 있음을 일찍부터 깨달았다. 예컨대 나라가 일어나려면 하늘이 시조를 내려 보내주었다든지, 왕이 죽을 때에는 자연의 징조가 있었다든지, 풍년이 들 때에는 어떤 징조가 있다든지, 양택인 집 자리와 음택인 묘 자리를 잘 잡아야 인간이 복을 받을 수 있다든지, 자기의 소원을 이루려면 주위의 자연 산천에 제사를 드리고 정성껏 기원을 해야 한다든지, 나라가 망하려면 이상한 자연변이 현상이 나타난다고 기술하고 있다. 특히 백제의 멸망에 관한 서술은 지나칠 정도로 상세하게 기술하고 있다.

이런 자연관은 이미 역사시대 이전 선사시대부터 인류가 가졌던 공통적인 특징일 것이다. 그러나 우리나라에서 이런 신앙이 더욱 심했던 것은 주산업이 농업이었으므로 자연의 영향을 심하게 받았기 때문이다. 즉 지진, 홍수, 바람, 일식, 월식, 혜성의 출현, 가뭄 등이 자연적으로 발생하는 것이 아니라 인간의 일과 연관되어 일어난다고 믿어 왔다.

이는 자연현상에 대한 인간의 무지에서 비롯된 것임도 사실이지만 그보다는 오랜 사회적 통념의 영향이 더 크다고 할 수 있다. 그런데 이런 현상은 불교사상이 들어와서도 극복되지 못하였고, 합리적 유교사상에 의하여서도 극복되지 못하였다. 다만 유교사상이 들어오면서 천인감응설, 천인합일설의 정치사상으로 승화되었다. 이 천인합일설은 전한의 동중서에 의하여 정립되었다. 그 내용은 천도(天道)와 인도(人道)는 일치하는 것이며, 천도는 인도의 반영으로, 자연현상은 인간 세상 일이 반영된 것이라고 설명하였다.

이 사상이 우리나라에서 정치적으로 실현되기 시작한 것은 민본주의를 표방한 고려시대부터이고, 성리학이 수용된 조선시대에도 계속 영향을 미쳤다. 즉 왕은 하늘이 백성을 대신 다스리라는 명을 받은, 다시 말하면 천명을 받은 자인데, 군주가 정치를 잘하면 하늘이 상서를 보내 주고, 정치를 잘못하면 견책을 보내 준다. 정치의 잘잘못은 백성의 입과 눈, 귀를 통하여 하늘이 안다고 한다. 부인 한 사람이 억울함을 가슴에 품으면 오뉴월에도 서리가 내린다고 하는 일화가 이를 단적으로 말해 준다.

자연변이 중에서 군주들에게 가장 큰 관심을 끈 문제는 일시적 자연변이가 아니라 농업 생산과 직결되는 가뭄이었다. 가뭄이 계속되면 이를 하늘의 견책이라 하여 왕은 이를 해결하기 위해서 갖은 방법을 동원하였다. 삼국시대에는 죄수를 사면해 주는 조처가 취해졌을 뿐이나 고려나 조선시대에 이르면 정치의 잘못을 신하들에게 알리라는 구언교서를 내리고, 임금은 자신의 식사 반찬 수를 줄이는 등 근신을 하였다. 그래도 해결이 되지 않으면 기우제를 지냈다. 전국의 무당을 모아 굿을 하고, 승려로 하여금 비가 오도록 하는 기도를 드리기도 하였다. 또한 별에 대한 도교식의 초제를 지내기도 하였다.

　조선 태종은 가뭄에 대하여 심한 압박을 받은 군주 중의 한 사람이다. 자신의 정치적 목적을 위해서 이미 많은 사람을 죽였고, 심지어 즉위 과정에서 동기간을 죽인 죄의식이 가슴 속에 깔려 있었기 때문으로 생각된다. 모든 방책을 다 써도 비가 오지 않자 종묘에 가서 자신의 죄를 고백하고 하늘에 빌었더니 비가 내렸다고 하여 오랜 가뭄 뒤에 내리는 비를 태종우(太宗雨)라 하기도 한다. 하늘의 견책을 군주가 반성하지 못하면 하늘은 군주를 축출할 수도 있고 왕조를 망하게도 할 수 있다고 믿었다.

　하늘이 군주에게 정치를 맡겼다는 천명사상은 한편으로 군주 권한의 신성성을 강조하여 절대적 권력을 행사하도록 하면서도, 다른 한편으로 인심을 얻는 좋은 정치를 해야 한다는 상호 보완적인 기능을 가진 정치사상이었다. 이 사상은 고려 태조의 '훈요십조'와 세종이 지은 『용비어천가』에도 강조되어 후대 군주들에게 검소하고 백성을 존중하는 정치를 권고하였다.

알에서 태어나 왕이 되다
박혁거세

시조는 성이 박씨(朴氏)이고 이름은 혁거세(赫居世)이다. 전한 선제 오봉(五鳳) 원년 갑자(서기전 57) 4월 병진—이 달 28일에 해당한다. 또는 정월 15일이라고도 하였다—에 즉위하여 거서간(居西干)이라 일컬었다. 이때 나이는 13세였고 나라 이름을 서나벌(徐那伐)이라 하였다.

알에서 태어난 혁거세
이에 앞서 조선의 유민들이 산골짜기 사이에 나뉘어 살며 6촌을 이루고 있었다.* 알천(閼川) 양산촌(楊山村), 돌산(突山) 고허촌(高墟村), 취산(觜山) 진지촌(珍支村), 무산(茂山) 대수촌(大樹村), 금산(金山) 가리촌(加利村), 명활산(明活山) 고야촌(高耶村)인데, 이것이 진한(辰韓) 6부(六部)가 되었다.

고허촌의 우두머리 소벌공(蘇伐公)이 양산 기슭을 바라보니 나정(蘿

---

*6촌: 서기전 2세기를 전후한 시기에 이르면 북방 유민들이 대거 남하하여 진한 지역에 거주하게 되는데 이는 고고학적 유물과 각종 문헌자료에 의하여 확인된다. '조선의 유민'이라는 구절은 위만정권 수립과 한무제의 고조선 침입으로 고조선의 유민이 남하하게 된 역사적 사실을 말해 준다. 여기서 말하는 사로 6촌을 형성한 고조선 유민의 주력 집단은 한나라 세력에 쫓긴 위만조선의 유민으로 생각된다. 혁거세가 대두한 서기전 1세기경에 이르러서야 경주 지역에 위만조선계의 철기문화가 본격적으로 유입되었음이 고고학적 발굴로 확인되고 있다.

오릉 경주시 탑정동에 있으며 박혁거세, 알영, 남해왕, 유리왕, 파사왕의 묘로 전해지고 있다.

井: 경주시 탑동) 옆의 숲 사이에서 말이 무릎을 꿇고 앉아 울고 있었으므로 가서 보니 말은 보이지 않고 다만 큰 알만 있었다. 그것을 쪼개니 어린아이가 나왔으므로 거두어서 길렀다.

나이가 십여 세에 이르자 남달리 뛰어나고 숙성(夙成)하였다. 6부 사람들은 그 출생이 신비하고 기이하였으므로 그를 받들어 존경하였는데, 이때 그를 임금으로 삼았다. 진한 사람들은 박[瓠]을 박(朴)이라 일컬었는데, 처음에 큰 알이 마치 박과 같았던 까닭에 박을 성으로 삼았다. 거서간은 진한의 말로 왕을 뜻한다.

용의 옆구리에서 나온 왕비 알영

5년(서기전 53) 봄 정월에 알영(閼英)을 왕비로 삼았다. 이에 앞서 용이 알영정(閼英井)에 나타나 오른쪽 옆구리에서 여자아이를 낳았는데 어떤 할멈이 보고 이상히 여겨 거두어 키웠다. 우물의 이름을 따서 그의 이름을 지었는데, 자라면서 덕행과 용모가 뛰어났다. 이때에 시조가 이를 듣고 맞아들여 왕비로 삼으니, 행실이 어질고 안에서 보필을 잘하였다. 당시 사람들은 그들을 두 성인이라 일컬었다.

박을 허리에 매고 온 왜인

38년(서기전 20) 봄 2월에 호공(瓠公)을 마한에 보내 친선을 도모하고자 하였다. 마한 왕이 호공에게 "진한과 변한 두 나라는 우리의 속국인데 근년에 공물을 바치지 않으니, 큰 나라를 섬기는 예의가 이와 같은가?"라고 꾸짖었다.

이에 호공이 대답하였다.

"우리나라는 두 성인께서 세우셨기 때문에 세상일이 잘 다스려져 백성이 공경하고 겸양할 줄 알며, 날씨가 좋아 창고는 가득 찼습니다. 그래서 진한의 유민에서 변한인, 낙랑인, 왜인에 이르기까지 모두 두려워하고 사모합니다. 그러나 우리 임금님은 겸허하게 신하인 저를 보내 안부를 묻게 하였으니, 오히려 예가 지나치다고 할 수 있습니다. 그런데도 대왕께서 크게 노하여 군사로 위협하니 이것이 어찌된 일입니까?"

그러자 마한 왕이 격분하여 그를 죽이려고 하였으나 좌우의 신하들이 간언하여 말리니, 이에 돌아가도록 허락했다. 이보다 앞서 중국 사람들이 진(秦)나라의 난리로 인한 가혹한 정치를 피하여 동쪽으로 오는 사람이 많았는데, 그 다수가 마한의 동쪽에 터를 잡고 진한 사람들과 더불어 섞여 살았다. 이때 이르러 점점 번성해진 까닭에 마한이 그것을 꺼려서 책망한 것이다.

호공이라는 사람은 그 종족과 성은 자세히 알 수 없으나 본래는 왜인이었다. 처음에 박을 허리에 매고서 바다를 건너온 까닭에 호공이라 불렀다.

－『삼국사기』권1, 신라 본기 1

[역사 상식]

씨족에서 왕국으로 바뀌는 과정을 반영한 혁거세신화

혁거세는 일명 불구내(不矩內)라고도 하였는데, 이는 밝게 세상을 다스린다는 뜻이다. 이 점은 단군신화에서 하늘에서 내려온 고조선의 시조가 홍익인간의 이념으로 세상을 다스렸다는 내용과 같은 맥락으로 볼 수 있다. 즉 '천신이 강림하여 나라의 첫 기틀을 잡았다'라는 다른 건국신화 내지 건국시조신화와 기본 줄거리를 같이 하고 있다.

혁거세신화의 특색은 다음과 같다. 첫째, 이 신화는 씨족사회가 통합되어 하나의 왕국으로 뭉쳐가는 과정을 반영하고 있으며 6촌을 다스리기 위해 하늘에서 내려온 통치자로 혁거세를 부각시키고 있다. 둘째, 혁거세신화는 동명왕신화나 수로왕신화와 마찬가지로 난생설화이다. 셋째, 혁거세신화는 알영신화와 함께 구성되어 있는데 두 거룩한 아이가 같은 날에 신비롭게 태어나 배필로 짝지어졌다는 점이다(『삼국사기』에는 다른 날로 기록되어 있으나, 『삼국유사』에는 같은 날로 기록되어 있다). 이것은 후대 별신굿의 원류가 상고대의 신화임을 생각할 때, 별신굿의 짝지움이 이른바 신성혼 또는 신들의 혼례라면 가장 오랜 선례를 혁거세신화에서 찾을 수 있다. 또한 혁거세신화에서 등장하는 흰 말은 성스러운 인물의 강림을 알리는 사자, 즉 천마의 관념과 통한다고 할 수 있다. 천마총의 봉토 정상부에서 영혼을 하늘로 나르는 천마가 그려진 그림이 발견됨으로써 이를 실증적으로 입증하고 있다. 백마는 신령스럽고 상서로운 동물로 고대 동서양의 여러 나라에서 숭배되었다. 그리고 혁거세의 출생에 말이 관련되고 있다는 점에서 박씨족을 기마술에 익숙한 북방유민 계통으로 파악하기도 한다.

알영의 탄생신화

『삼국사기』에 기록된 알영의 탄생신화는『삼국유사』에 보다 자세히 서술되어 있다. 즉 알영의 출생연대를 혁거세의 탄생시기와 같은 서기 전 69년이라 하였고, 계룡(鷄龍)의 왼쪽 옆구리에서 알영이 태어났다고 하였다. 또한 알영정의 위치를 사량리(沙粱里)로 밝혔고, 알영은 출생 당시 입술이 닭부리같이 생겨 그것을 북천에서 씻어 떨어뜨렸다고 하였다. 그리고 알영의 탄생을 목도한 사람이 할멈이 아닌 6부의 시조 및 그들의 자손이었다고 하였다.

한편, 알영이 용의 옆구리에서 태어났다는 점을 들어, 석가모니가 마야 부인의 오른쪽 옆구리에서 태어났다고 하는 불교의 영향을 받은 것으로 해석하기도 한다.

신라 초기 기사에 대한 의구심

『삼국사기』의 초기 기사의 신빙성 문제는 오랫동안 역사학계에서 논란이 된 바 있다. 그중에서 특히 신라의 초기 기사는『삼국사기』를 편찬한 김부식이 경주 출신이었다는 점과 고구려나 백제에 비해 신라 측의 자료가 압도적으로 많이 수록되었다는 점에서 신라 중심적으로 역사를 왜곡하여 서술되었다는 의심을 받아 왔다.

그러나『삼국사기』는 한국 고대사에 있어서 가장 기본이 되는 자료로서 신뢰되어야 하며, 위와 같은 점은『삼국사기』가 씌어질 당시의 상황을 고려하여 이해하는 자세가 필요하다고 생각된다. 즉 중세인의 사고로『삼국사기』를 대해야 올바른 사료 비판이 가능하다는 것이다.

이러한 점에서 군주의 덕을 강조하는 기사는 혁거세의 8년조 뿐만 아니라 19년·30년·38년·39년·53년조에도 보인다. 이런 기사는 고구려나 백제 본기와는 다른 점이다. 고구려와 백제의 경우는 무력에 의한 복속이 보이고 있을 뿐이다. 고구려·백제 본기의 이 기사들이 좀 더 사실에 가깝다고 생각된다.

주변 국가들이 시조의 덕에 감응하여 스스로 항복하였다는 기사는 아무래도 중세적인 표현으로 생각된다. 아마 이는 사실이라기보다는 침략 기사를 김부식이 유교적 역사관과 정치관에 의하여 바꿔 쓴 것으로 보인다. 이러한 기사를 그대로 믿기보다는 김부식의 역사 서술의 견해가 반영되었다고 이해하는 유연한 사고가 필요한 부분이라고 하겠다.

피휘법

피휘법이란 왕의 이름인 글자를 사용하지 않는 규정 내지 명령을 말한다. 휘(諱)는 어른의 이름을 뜻하며, 원래는 사용하지 않고 부르기를 피한다는 뜻이다. 그런데 삼국 초기의 왕들의 이름은 그대로 불렸음을 확인할 수 있다. 예컨대 백제의 무녕왕을 사마왕으로 기록한 것이라든지, 초기 신라 왕들의 이름이 전하지 않는 것 등이 그 때문이다.

중국 문화의 수용으로 왕의 이름이 사용되지 않는 피휘법이 적용되기 시작하였다. 신라 32대 효소왕의 이름이 이홍(理洪)이었기 때문에 좌우이방부(左右理方府)를 좌우의방부(左右議方府)로 개칭하였다. 고려조에는 광종 대에 피휘법이 법령으로 내려져 왕의 이름을 사용하지 못하게 하였다. 왕의 이름을 피휘하는 방식에는 세 가지가 있다.

하나는 이름을 아예 쓰지 않고 현재 임금의 휘자라고 비워 두는 방법이다. 둘째는 뜻은 같으나 음이 다른 글자로 바꿔 쓰는 방식이다. 예컨대 혜종의 이름인 '무(武)'를 안 쓰기 위해 무반(武班)을 호반(虎班)으로 바꾸거나, 성종의 이름인 '치(治)'를 '리(埋)'자로 바꿔 쓰는 것 등이다. 셋째는 결획법으로 글자의 마지막 글자의 획을 생략하는 방식이다. '건(建)'자를 새길 때에 아래의 마지막 획을 긋지 않는 방법이 그것이다.

피휘법이 적용되면 개인의 이름을 개명해야 했고, 관청·사찰·군현의 명칭도 개칭되었다. 이처럼 국민 생활에 불편을 주었기 때문에 후대의 군주 이름은 일반적으로 사용되지 않는 글자를 만들어 쓰게 되었다. 『삼국사기』와 『삼국유사』에는 피휘법의 잔재가 많이 남아 있다. 신라의 문무왕을 문호왕으로 기록하였고, 중국의 연호 중 건무(建武)를 입무(立武)라고 쓰되 무자는 마지막 내려긋는 획을 긋지 않았다. 개인의 이름은 왕이나 부모만이 불렀고, 성인이 되면 이름 대신 자(字)를 지어 불렀다. 자는 윗사람이나 친구들이 사용하였고, 아랫사람은 호(號)를 불렀다. 옛날 사람은 이처럼 이름의 사용을 아꼈던 것이다.

미모의 남자를 꾸며 화랑이라 하다
진흥왕

진흥왕(眞興王)이 왕위에 올랐다. 이름은 삼맥종(彡麥宗)—혹은 심맥부(深麥夫)라고도 썼다—이다. 그때 나이 일곱 살이었다. 법흥왕의 동생 갈문왕 입종(立宗)의 아들이다. 어머니는 김씨로 법흥왕의 딸이고, 왕비는 박씨 사도부인(思道夫人)이다. 왕이 어렸으므로 왕태후가 섭정하였다.

후대를 위해 국사를 편찬하다
6년(545) 가을 7월에 이찬 이사부(異斯夫)가 아뢰었다.

"나라의 역사는 임금과 신하의 선악을 기록하여 포폄(褒貶: 칭찬하고 비판하는 것)을 만대에 보이는 것이니, 이를 편찬하지 않으면 후대에 무엇을 보이겠습니까?"

왕이 진실로 그렇다고 여겨 대아찬 거칠부(居柒夫) 등에게 명하여 선비들을 널리 모아 국사를 편찬케 하였다.

12년(551) 봄 정월에 연호를 개국(開國)*으로 바꾸었다. 3월에 왕이

＊연호의 변경: 연호를 바꾼 것은 종래 지소태후의 섭정에서 벗어나 진흥왕이 친정을 시작했다는 의미로 보기도 하고, 신라의 비약적인 발전을 기념하는 뜻에서 취해진 것으로 해석되기도 한다.

순행하다가 낭성(娘城: 충북 청원군 낭성면)에 이르러, 우륵(于勒)*과 그의 제자 이문(尼文)이 음악을 잘한다는 말을 듣고 그들을 특별히 불렀다. 왕이 하림궁(河臨宮: 충북 충주시 남한강 가에 있던 별궁)에 머무르며 음악을 연주하게 하니, 두 사람이 각각 새로운 노래를 지어 연주하였다.

이보다 앞서 가야국 가실왕(嘉悉王)이 열두 줄로 된 현금을 만들었는데, 그것은 열두 달의 음률을 본뜬 것이다. 이에 우륵에게 명하여 곡을 만들게 하였던바, 나라가 어지러워지자 우륵은 악기를 가지고 우리에게 귀의하였다. 그 악기의 이름은 가야금(加耶琴)이다. 왕이 거칠부 등에게 명하여 고구려에 침입케 하였는데, 이긴 기세를 타고 열 개 군을 빼앗았다.

13년(552) 왕이 계고(階古)·법지(法知)·만덕(萬德) 세 사람에게 명하여 우륵에게 음악을 배우도록 하였다. 우륵은 그들의 재능을 헤아려 계고에게 가야금을, 법지에게 노래를, 만덕에게 춤을 가르쳤다. 학업이 끝나자 왕이 그들에게 연주하게 하고 말하였다.

"예전 낭성에서 들었던 음과 다름이 없다."

그리고 상을 후하게 주었다.

백제 성왕을 죽이고 강역을 넓히다

15년(554) 가을 7월에 명활성(明活城)을 수리하여 쌓았다. 백제 왕 명농(明襛: 성왕)이 가량과 함께 관산성(管山城: 충북 옥천군 옥천읍)을 공격해 왔다. 군주 각간 우덕(于德)과 이찬 탐지(耽知) 등이 맞서 싸웠으나 전세가 불리하였다.

* 우륵: 대가야 성열현(省熱縣) 사람으로, 가실왕의 명으로 가야금 열두 곡을 지었는데 그 명칭은 『삼국사기』 권32 잡지 악조에 전하고 있다. 그 후 대가야가 어지러워지자 가야금을 가지고 신라에 귀화하여, 진흥왕에게 환대를 받고 충주에 거처하면서 계고(階古) 등에게 가야의 음악을 전수하였다.

삼년산성 이 지역은 백제와 신라의 치열한 접전이 벌어졌던 곳으로 당시 신라 삼년산군의 고간 도도는 이 곳에서 백제 성왕을 죽였다. 충북 보은군 보은읍 어암리에 있다.

신주(新州) 군주 김무력이 주의 군사를 이끌고 나아가 교전하였다. 이에 비장(裨將) 삼년산군(三年山郡)의 고간(高干: 신라 지방관직 명칭) 도도(都刀)가 급히 쳐서 백제 왕을 죽였다. 이에 모든 군사가 승세를 타고 크게 이겨, 좌평(佐平) 네 명과 군사 2만 9,600명을 목베었다. 백제로는 단 한 마리의 말도 돌아가지 못했다.

16년(555) 봄 정월에 비사벌(比斯伐: 경남 창녕지방)에 완산주(完山州)를 설치하였다. 겨울 10월에 왕이 북한산에 순행하여 강역을 넓혀 정하였다. 11월에 왕이 북한산에서 돌아왔다. 왕이 거쳐 지나온 주·군의 일 년간 조(租)와 조(調)를 면제해 주고 그 지역의 죄수 가운데 두 가지 사형 죄를 제외하고는 모두 용서해 주었다.

17년(556) 가을 7월에 비열홀주(比列忽州: 함남 안변지방)를 설치하고 사찬 성종(成宗)을 군주로 삼았다.

18년(557) 국원(國原: 충북 충주시)을 소경(小京)으로 삼았다. 사벌주

(沙伐州)를 폐하고 감문주(甘文州)를 설치하여 사찬 기종(起宗)을 군주로 삼았으며, 신주를 폐하고 북한산주(서울 강북 일대)를 설치하였다.

19년(558) 봄 2월에 귀족 자제와 6부의 부유한 백성을 국원소경으로 옮겨 그 곳을 채웠다. 나마 신득(身得)이 포노(砲弩)를 만들어 바치니 그것을 성 위에 설치하였다.

23년(562) 가을 7월에 백제가 변방의 백성을 침략하였으므로 왕이 군사를 내어 막아 1,000여 명을 죽이거나 사로잡았다. 9월에 가야(경북 고령군 고령읍에 있던 대가야)가 반란을 일으켰으므로 왕이 이사부에 명하여 토벌케 하였는데, 사다함(斯多含)이 부장이 되었다.

사다함은 5,000명의 기병을 이끌고 앞서 달려가 왕성의 성문인 전단문(栴檀門)에 들어가 흰 기를 세우니 성안의 사람들이 두려워 어찌할 바를 몰랐다. 이사부가 군사를 이끌고 그 곳에 다다르자 일시에 모두 항복하였다. 전공을 논함에 사다함이 으뜸이었으므로, 왕이 좋은 토지와 포로 200명을 상으로 주었으나 사다함이 세 번이나 사양하였다. 왕이 굳이 주므로 이에 받아 포로는 풀어 양인이 되게 하고 토지는 군사들에게 나누어 주니, 나라 사람들이 그것을 아름답게 여겼다.

중국과 교섭하다

25년(564) 북제(北齊)에 사신을 보내 조공하였다.

26년(565) 봄 2월에 북제의 무성황제(武成皇帝)가 조서를 내려, 왕을 사지절 동이교위 낙랑군공 신라 왕으로 삼았다. 가을 8월에 아찬 춘부(春賦)에게 명하여 나아가 국원을 지키게 하였다. 9월에 비사벌주(완산주)를 폐하고 대야주(大耶州)를 설치하였다. 진(陳)나라에서 사신 유사(劉思)와 승려 명관(明觀)을 보내 예방하고, 불교 경전 1,700여 권을 보내 주었다.

27년(566) 2월에 기원사(祇園寺)와 실제사(實際寺) 두 절이 이루어졌다. 진나라에 사신을 보내 토산물을 바쳤다. 황룡사(皇龍寺)*가 준공되었다.

28년(567) 봄 3월에 진나라에 사신을 보내 토산물을 바쳤다.

29년(568) 연호를 태창(太昌 : 568~571까지 4년간 사용된 진흥왕 대의 연호)으로 바꾸었다. 여름 6월에 진나라에 사신을 보내 토산물을 바쳤다. 겨울 10월에 북한산주를 폐하고 남천주(南川州)를 설치하였다. 또 비열홀주를 폐하고 달홀주(達忽州)를 설치하였다.

33년(572) 봄 정월에 연호를 홍제(鴻濟)로 바꾸었다. 3월에 왕태자 동륜이 죽었다. 진평왕의 아버지를 왕태자로 삼았다. 북제에 사신을 보내 조공하였다. 겨울 10월 20일에 전쟁에서 죽은 사졸을 위하여 바깥의 절에서 팔관연회(八關筵會)를 열어 7일 만에 마쳤다.

삼국통일의 기둥, 화랑

37년(576) 봄에 처음으로 원화(源花)를 받들었다. 일찍이 임금과 신하들이 인물을 알아볼 방법이 없어 걱정하다가, 무리들이 함께 모여 놀게 하고 그 행동을 살펴본 다음에 발탁해 쓰고자 하여 미녀 두 사람, 즉 남모(南毛)와 준정(俊貞)을 뽑고 무리 300여 명을 모았다. 두 여인이 아름다움을 다투어 서로 질투하여, 준정이 남모를 자기 집에 유인하여 억지로 술을 권하여 취하게 하여 끌고 가 강물에 던져 죽였다. 준정이 사형에 처해지자 무리들은 화목을 잃고 흩어지고 말았다.

*황룡사: 진흥왕 12년에 짓기 시작하여 동왕 27년(566) 혹은 동왕 30년(569)에 완성되었다. 완공 후 황룡사에는 여러 가지 조영물들이 만들어졌는데, 장륙상과 대종을 주성하였고 금당을 개축하였으며 구층목탑을 조성하였다. 구층목탑은 고려시대 몽골군의 침입 때에 불에 타서 없어졌다. 이러한 황룡사는 신라 최대의 호국사찰로 왕실과 밀접한 관계를 가지고 운영되었다. 이 사찰은 신라의 국운을 상징하는 정신적 지주가 된 사찰이었다. 현재의 경북 경주시 구황동에 황룡사지가 남아 있는데, 이 곳은 1976년부터 1983년까지 발굴·조사되었다.

북한산순수비 진흥왕은 국토 확장과 국위 선양을 위해 기념비를 많이 세웠다. 지금까지 발견된 것은 창녕순수비, 북한산순수비, 마운령순수비, 황초령순수비 등 4개이다.

    그 후 다시 미모의 남자를 택하여 곱게 꾸며 화랑(花郞)이라 이름하고 그를 받드니, 무리들이 구름처럼 몰려들었다. 도의로 서로 연마하고 혹은 노래와 음악으로 서로 즐겼는데, 산과 물을 찾아 노닐고 즐기니 멀리 이르지 않은 곳이 없었다. 이로 인하여 사람의 사악함과 정직함을 알게 되어, 착한 사람을 택하여 조정에 천거하였다. 그러므로 김대문(金大問)은 『화랑세기(花郞世記)』*에서 다음과 같이 말하였다.

---

* 『화랑세기』: 김대문이 지은 화랑에 대한 전기로, 현전하지 않으므로 구체적인 내용은 알 수 없다. 김부식은 이 책에서 화랑에 대한 기록을 많이 취하여 『삼국사기』의 편찬에 이용했을 것으로 보인다. 한편 1989년에 경남 김해시에서 김대문의 『화랑세기』를 필사했다는 이른바 필사본 『화랑세기』가 발견되어 학계의 비상한 관심을 모았으나, 종합적으로 검토한 결과 필사본 『화랑세기』는 위작으로 판단된다.

"어진 보필자와 충신은 이로부터 나왔고, 훌륭한 장수와 용감한 병졸은 이로부터 생겼다."

그리고 최치원의 난랑비(鸞郎碑)의 서문에는 다음과 같이 기록하였다.

"나라에 그윽하고 깊은 한 도가 있으니 풍류(風流)라 한다. 가르침의 근원에 대해서는 선사(仙史: 화랑의 역사서)에 자세히 갖추어져 있거니와, 실로 이는 삼교(三敎: 유교·불교·도교)를 포함하고 뭇 백성들을 만나 교화한다. 이를테면 들어와서는 집안에서 효를 행하고 나가서는 나라에 충성함은 노나라 사구(司寇: 공자)의 가르침이고, 하였다고 자랑함이 없는 일을 하고, 말 없는 가르침을 행함은 주나라 주사(柱史: 노자)의 뜻이며, 모든 악을 짓지 말고 모든 선을 받들어 행하라 함은 축건태자(竺乾太子: 석가모니)의 교화이다."

당나라 영호징(令狐澄)의 『신라국기(新羅國記)』에서는 다음과 같이 말하였다.

"귀족의 자제 중 아름다운 이를 택하여 분을 바르고 곱게 꾸며서 이름을 화랑이라 하였는데, 나라 사람들이 모두 그를 높이 받들어 섬겼다."

불교를 섬기다 죽다

가을 8월에 왕이 죽었다. 시호를 진흥(眞興)이라 하고 애공사(哀公寺: 경북 경주시 효현동 망성산 기슭에 있던 사찰) 북쪽 산봉우리에 장사지냈다. 왕은 어린 나이에 즉위하여 한결같은 마음으로 불교를 받들었고, 말년에는 머리를 깎고 승복을 입었으며 스스로 법운(法雲)이라 칭하다가 죽었다. 왕비 또한 그것을 본받아 비구니가 되어 영흥사(永興寺)에 머물다가 죽으니, 나라 사람들이 예를 갖추어 장사지냈다.

—『삼국사기』권4, 신라 본기 4

[역사 상식]

신라의 청소년 수련 집단, 화랑

화랑은 신라의 청소년 수련 집단을 이끄는 중심인물 혹은 그 집단 자체를 말한다. 『삼국유사』에서는 이를 주로 국선이라 칭하였다. 화랑은 삼한 사회의 청년 집회에서 시원하여 발전, 법제화되었다. 그 조직은 화랑 집단마다 진골 출신의 화랑 한 명과 그를 지도·자문하는 승려 한 명, 그리고 진골 이하 평민에 이르는 1,000여 명의 낭도들로 구성되었다.

원칙상 3년을 수련기간으로 한 화랑 집단 성원의 적령은 대체로 15세에서 18세 사이로 추정된다. 이 기간 동안 그들은 충과 효 등의 덕목을 수련, 연마하고 산수를 유람하며 음악을 즐기고 집단의식과 인성을 배양하였다. 그래서 성원 상호 간에는 사우(死友)를 약속할 정도로 서로 간의 인간적인 유대가 긴밀하였다.

화랑도는 불교의 미륵사상과도 밀접한 관련성이 있었다. 이러한 화랑제도는 삼국통일 과정에서 전사 집단으로, 그리고 관인 선발의 장으로 널리 활용되었다. 아울러 사회학적인 면에서 그들의 활동은 계층 사회에서 필연적으로 발생하는 신분 계층 간의 갈등을 완화하는 데 일부 기여했다고 한다.

한편 화랑의 설치 연대에 대하여 『삼국사기』는 진흥왕 37년이라 하였으나, 『신증동국여지승람』 권21 경주부조에는 법흥왕 원년이라 하였고, 『삼국유사』에는 막연히 진흥왕 대라 하였다. 그리고 『삼국사절요』 권6 진흥왕 원년 12월조에는 용의가 단정한 동남을 풍월주로 삼고 무리를 모아 효제충신을 닦게 했다고 기록되어 있다. 더욱이 『삼국사기』 권4 신라 본기 진흥왕 23년조와 같은 책 권44 열전 사다함전에 화랑 사다함과 무관랑 그리고 낭도들의 군사활동이 보인다. 따라서 화랑제도가 국가에서 공인된 것이 진흥왕 대인 것은 분명하나, 『삼국사기』에서처럼 반드시 진흥왕 37년이었는지는 의문이다.

화랑은 고려시대에 팔관회 등에서 춤을 추는 연기자로 변형되었다.

우리나라의 역사 편찬

삼국시대의 국사 편찬은 국가의 제도 정비 그리고 대외적으로 팽창하던 시기에 국가와 왕실의 위엄을 과시할 목적으로 이루어졌다. 고구려에서는 국초부터 역사의 기록이 있어 왔고, 백제에서는 근초고왕 대에 고흥에 의하여 편찬되었으며 신라에서는 진흥왕 때에 거칠부가 국사를 편찬하였다. 고구려 영양왕 때에 태학의 교재로 쓰기 위해 태학박사 이문진이 『유기』 100권을 줄여 『신집』 5권을 편찬한 기록이 보이지만 삼국의 역사 편찬 기록은 별로 전하지 않는다. 그러나 태종무열왕 대의 전쟁 기사가 월일을 갖추어 기록된 점으로 보아 당시 역사 기록을 남긴 사관의 설치가 있었을 것으로 추정된다.

우리나라에서 사관제도가 성립된 것을 알려주는 자료로는 고려 광종 이후이다. 사관들은 역사를 기록하여 두었다가 왕이 죽은 후 수십 년이 지나면 실록을 편찬하였다. 고려 왕조의 실록은 『고려사』가 편찬될 때에 이용되었다가 임진왜란 때에 춘추관 사고가 불타면서 소실되었다.

한 왕조가 멸망하면 다음 왕조는 전 왕조의 실록 자료를 기초로 기전체의 역사를 편찬하는 것이 동양의 역사 선통이었다. 삼국이 멸망한 후 광종 대에 『삼국사』가 편찬되었고, 김부식의 『삼국사기』도 그런 류에 속한다. 세종 대의 『고려사』도 그렇다.

실록은 편년체로 서술됨이 원칙이었다. 실록은 당시의 왕도 볼 수 없도록 편찬 후에 심산궁곡의 사고에 보관하였다. 고려시대의 실록은 두 부가 보존되었고, 세종 대에 실록을 인쇄하여 네 부를 보관하였다. 임진왜란 때에 다른 사고본은 소실되었으나 전주사고본만이 전해져 광해군 때에 다섯 부를 다시 인쇄하여 보관하였다. 그러나 춘추관 사고가 없어져 네 부의 실록만 보전되었다.

조선 왕조는 일제에 의해 멸망되었고, 새로운 서양의 역사학이 수용되면서 전통적인 기전체의 조선사 편찬은 이루어지지 못하였다.

여자는 나라를 다스릴 수 없는가
선덕여왕

선덕왕(善德王)이 왕위에 올랐다. 그는 진평왕과 어머니 김씨 마야부인(摩耶夫人) 사이에서 맏딸로 태어났다. 이름은 덕만(德曼)이다.

최초로 왕위에 오른 여성

덕만은 성품이 어질고 너그러울 뿐 아니라 매우 영리하고 판단이 빨랐다. 일찍이 진평왕이 당나라에서 가져온 모란꽃 그림과 꽃씨를 덕만에게 보인 적이 있었다. 덕만이 이를 보고 말하였다.

"이 꽃은 비록 매우 아름답기는 하나 틀림없이 향기가 없을 것입니다."

왕은 웃으며 어떻게 그것을 알 수 있는지를 물었다. 이에 덕만은 대답하였다.

"꽃을 그렸으나 나비가 없는 까닭에 그것을 알았습니다. 무릇 여자가 뛰어나게 아름다우면 남자들이 따르고, 꽃에 향기가 있으면 벌과 나비가 따르게 마련입니다. 이 꽃은 무척 아름다운데도 그림에 벌과 나비가 없으니, 향기가 없는 꽃임에 틀림없습니다."

그 모란 꽃씨를 심어 보았더니, 과연 그가 한 말과 조금도 다르지 않았다. 진평왕이 죽은 후 왕위를 이을 아들이 없자 나라 사람들이 덕만을 왕으로 세우고 '성조황고(聖祖皇姑)'*의 칭호를 올렸다.

여왕의 예지

5년(636) 봄 정월에 이찬 수품을 상대등으로 삼았다. 3월에 왕이 병이 들었는데 의술과 기도로는 좀처럼 효과를 보지 못했다. 이에 황룡사에서 백고좌회(百高座會)를 열어 승려를 모아 인왕경(仁王經)을 강론케 하고 백 명에게 승려가 되는 것을 허락하였다.

여름 5월에 두꺼비가 궁궐 서쪽 옥문지(玉門池)에 많이 모였다. 왕이 이를 듣고 좌우에 말하였다.

"두꺼비는 성난 눈을 가지고 있으니 이는 곧 병사의 모습이다. 내가 일찍이 듣건대, 서남쪽 변경에 옥문곡(玉門谷 : 경남 합천군 가야면)이라는 이름의 땅이 있다고 하니 혹시 이웃나라 군사가 그 안에 숨어 들어온 것은 아닐까?"

왕은 두려운 마음에 장군 알천(閼川)과 필탄(弼吞)에게 명하여 군사를 이끌고 가서 찾아보게 하였다. 과연 백제 장군 우소(于召)가 독산성을 습격하기 위해 무장한 군사 500명을 이끌고 와서 그 곳에 숨어 있었다. 알천은 이들을 습격해 모두 죽였다.

당 태종의 오만함

12년(643) 봄 정월에 당나라에 사신을 보내 토산물을 바쳤다. 3월에 당나라에서 불법을 배우던 고승 자장(慈藏)이 돌아왔다. 가을 9월에 당나라에 사신을 보내 다음과 같이 말하였다.

"고구려와 백제가 저희 나라를 여러 차례 침범하여 수십 개의 성을 공격하였습니다. 두 나라가 군대를 연합하여 기필코 그것을 빼앗고자 이

* 성조황고: 성스러운 임금, 큰 할머니란 뜻이다. 신라 사람들이 선덕왕에게 이러한 칭호를 올린 것은 진평왕 대 왕권 성장의 결과, 성골이라는 독존적인 왕족의식이 생겨난 것을 암시하는 것이라고도 할 수 있다.

번 9월에 크게 군사를 일으키려고 합니다. 그러면 저희 나라의 사직은 보전될 수 없을 것이므로, 삼가 신하인 저를 보내 대국에 명을 받들어 올리게 되었습니다. 바라건대 약간의 군사를 내어 구원해 주십시오."

황제가 사신에게 말하였다.

"나는 너의 나라가 두 나라에게 침략받는 것을 매우 애닯게 여겨 자주 사신을 보내 너희들 세 나라가 친하게 지내도록 하였다. 그러나 고구려와 백제는 돌아서자마자 생각을 바꾸어 너희 땅을 집어삼켜 나누어 가지려고 한다. 그대 나라는 어떤 기묘한 꾀로 망하는 것을 면하려고 하는가?"

사신이 대답하였다.

"우리 왕은 일의 형편이 궁하고 계책이 다하여 오직 대국에게 위급함을 알려 온전하기를 바랄 뿐입니다."

이에 황제가 말하였다

"내가 변방의 군대를 조금 일으켜 거란과 말갈을 거느리고 요동으로 곧장 쳐들어가면 그대 나라는 저절로 풀려 일 년 정도의 포위는 느슨해질 것이다. 이것이 첫 번째 계책이다.

그러나 이후 이어지는 군대가 없음을 알면 도리어 침략을 멋대로 하여 사방의 나라들이 함께 소란해질 것이니, 그대 나라도 편치 못할 것이다.

나는 또한 너에게 수천 개의 붉은 옷과 붉은 깃발을 줄 수 있는데, 두 나라 군사가 이르렀을 때 그것을 세워 진열해 놓으면 그들이 보고서 우리 군사로 여겨 반드시 모두 도망갈 것이다. 이것이 두 번째 계책이다.

백제국은 바다의 험난함을 믿고 병기를 수리하지 않고 남녀가 어지럽게 섞여 서로 즐기며 연회만 베푸니, 내가 수백 척의 배에 군사를 싣고 소리 없이 바다를 건너 곧바로 그 땅을 습격하려고 한다.

그런데 그대 나라는 여자를 임금으로 삼고 있어 이웃나라의 업신여김을 받게 되고, 임금의 도리를 잃어 도둑을 불러들이게 되어 해마다

선덕여왕릉 『삼국유사』에 의하면 선덕여왕은 죽는 날을 미리 예언하고 도리천에 장사지내 달라고 하였다고 한다. 경북 경주시 보문동 낭산 보호구역에 있다.

편안할 때가 없다.

내가 왕족 중의 한 사람을 보내 그대 나라의 왕으로 삼되, 자신이 혼자서는 왕 노릇을 할 수 없으니 마땅히 군사를 보내 호위케 하고, 그대 나라가 안정되기를 기다려 그대들 스스로 지키는 일을 맡기려 한다. 이것이 세 번째 계책이다.

그대는 잘 생각해 보라. 장차 어느 것을 따르겠는가?"

사신은 그저 "예"라고만 말할 뿐 대답이 없었다. 황제는 그가 용렬해 군사를 청하고 위급함을 알리러 올 만한 인재가 아님을 탄식하였다.

비담과 염종의 반란

16년(647) 봄 정월에 비담(毗曇)과 염종(廉宗) 등이 "여자 임금은 나라를 잘 다스릴 수 없다"라고 하며 반역을 꾀하여 군사를 일으켰으나 이기지 못하였다.

   8일에 왕이 죽었다. 시호를 선덕(善德)이라 하고 낭산(狼山)에 장사 지냈다.

—『삼국사기』 권5, 신라 본기 5

[역사 상식]

여왕 통치에 대한 논란

　본 기사에 나오듯이 당 태종이 지적한 여왕 통치의 문제점은 이후 신라 정계에 파문을 일으켰다. 2년 후 647년 정월 선덕왕의 임종에 즈음하여 진덕왕을 세우려 하자 상대등 비담과 염종 등 진골 귀족들이 여왕이 정치를 잘못한다는 것을 구실로 반란을 일으켰다. 남자는 존귀하고 여자는 비천하다고 한 김부식의 사론은 선덕왕이 왕위를 계승한 것 자체를 비난한 대목이다. 그러나 고대에는 여자도 왕이 될 수 있다고 생각했었기 때문에 이는 고대적 관념이 아닌, 중세의 유교적 관념에 입각한 평가라 할 수 있다.

진골에서 처음으로 왕이 된 호걸
무열왕

    태종무열왕(太宗武烈王)이 왕위에 올랐다. 이름은 춘추(春秋),* 진지왕의 아들 이찬 용춘(龍春)—또는 용수(龍樹)라고도 하였다—의 아들이다. 어머니 천명부인(天明夫人)은 진평왕의 딸이고, 왕비 문명부인(文明夫人)은 각찬(角飡) 서현의 딸이다. 왕은 용모가 영특하고 늠름하여 어려서부터 세상을 경륜할 만한 포부가 있었다.

연개소문에 의해 감금된 김춘추
    진덕왕을 섬겨 그 지위가 이찬에 이르고, 당나라 황제가 특진(特進)의 관작을 제수하였다. 진덕왕이 죽자 여러 신하들이 이찬 알천(閼川)에게 섭정을 청하였으나, 알천이 굳이 사양하며 말하였다.
    "저는 늙고 이렇다 할 덕행이 없습니다. 지금 덕망이 높기는 춘추공만한 이가 없으니, 실로 세상을 다스릴 뛰어난 인물이라 할 만합니다."
    마침내 그를 받들어 왕으로 삼으려 하니, 춘추는 세 번 사양하다가 마지못해 왕위에 올랐다.

---

* 김춘추: 『일본서기』 권25 대화(大化) 3년조에 따르면, 김춘추는 용모가 아름답고 담소를 잘했다고 한다. 『삼국유사』 기이편에는 당나라 황제가 그의 풍채를 보고 신성지인(神聖之人)이라 했다고 한다. 그는 하루 식사에 쌀 세 말과 꿩 아홉 마리를 먹어치울 정도로 대식가였다.

태종무열왕릉비 경북 경주시 서악동에 있는 통일신라 초기의 화강암 비석으로 현재 비신은 사라지고 귀부와 이수만 남아 있다. 왕릉에 비를 세운 것은 당나라의 영향으로 무열왕의 친당정책을 짐작하게 한다.

선덕왕 11년(642) 김춘추는 사위와 딸이 가야성에서 백제군에 의하여 전사하고 시신조차 되돌려받지 못함을 원통히 여기고 고구려에 청병하러 갔다. 사간(沙干) 훈신(訓信)과 함께 고구려에 갈 때 대매현(代買縣)에 이르니 고을 사람 사간 두사지(豆斯支)가 청포(靑布) 300보를 주었다. 고구려 경내에 들어가니, 고구려 왕이 태대대로(太大對盧 : 수상) 연개소문을 보내 객사를 정해 주고 잔치를 베풀어 우대하였다. 식사 대접도 특별하게 하였다. 어느 사람이 고구려 왕에게 고하여 말하였다.

"신라 사신은 보통 사람이 아닙니다. 이번에 온 것은 아마 우리의 형세를 살피려는 것 같으니 왕은 도모하시어 후환이 없게 하소서."

고구려 왕은 무리한 질문으로 대답하기 어렵게 함으로써 그를 욕보이게 하려고 말하였다.

"마목현(麻木峴)과 죽령 이북은 본래 우리나라 땅이니, 만약 이를 우리에게 돌려주지 않으면 그대를 돌려보내지 않겠다."

춘추가 대답하였다.

"국가의 토지는 신하가 마음대로 하는 것이 아닙니다. 신은 감히 명령을 좇을 수 없습니다."

왕이 노하여 그를 가두고 죽이려 하였으나 미처 처형하지 않았는데, 춘추가 청포 300보를 은밀히 왕이 총애하는 신하 선도해(先道解)에게 주었다. 도해가 음식을 차려 와서 함께 술을 마셨다. 술이 얼근히 올랐을 때 도해가 농담 조로 말하였다.

"그대도 또한 일찍이 거북과 토끼 이야기를 들었는가?

옛날에 동해 용왕의 딸이 심장병을 앓았는데 의원의 말이 '토끼 간을 얻어 약을 지으면 고칠 수 있다'고 하였다. 그러나 바다 속에는 토끼가 없으니 어찌할 수 없었다. 거북이 한 마리가 용왕에게 아뢰어 '제가 그것을 얻어 올 수 있습니다' 하였다.

육지로 나와 토끼를 보고 말하기를 '바다 가운데에 섬 하나가 있는데, 맑은 샘물과 흰 돌에, 무성한 숲과 맛있는 과일이 있으며, 추위와 더위도 없고, 매와 새매가 침입하지 못한다. 네가 만약 가기만 하면 편히 살아 아무 근심이 없을 것이다' 하였다. 이어 토끼를 등에 업고 헤엄쳐 2~3리쯤 가다가, 거북이가 토끼를 돌아보며 말하기를 '지금 용왕의 딸이 병이 들었는데, 모름지기 토끼 간이 약이 된다고 하기에 수고로움을 피하지 않고 너를 업고 오는 것이다' 하였다.

토끼가 말하기를 '허허! 나는 신명(神明)의 후예라, 능히 오장을 꺼내어 씻어 넣을 수 있다. 일전에 속이 좀 불편하여 간과 심장을 꺼내 씻어서 잠시 바위 밑에 두었는데, 너의 달콤한 말을 듣고 곧바로 와서 간이 아직도 그 곳에 있으니, 어찌 되돌아가서 간을 가져오지 않을 것인가? 그렇게 하면 너는 구하는 것을 얻게 되고, 나는 간이 없어도 살 수 있으니, 어찌 양편이 다 좋은 일이 아닌가?' 하였다. 거북이 그 말을 믿고 되돌아갔다.

해안에 오르자마자 토끼가 풀 속으로 도망치며 거북에게 말하기를 '너는 어리석기도 하다. 어찌 간 없이 사는 자가 있을 것이냐?' 하니, 거북이 멍하니 아무 말도 하지 못하고 물러갔다고 한다."

춘추가 그 말을 듣고 그 뜻을 깨달아 고구려 왕에게 글월을 보내 말하였다.

"두 영(嶺)은 본래 대국(大國)의 땅입니다. 신이 귀국하면 우리 왕께 청하여 돌려 드리겠습니다. 내 말을 믿지 못하신다면 저 밝은 해를 두고 맹세하겠습니다."

왕이 이에 기뻐하였다(이 기사는 김유신전(『삼국사기』 권41, 열전 1)에 수록된 것을 인용한 것이다).

신하의 영혼이 소식을 주다

6년(659) 여름 4월에 백제가 자주 변경을 침범하므로 왕이 장차 이를 치려고 당나라에 사신을 보내 군사를 요청하였다. 가을 8월에 아찬 진주(眞珠)를 병부령으로 삼았다. 9월에 하슬라주에서 흰 새를 바쳤다. 공주 기군(基郡)의 강에서 큰 물고기가 나와서 죽었는데, 길이가 백 자나 되었고 그것을 먹은 사람은 죽었다.

겨울 10월에 왕이 조정에 앉아 있는데, 당나라에 군사를 요청하였으나 답변이 없어 근심하는 빛이 얼굴에 드러나 있었다. 그런데 홀연히 어떤 사람이 왕 앞에 나타났는데, 마치 앞서 죽은 신하 장춘(長春)과 파랑(罷郎) 같았다. 그들이 왕에게 말하였다.

"신은 비록 백골이 되었으나 아직도 나라에 보답할 마음이 있어 어제 당나라에 갔었는데, 황제가 대장군 소정방 등에게 명하여 군사를 거느리고 내년 5월에 백제를 치러 오게 한 것을 알았습니다. 대왕께서 이처럼 너무 애태우며 기다리는 까닭에 이렇게 알려 드립니다."

그리고는 말을 끝내자마자 사라졌다. 왕이 매우 놀랍고 이상하게 여겨 두 집안의 자손에게 후하게 상을 주고, 해당 관청에 명하여 한산주(漢山州)에 장의사(莊義寺)*를 세워 명복을 빌어 주게 하였다.

백제를 멸망시키다

7년(660) 봄 정월에 상대등 금강(金剛)이 죽었으므로 이찬 김유신을 상대등으로 삼았다. 3월에 당나라 고종이 좌무위대장군(左武衛大將軍) 소정방을 신구도행군대총관(神丘道行軍大摠管)으로 삼고 김인문을 부대총관(副大摠管)으로 삼아, 좌효위장군(左驍衛將軍) 유백영(劉伯英) 등 수군과 육군 13만 명을 거느리고 백제를 치게 하였다. 또 칙명으로 왕을 우이도행군총관(嵎夷道行軍摠管)으로 삼아 군사를 거느리고 그들을 응원하게 하였다.

여름 5월 26일에 왕이 유신·진주·천존 등과 함께 군사를 거느리고 서울을 출발하여 6월 18일에 남천정(南川停: 신라 지방 군제인 10정의 하나로 경기 이천에 있었던 군단)에 다다랐다. 정방은 내주(萊州: 중국 산동성 액현)에서 출발하여 많은 배가 1,000리에 이어져 바다의 흐름을 따라 동쪽으로 내려왔다. 21일에 왕이 태자 법민을 보내 병선 100척을 거느리고 덕물도(德物島: 경기 옹진군 덕적도)에서 정방을 맞이하였다. 정방이 법민에게 말하였다.

"나는 7월 10일에 백제 남쪽에 이르러 대왕의 군대와 만나 의자(義慈)의 도성을 깨뜨리고자 한다."

* 장의사: 상춘낭과 파랑을 위해 지은 절. 장의사(藏義寺)라고도 한다. 절의 위치는 현재의 서울시 종로구 신영동의 세검정초등학교 부근으로 추정된다. 이 곳에 보물 제235호로 지정된 당간지주가 남아 있다.

법민이 말하였다.

"대왕은 지금 대군을 초조하게 기다리고 계십니다. 대장군께서 왔다는 것을 들으시면 필시 이부자리에서 새벽 진지를 자시고 오실 것입니다."

정방이 기뻐하며 법민을 돌려보내 신라의 병마를 징발케 하였다. 법민이 돌아와 정방의 군대 형세가 매우 성대하다고 말하니, 왕이 기쁨을 이기지 못하였다. 또 태자와 대장군 유신, 장군 품일(品日)과 흠춘(欽春) ─ 혹은 흠순(欽純)으로도 썼다 ─ 등에게 명하여 정예 군사 5만 명을 거느리고 그것에 부응하도록 하고, 왕은 금돌성(今突城: 경북 상주 모서면의 백화산성)에 가서 머물렀다.

가을 7월 9일에 유신 등이 황산 벌판으로 진군하니, 백제 장군 계백이 군사를 거느리고 와서 먼저 험한 곳을 차지하여 세 군데에 진영을 설치하고 기다리고 있었다. 유신 등은 군사를 세 길로 나누어 네 번을 싸웠으나 전세가 불리하고 사졸들은 전의를 상실하였다. 김유신의 동생인 장군 흠순이 아들 반굴(盤屈)에게 말하였다.

"신하된 자에게는 충성보다 더한 것이 없고, 자식에게는 효도보다 더한 것이 없다. 이런 위급함을 보고 목숨을 바치면 충과 효 두 가지 모두를 갖추게 된다."

반굴이 "삼가 분부를 알아듣겠습니다" 하고는 곧 적진에 뛰어들어 힘써 싸우다가 죽었다. 그러자 좌장군 품일이 아들 관장(官狀) ─ 또는 관창(官昌)이라고도 하였다 ─ 을 불러 말 앞에 세우고 여러 장수들을 가리키며 말하였다.

"내 아들은 나이 겨우 열여섯이나 의지와 기백이 자못 용감하니, 오늘의 싸움에서 능히 삼군(三軍)의 모범이 되리라!"

관창이 "예!" 하고 갑옷 입힌 말을 타고 창 한 자루를 가지고 쏜살같이 적진에 달려들어갔다가 적에게 사로잡혀 계백에게 끌려갔다. 계백이 투구를 벗기게 하고는 그의 나이가 어리고 용감함을 아껴서 차마 죽이지 못하고 탄식하며 말하였다.

"신라에게 대적할 수 없겠구나. 소년도 오히려 이와 같거늘 하물며 장정들이야!"

그리고는 살려 보내도록 하였다. 관창이 돌아와 아버지 품일에게 말하였다.

"제가 적진 속에 들어가 장수를 베지도 못하고 깃발을 뽑아 오지도 못한 것은 죽음이 두려워서가 아닙니다."

말을 마치자 손으로 우물물을 떠서 마신 다음 다시 적진으로 가서 날쌔게 싸웠는데, 계백이 사로잡아 머리를 베어 말안장에 매달아 보냈다. 아버지 품일이 그 머리를 붙잡고 흐르는 피에 옷소매를 적시며 말하였다.

"내 아이의 얼굴이 살아 있는 것 같구나! 왕을 위하여 죽을 수 있었으니 다행이다."

전군이 이를 보고 분에 복받쳐 모두 죽을 마음을 먹고 북치고 고함지르며 진격하니, 백제의 무리가 크게 패하였다. 계백은 죽고, 좌평 충상(忠常)과 상영 등 이십여 명은 사로잡혔다.

이날 정방은 부총관 김인문 등과 함께 기벌포에 도착하여 백제 군사를 맞아 싸워 크게 깨뜨렸다. 유신 등이 당나라 군대의 진영에 이르자,* 정방은 유신 등이 약속 기일보다 늦었다고 하여 신라의 독군(督軍) 김문영(金文穎)―또는 영(永)으로도 썼다―을 군문(軍門)에서 목베려 하였다. 유신이 무리들에게 말하였다.

"대장군이 황산에서의 싸움을 보지도 않고 약속 날짜에 늦은 것만을 가지고 죄로 삼으려 하니, 나는 죄 없이 모욕을 받을 수 없다. 반드시 먼

* 낭군과 신라군의 조우: 유신의 신라 군대가 당군의 진영에 이른 시점은 분명하지 않다. 다만 당군과 회합을 약속한 날짜가 7월 10일이고, 나당연합군의 전투 개시는 7월 12일이었다. 따라서 신라 군사는 약속보다 하루 늦은 7월 11일경에 도착한 것으로 추정된다.

저 당나라 군사와 결전을 한 후에 백제를 깨뜨리겠다."*

이에 큰 도끼를 잡고 군문에 서니, 그의 성난 머리털이 곧추 서고 허리에 찬 보검이 저절로 칼집에서 튀어나왔다. 정방의 우장(右將) 동보량(董寶亮)이 그의 발을 밟으며 말하였다.

"신라 군사가 장차 변란을 일으킬 듯합니다."

이에 정방이 곧 문영의 죄를 풀어 주었다.

백제 왕자가 좌평 각가(覺伽)를 시켜 당나라 장군에게 글을 보내 군대를 철수시킬 것을 애걸하였다.

12일에 당나라와 신라군이 의자왕의 도성을 에워싸고자 소부리(所夫里) 벌판으로 나아가는데, 정방이 꺼리는 바가 있어 전진하지 않았으므로 유신이 그를 달래어 두 나라 군사가 용감하게 네 길로 나란히 진격하였다.

백제 왕자가 또 상좌평(上佐平: 수상)을 시켜 제사에 쓸 가축과 많은 음식을 보냈으나 정방이 거절하였고, 왕의 여러 아들이 몸소 좌평 여섯 사람과 함께 앞에 나와 죄를 빌었으나 그것도 물리쳤다. 13일에 의자왕이 좌우 측근을 데리고 밤을 타서 도망하여 웅진성(熊津城: 충남 공주)에 몸을 보전하고, 의자왕의 아들 융은 대좌평 천복(千福) 등과 함께 나와 항복하였다. 법민이 융을 말 앞에 꿇어앉히고 얼굴에 침을 뱉으며 꾸짖었다.

"예전에 너의 아비가 나의 누이를 억울하게 죽여 너의 나라 옥중에 묻은 적이 있다. 그 일은 나로 하여금 이십 년 동안 마음이 상하고 머리를 아프게 하였는데, 오늘 너의 목숨은 내 손 안에 있구나!"

*김유신의 기개: 당나라 군대와 일전을 불사한 김유신의 기개는 당당한 것이었다. 김유신은 개도 자신의 꼬리를 밟는 주인을 문다는 일화를 인용하였다. 이는 당나라에서 신라마저 정복하려는 야심을 가지고 출정하였으나 이를 꺾었음을 뜻한다. 김유신의 이런 기개는 이후 고구려를 멸망시킨 후 신라인이 당나라 군대를 몰아내는 전투를 벌여 승리한 것과 일맥상통한다. 김유신 열전에는 소정방이 김유신, 양도 등 세 장군에게 크게 포상한다고 하는 회유책을 제시하였으나 완강히 거절당하였다고 기록되어 있다.

융은 땅에 엎드려 말이 없었다. 18일에 의자왕이 태자와 웅진방령(熊津方領)의 군사 등을 거느리고 웅진성에서 나와 항복하였다. 왕이 의자왕의 항복 소식을 듣고 29일에 금돌성에서 소부리성으로 가 제감(弟監) 천복(天福)을 당나라에 보내 싸움에서 이겼음을 알렸다.

8월 2일에 주연을 크게 베풀고 장병들을 위로하였다. 왕과 정방 및 여러 장수들은 대청마루 위에 앉고, 의자왕과 그 아들 융은 마루 아래 앉혀서 때로 의자왕으로 하여금 술을 따르게 하니 백제의 좌평 등 여러 신하들이 목메어 울지 않는 사람이 없었다.

이날 모척(毛尺)을 붙잡아 목베었다. 모척은 본래 신라 사람으로 백제에 도망한 자인데, 대야성의 검일(黔日)과 함께 도모하여 성이 함락되도록 했기 때문에 목벤 것이다. 또 검일을 잡아 죄목을 세어 말하였다.

"네가 대야성에서 모척과 모의하여 백제 군사를 끌어들이고 창고를 불질러 온 성안에 식량을 모자라게 하여 싸움에 지도록 하였으니 그 죄가 하나요, 품석 부부를 윽박질러 죽였으니 그 죄가 둘이요, 백제와 더불어 본국을 공격하였으니 그것이 세 번째 죄이다."

이에 사지를 찢어 그 시체를 강물에 던졌다. 백제의 나머지 적병은 남잠성(南岑城)과 정현성(貞峴城 : 대전 유성구 남단 일대) 등의 성을 차지하고 버텼다. 또 좌평 정무(正武)가 무리를 모아 두시원악(豆尸原嶽 : 전북 무주군 부남면 일대)에 진을 치고 당과 신라인을 노략질하였다. 26일에 임존(任存 : 충남 예산군 대흥면 봉수산 일대)의 큰 목책을 공격했으나, 군사가 많고 지세가 험하여 이기지 못하고 다만 작은 목책만을 쳐서 부쉈다.

왕의 죽음

6월에 대관사(大官寺)의 우물물이 피가 되었고, 금마군(金馬郡 : 전북

서악리 고분군 경북 경주시 서악동에 있으며 이 곳에 태종무열왕릉이 있다고 추측된다.

익산시 금마면) 땅에 피가 흘러 그 넓이가 다섯 보(步)가 되었다. 왕이 죽었다. 시호를 무열(武烈)이라 하고, 영경사(永敬寺)의 북쪽에 장사지냈으며 묘호(廟號)를 올려 태종(太宗)*이라 하였다. 고종이 (무열왕의) 죽음 소식을 듣고 낙성문(洛城門)에서 애도식을 거행하였다.

―『삼국사기』 권5, 신라 본기 5

* 태종: 무열왕 김춘추의 묘호. 후일 신문왕 때 당나라 고종이 태종은 자기 부친의 묘호이므로 신라 측에 개정을 요구한 일이 있었다. 이에 신라는 국서를 보내 "신라는 비록 작은 나라이지만 왕께서 훌륭한 신하 김유신을 얻어 삼국을 통일하였으므로 태종이라 봉한 것이다"고 하여 거절했다.

[역사 상식]

성골과 진골

성골은 신라 왕족으로 왕위계승권을 가지는 특권 신분이다. 성골은 같은 왕족이면서 진골과 구분되는 특별한 신분이었다. 성골과 진골의 개념 구분에 대하여 이전에는 부모 모두가 왕종(王種)인가 또는 한쪽만 왕종인가로 구별된다는 견해가 있었으나 근래에는 왕의 최소 가계 집단에 속하는 왕족인가 아닌가로 구별된다는 견해가 제시되었다. 성골의 상한에 대해서는 그 실재를 부정하는 설부터 박혁거세 이후로 보는 설까지 다양하나, 법흥왕 대로 보는 설과 진평왕 대로 보는 설이 유력하다. 이는 불교적인 영향을 받아 생긴 관념으로 해석하기도 한다.

반면 진골은 신라 골품제 안에서 성골 다음의 신분으로 왕위계승권이 없는 왕족 구성원들이 가지는 신분이다. 진골은 국가 관료 체계상의 최고 지위를 누렸으며 진덕왕 대 이후 성골이 소멸되면서 진골인 김춘추가 왕위를 계승하였다.

왕위가 성골에서 진골로 넘어간 이유에 대한 견해로는 모계의 변화에서 찾는 설과 7세대 동일 친족 집단의 교체로 보는 설 등이 있으나 왕위계승권을 독점한 성골 집단의 규모가 3세대 가계 정도로 작았기에 남녀 모두의 대가 끊어진 때문이라는 설이 설득력이 있다.

진골 구성원으로는 신라 건국의 주체 세력인 박·김씨족 중에서 성골에 포함되지 못하고 방계화한 집단이 대부분이다. 또 가야·고구려 등의 정복 과정에서 편입된 일부 구왕족의 후예도 포함되어 있었다. 진골 신분의 성립 시기에 대해서는 나물왕 이후의 마립간 시기로 보는 견해와 법흥왕 대의 시기로 보는 견해가 유력하다.

죄의 경중에 대한 인식을 통해 본 고대인의 사상

『삼국사기』에서 보이는 검일에 대한 죄목을 후대의 기준에서 논한다면 어떻게 될까. 먼저 백제와 더불어 신라를 공격한 것이 가장 큰 죄일 것이다. 그리고 백제 군사를 끌어들이고 창고를 불태워 온 성안에 식량을 모자라게 하여 싸움에 지도록 한 것이 그 다음 죄이다. 이어서 품석 부부를 윽박질러 죽인 것이 그 다음 죄라 할 수 있다.

여기서 우리는 고대인들의 사유 구조의 일면을 살필 수 있다. 고대인은 국가보다 친족에 대한 복수를 먼저 생각했던 것이다. 그러므로 신라가 백제를 멸망시킨 것을 김유신 열전처럼 삼국통일의 의지만으로 보기는 어려운 점이 있다.

용이 되어 나라를 지키다
문무왕

문무왕(文武王)이 왕위에 올랐다. 이름은 법민(法敏)이고 태종무열왕의 맏아들이다. 어머니는 김씨 문명왕후(文明王后)인데, 소판(蘇判) 서현(舒玄)의 막내딸이고 유신(庾信)의 누이이다. 그 언니가 꿈에 서형산(西兄山) 꼭대기에서 오줌을 누었더니 온 나라 안에 가득 퍼졌다. 꿈에서 깨어나 동생에게 꿈 이야기를 하니, 동생이 웃으면서 말하였다.
"내가 언니의 꿈을 사고 싶다."
그래서 비단치마 한 벌을 주어 꿈값을 치렀다.
며칠 뒤 유신이 춘추공과 축국(蹴鞠)을 하다가 그만 춘추의 옷고름을 밟아 떼었다. 유신이 "우리 집이 다행히 가까이 있으니 청컨대 가서 옷고름을 답시다"라고 하여 함께 집으로 갔다. 술상을 차려 놓고 조용히 보희(寶姬)를 불러 바늘과 실을 가지고 와서 옷고름을 달게 하였다. 그의 언니는 무슨 일이 있어 나오지 못하고, 동생이 나와서 꿰매어 주었다. 옅은 화장과 산뜻한 옷자림에 빛나는 어여쁨이 눈부실 정도였다. 춘추가 보고 기뻐하여 혼인을 청하고 예식을 치렀다. 곧 임신하여 아들을 낳으니 그가 법민이다. 왕비는 자의왕후(慈儀王后)로 파진찬 선품(善品)의 딸이다.

법민은 용모가 영특하고, 총명하며 지략이 많았다. 영휘(永徽) 초에

우금산성 백제 멸망 후 복신 등 백제 부흥군이 최후의 항전을 벌이며 문무왕을 괴롭혔던 곳이다. 사진은 주류성으로 추정되는 우금산성으로 전북 부안군 상서면 감교리에 있다.

당나라에 갔을 때 고종(高宗)이 태부경(太府卿)의 관작을 주었다. 태종 원년에 파진찬으로 병부령이 되었다가 얼마 후 태자가 되었다. 현경(顯慶) 5년(660)에 태종이 당나라 장수 소정방과 함께 백제를 평정할 때 법민이 종군하여 큰 공을 세웠다.

부여 융과 화친하다

가을 8월에 왕이 칙사 유인원, 웅진도독 부여 융과 함께 웅진 취리산(就利山)에서 맹약을 맺었다. 일찍이 백제는 부여장(扶餘璋: 무왕) 때부터 고구려와 화친을 맺고 우리 영토를 자주 침범하였으므로, 우리가 당나라에 사신을 보내 조공하고 구원을 청한 것이 길에 이어졌다. 소정방이 이미 백제를 평정하고 군대가 돌아가자 남은 무리들이 또다시 반란을 일으켰다. 왕은 진수사(鎭守使) 유인원, 유인궤 등과 함께 여러 해 동안 경략하여 점차 안정이 되었다. 당 고종이 부여 융에게 조칙을 내려, 귀국하여 남은 무리를 무마하고 우리와 화친하라고 하였다.

이때 흰 말을 잡아 맹세하였는데, 먼저 하늘과 땅의 신 그리고 내와 골짜기 신에게 제사지낸 후 그 피를 마셨다. 그 맹세문은 다음과 같다.

"지난날 백제의 앞 임금은 반역과 순종의 이치에 어두워 이웃나라와 사이좋게 지내지 못하였고 인척 간에 화목하지 못하였다. 고구려와 결탁하고 왜국과 서로 통하여 함께 잔인함과 포악함을 일삼아 신라를 침략하여 고을을 겁탈하고 성을 도륙하여 거의 편안한 날이 없었다.

천자께서 물건 하나라도 제자리를 잡지 못하는 것을 딱하게 여기시고 죄없는 백성들을 불쌍히 여기시어 자주 사신을 보내 사이좋게 지내도록 하였다. 백제는 그 지리의 험준함과 길이 먼 것을 믿고 천자의 가르침을 오만하게 업신여겼다. 황제께서 크게 노하여 삼가 죄를 묻고 정벌을 단행하였으니, 군사들의 깃발이 나가는 곳마다 한 번 싸움으로 크게 평정되었다.

진실로 궁궐을 늪으로 만들고 집을 연못으로 만들어, 후세의 경계로 삼고 근원을 막고 뿌리를 뽑아 후손들에 가르침을 보였어야 마땅하였다. 그러나 복종하는 자를 받아들이고 배반하는 자를 정벌하는 것은 선왕의 아름다운 법노요, 망한 것을 다시 일으키고 넓어진 것을 이어주는 것은 옛 성현들의 공통된 가르침이다.

일은 반드시 옛 것을 본받아야 함은, 옛 책에 전해지고 있다. 그러한 까닭에 전 백제 대사가정경(大司稼正卿) 부여 융을 웅진도독으로 삼아 조상의 제사를 지키고 그 옛 땅을 보전하게 하니, 신라에 의지하고 기대어 길이 우방으로 삼을 것이다. 각기 지난날의 묵은 감정을 풀고 화친을 맺고 각각 천자의 명을 받들어 영원히 번국으로서 복종해야 할 것이다.

이에 사신 우위위장군(右威衛將軍) 노성현공(魯城縣公) 유인원을 보내 친히 참석하여 권유하고 천자의 뜻을 선포하니, 두 나라는 혼인을 약속하고 맹세를 거듭하며 희생을 잡아 피를 마시고 처음부터 끝까지 함께 친목하여 재앙을 서로 나누고 어려움에 서로 도와 은의를 형제처럼 해야 할 것이다.

황제의 말씀을 공손히 받들어 감히 어기지 말 것이며, 이미 맹세한 뒤에는 다함께 변함없이 지켜야 한다. 만약 맹세를 어기고 뜻을 달리하여 군사를 일으키고 무리를 움직여 변경을 침범한다면, 밝으신 신이 살펴보시고 온갖 재앙을 내리셔서 자손을 기르지 못하고 사직을 지키지 못하며 제사가 끊어져 후손이 없도록 할 것이다. 그러므로 금가루로 쓴 증표를 종묘에 간직하여 자손만대에 감히 어기지 말지어다. 신이시여, 이 말을 들으시고 흠향하시고 복을 내려 주소서!"

이것은 유인궤가 지은 글이다. 피를 마신 다음 희생과 예물을 제단의 북쪽 땅에 묻고, 그 글을 우리 종묘에 간직하였다. 이에 유인궤는 우리 사신과 백제, 탐라, 왜 네 나라의 사신을 거느리고 바다를 건너 서쪽으로 돌아가 태산의 제사에 참석하였다. 왕자 정명(政明)을 태자로 삼고 크게 사면하였다.

끝내 재주를 드러내지 않은 신라의 병기 기술자

겨울에 당나라 사신이 도착하여 조서를 전하고 쇠뇌 기술자 사찬 구진천(仇珍川)과 함께 돌아갔다. 당에서 그에게 나무 쇠뇌를 만들게 하여 화살을 쏘았는데 30보 나갔다. 황제가 그에게 물었다.

"내가 듣기에 너희 나라에서 쇠뇌를 만들어 쏘면 1,000보를 나간다고 하는데, 지금은 겨우 30보밖에 나가지 않으니 어찌된 일이냐?"

안압지 『삼국사기』 문무왕 14년조를 보면 궁궐 안에 연못을 파고 산을 만들어 화초를 심고 진기한 짐승을 길 렀다고 나오는데, 안압지는 그때 판 못으로 추정되고 있다.

구진천이 대답하였다.

"재목이 좋지 못해서 그렇습니다. 만약 우리나라에서 나무를 가져온다면 그것을 만들 수 있습니다."

이에 황제가 사신을 보내 재목을 구하자 (신라는) 곧 대나마 복한(福漢)을 보내 나무를 바쳤다. 다시 만들게 하여 쏘았는데 60보를 나갔다. 그 까닭을 물으니 대답하였다.

"신도 역시 그 까닭을 모르겠습니다. 아마 바다를 건너는 동안 나무에 습기가 스며들었기 때문이 아닌가 합니다."

천자는 그가 일부러 제대로 만들지 않았다고 생각하고 무거운 벌로 위협하였으나 끝내 자기의 재주를 다 드러내지 않았다.

당나라와 여덟 번 싸워 이기다

14년(674) 봄 정월에 당나라에 들어가 숙위하던 대나마 덕복(德福)이 역술(曆術)을 배워 돌아와 새 역법으로 고쳐 사용하였다. 왕이 고구려의 배반한 무리를 받아들이고 또 백제의 옛 땅을 차지하고 사람을 시켜 지키게 하니, 당나라 고종이 크게 화를 내어 조서로 왕의 책봉을 깎아 없앴다.

왕의 동생 우효위원외대장군(右驍衛員外大將軍) 임해군공(臨海郡公) 김인문이 당의 서울에 있어, 그를 신라 왕으로 삼아 귀국하게 하고 좌서자동중서문하삼품(左庶子同中書門下三品) 유인궤(劉仁軌)를 계림도 대총관으로 삼고, 위위경(衛尉卿) 이필(李弼), 우령군대장군(右領軍大將軍) 이근행으로 보좌하게 하여 군사를 일으켜 공격해 왔다.

2월에 궁궐 안에 연못을 파고 산을 만들어 화초를 심고 진기한 새와 짐승을 길렀다. 가을 7월에 큰 바람이 불어 황룡사 불전을 무너뜨렸다. 8월에 서형산 아래에서 군대를 크게 사열하였다. 9월에 의안법사(義安法師)를 대서성(大書省) 정관으로 삼고 안승을 보덕왕(報德王)으로 봉하였다(문무왕 10년에 안승을 고구려 왕으로 봉하였는데, 지금 다시 봉한 것이다. 보덕이란 말이 귀순한다는 말과 같은 뜻인지 혹은 땅 이름인지 모르겠다). 영묘사 앞 길에 나아가 군대를 사열하고, 아찬 설수진(薛秀眞)의 육진병법(六陣兵法)을 관람하였다.

15년(675) 봄 정월에 구리로 각 관청 및 주·군의 인장을 만들어 나누어 주었다. 2월에 유인궤가 칠중성에서 우리 군사를 깨뜨렸다. 인궤는 군사를 이끌고 돌아가고, 조칙으로 이근행을 안동진무대사(安東鎭撫大使)로 삼아 경략하게 하였다. 그래서 왕은 사신을 보내 조공하고 사죄하니 황제가 용서하고 왕의 관작을 회복시켜 주었다. 김인문은 중간에서 당으로 되돌아갔는데, 그를 임해군공으로 고쳐 봉하였다.

그러나 백제 땅을 많이 빼앗아 드디어 고구려 남쪽 경계 지역에 이르기까지 주와 군으로 삼았다. 당나라 군사가 거란·말갈 군사와 함께 침략해 온다는 말을 듣고 아홉 부대의 군사를 내어 그것에 대비하였다.

가을 9월에 설인귀가 숙위학생 풍훈(風訓)의 아버지 김진주(金眞珠)가 본국에서 처형당한 것을 이용하여 풍훈을 이끌어 길잡이로 삼아 천성(泉城 : 백수성과 동일 지명으로 경기 파주시 교하면)을 쳐들어 왔다.

우리의 장군 문훈(文訓) 등이 맞아 싸워 이겨서 1,400명을 목베고 병선 40척을 빼앗았으며, 설인귀가 포위를 풀고 도망해 전마 1,000필을 얻었다. 29일에 이근행이 군사 20만 명을 거느리고 매초성(買肖城)에 주둔하였는데, 우리 군사가 공격하여 쫓고 말 3만 380필을 얻었으며 그 밖의 병기도 이만큼 되었다. 사신을 당에 보내 토산물을 바쳤다. 안북하(安北河)를 따라 관(關)과 성을 설치하고 또 철관성(鐵關城 : 함남 문천면 덕원면)을 쌓았다.

말갈이 아달성(阿達城 : 북한 강원 철원군 철원읍)에 침입하여 노략질하자 성주 소나(素那)가 맞아 싸우다 죽었다. 당나라 군사가 거란·말갈 군사와 함께 와서 칠중성을 에워쌌으나 이기지 못하였는데, 소수(小守) 유동(儒冬)이 전사하였다. 말갈이 또 적목성(赤木城 : 강원 회양면 난곡면)을 에워싸 멸하였다. 현령 탈기(脫起)가 백성을 거느리고 대항하여 싸우다가 힘이 다하여 모두 죽었다. 당나라 군사가 다시 석현성(石峴城)을 포위하여 함락시켰는데, 현령 선백(仙伯)과 실모(悉毛) 등이 힘껏 싸우다가 죽었다. 이후 우리 군사가 당나라 군사와 열여덟 번의 크고 작은 싸움에서 모두 이겨서 6,047명을 목베고 말 200필을 얻었다.

보덕왕 안승에게 누이동생을 시집보내다

20년(680) 봄 2월에 이찬 김군관(金軍官)을 상대등으로 삼았다. 3월에 금은으로 만든 그릇과 여러 가지 채색 비단 100단을 보덕왕 안승에게 내려 주고 왕의 여동생―또는 잡찬 김의관(金義官)의 딸이라고도 하였다―을 아내로 삼게 하였다. 그리고 다음과 같은 교서를 내렸다.

"인륜의 근본은 부부가 무엇보다 우선이고, 왕의 교화의 기틀은 후손을 잇는 것이 가장 중요하다. 왕의 왕비 자리가 비어 있어 닭이 울었음을 일러 줄 아내 얻을 생각이 있을 것이고, 안에서 도와 줄 배필의 자리를 오래 비워 두어 길이 집안을 일으킬 사업을 잃어서는 안 될 것이다.

지금 좋은 때 좋은 날에 옛 법도를 따라 내 누이로 배필을 삼게 하니 왕은 마땅히 마음과 뜻을 함께 돈독히 하여 조상의 제사를 받들고 자손이 무성하게 하여 길이 반석같이 번창한다면 어찌 장한 일이 아니며 어찌 아름다운 일이 아니겠는가?"

여름 5월에 고구려 왕이 대장군 연무(延武) 등을 보내 표를 올려 말하였다.

"신 안승은 말씀을 올립니다. 대아찬 김관장(金官長)이 이르러 교지를 받들어 선포하고 아울러 교서를 내려, 생질을 저의 안주인으로 삼으라 하셨습니다. 이윽고 4월 15일에 이 곳에 이르렀으니 기쁨과 두려움이 마음속에 엇갈려 어찌할 바를 모르겠습니다.

생각건대 요임금은 딸을 규(嬀) 땅의 순(舜)에게 시집보내고, 주나라의 왕이 공주를 제나라에 시집보낸 것은 본래 신성한 덕을 드러내어 평범한 사람이라도 관계치 않은 것입니다. 그러나 신은 원래 용렬한 부류로 행동과 재능이 이렇다 할 것이 하나도 없었습니다. 다행히 좋은 운수를 만나 성인의 교화에 젖게 되었고 매번 특별한 은택을 받았으니, 은혜를 갚고자 해도 갚을 길이 없었습니다.

그럼에도 거듭 대왕의 총애를 입어 대왕의 인척을 내려 주었습니다. 마침내 무성한 꽃이 경사를 표하고 정숙하고 화목한 덕을 갖추어 좋은 달 좋은 때에 저의 집에 시집온다고 하니, 억만 년에 만나기 힘든 행운을 하루아침에 얻었습니다. 처음에 바라지 못했던 일이고 뜻밖의 기쁨입니다. 어찌 한두 사람의 부형만이 실로 그러한 이 은혜를 받겠습니까? 선조 이하가 다 기뻐할 일인 것입니다. 저는 아직 교지를 받지 못하여 직접 찾아뵙지 못하지만 지극한 기쁨을 어찌할 수 없어 삼가 대장군

문무대왕릉 경북 경주시 양북면 봉길리 앞바다에 있는 문무왕의 수중릉. 대왕암이라고도 한다.

태대형 연무를 보내 표를 올려 아룁니다."

죽어서도 나라를 걱정하다

가을 7월 1일에 왕이 죽었다. 시호를 문무(文武)라 하고 여러 신하들이 유언에 따라 동해 어귀 큰 바위 위에 장사지냈다. 민간에서 전하기를, 왕이 화(化)하여 용이 되었다 하고 또 그 바위를 가리켜 대왕석(大王石)이라 한다. 왕의 유조(遺詔)는 다음과 같다.

"과인은 나라의 운이 어지럽고 싸움의 때를 당하여 서쪽을 정벌하고 북쪽을 토벌하여 영토를 안정시켰고, 배반하는 무리를 치고 협조하는 무리를 불러들여 멀고 가까운 곳을 모두 평안케 하였다.

위로는 조상들의 남기신 염려를 안심시켰고 아래로는 부자의 오랜

이견대 문무대왕릉이 바라보이는 북쪽 언덕 위에 세워진 것으로 신문왕은 이 곳에서 문무대왕릉을 망배하였다고 전한다.

원수를 갚았으며, 살아남은 사람과 죽은 사람에게 상을 두루 주었고, 벼슬을 터서 중앙과 지방에 있는 사람들에게 균등하게 하였다. 무기를 녹여 농기구를 만들었으며 백성을 어질고 장수하는 땅으로 이끌었다.

세금을 가볍게 하고 요역을 덜어 주니 집집이 넉넉하고 백성들이 풍요하며 민간은 안정되고 나라 안에 근심이 없게 되었다. 곳간에는 곡식이 산언덕처럼 쌓여 있고 감옥은 풀이 무성하게 되니, 신과 인간 모두에 부끄럽지 않고 관리와 백성의 뜻을 저버리지 않았다고 말할 만하다.

스스로 온갖 어려운 고생을 무릅쓰다가 마침내 고치기 어려운 병에 걸렸고, 정치와 교화에 근심하고 힘쓰느라 더욱 심한 병이 되었다. 목숨은 가고 이름만 남는 것은 예나 지금이나 마찬가지이니 홀연히 긴 밤(죽음)으로 돌아가는 것이 어찌 한스러움이 있겠는가?

감은사 문무왕의 아들 신문왕이 부왕의 유지를 받들어 만들었다는 절이다. 용이 된 문무왕이 조수를 따라 금당까지 드나들 수 있게 하기 위해 이 절의 금당 밑에 동해로 통하는 구멍을 뚫어 놓았다.

    태자는 일찍이 밝은 덕을 쌓았고 오랫동안 태자의 자리에 있었으니, 위로는 여러 재상에서 아래로는 뭇 관원들에 이르기까지 죽은 사람을 보내는 도리를 어기지 말고 살아 있는 이 섬기는 예의를 빠뜨리지 말라. 종묘의 주인은 잠시도 비워서는 안 되니 태자는 곧 관 앞에서 왕위를 잇도록 하라.

    또 산과 골짜기는 변하여 바뀌고 사람의 세대도 바뀌어 옮아가니, 오나라 왕의 북산(北山) 무덤에서 어찌 금으로 만든 물오리 모양의 빛나는 향로를 볼 수 있을 것이며 위(魏)나라 인근이 묻힌 서릉(西陵)의 망루는 단지 동작(銅雀)이라는 이름만을 전할 뿐이다. 지난날 만사를 처리하던 영웅도 마침내는 한 무더기의 흙이 되어, 나무꾼과 목동은 그 위에서 노래하고 여우와 토끼는 그 옆에 굴을 판다. 헛되이 재물을 쓰는 것은 서책에 꾸짖음만 남길 뿐이요, 헛되이 사람을 수고롭게 하는 것은 죽은 사람의 넋을 구원하는 것이 못 된다. 가만히 생각하면 슬프고 애통함이 끝이 없을 것이나, 이와 같은 일은 즐거이 행할 바가 아니다.

　죽고 나서 열흘이 지나면 곧 궁궐의 문 바깥의 뜰에서 서국(西國)의 의식에 따라 화장하라. 상복을 입는 등급은 정해진 규정이 있거니와 장례 치르는 제도는 검소하고 간략하게 하는 데 힘쓰라. 변경의 성과 진을 지키는 일과 주와 현의 세금 징수는 긴요한 것이 아니면 마땅히 모두 헤아려 폐지하고 율령격식(律令格式)에 불편한 것이 있으면 곧 고치도록 하라. 멀고 가까운 곳에 널리 알려 이 뜻을 알도록 할 것이며 주관하는 이는 시행하도록 하라."

-『삼국사기』권6~7, 신라 본기 6~7

미륵불인가, 포악한 군주인가
궁예

궁예(弓裔)는 신라 사람으로 성은 김씨이다. 아버지는 제47대 헌안왕 의정(誼靖)이며, 어머니는 헌안왕의 후궁이었는데, 그 성과 이름은 전하지 않는다. 또는 48대 경문왕 응렴(膺廉)의 아들이라고도 한다.

버림받은 왕손
5월 5일에 외갓집에서 태어났는데, 그때 지붕 위에 흰 빛이 긴 무지개처럼 위로 하늘에까지 뻗쳤다. 일관(日官)이 아뢰었다.

"이 아이는 중오일(重午日)에 출생하였고 나면서 이가 나고, 또 햇빛이 이상하니 아마 장차 국가에 이롭지 못할 것이오니 이 아이를 키워서는 아니 될 것입니다."

왕이 궁중의 사람을 시켜 그 집에 가서 아이를 죽이게 하였다. 그 사람이 포대기에서 그 아이를 꺼내 처마 아래로 던졌는데 유모인 여자 종이 몰래 받다가 실수하여 손가락으로 눈을 찔러 한쪽 눈이 멀었다. 이를 안고 도망을 가 힘들고 고생스럽게 길렀다. 나이가 십여 세가 되도 놀기만 하였으므로 그 유모가 말하였다.

"자네가 태어나 나라에서 버림을 받았는데, 내가 차마 어떻게 하지 못하여 몰래 길러 오늘에 이르렀다. 자네의 경망함이 이와 같으니 반드시 남에게 알려질 것이다. 그렇게 되면 나와 자네는 함께 죽음을 면할

법흥사 궁예가 입산수도를 위해 들어가 중이 되었다는 세달사는 고려시대에 흥교사로 일컬어졌는데, 그 위치는 경기 풍덕과 강원 영월이 거론되었다. 현재는 강원 영월의 흥교사로 추정하고 있는데 지금은 법흥사로 개칭하였다.

수 없을 것이니 어찌하면 좋겠는가?"

궁예가 울면서 말하였다.

"만약 그렇다면 내가 떠나 어머니에게 걱정을 끼쳐 드리지 않겠습니다."

그리고는 세달사(世達寺: 통일신라시대 강원 영월에 세워졌던 사찰)로 떠나갔다. 그 절은 지금(고려)의 흥교사(興敎寺: 강원 영월 법흥사)이다.

궁예는 머리를 깎고 중이 되어 스스로 선종(善宗)이라 개명하였다. 장년이 되자 승려의 계율에 구속을 받지 않았으며, 헌출하여 담력이 있었다. 일찍이 재(齋)에 참석하려고 가는 길에 까마귀가 입에 물었던 물건을 들고 있는 바리때에 떨어뜨렸다. 들여다보니 상아로 만든 첨대에 '임금 왕' 자가 쓰여 있어 이를 숨기고 말을 하지 않았으나 자못 의기양양하였다.

무리를 모아 뜻을 펴다

신라가 쇠약하여진 말기에 정치가 잘못되고 백성이 흩어져 왕기(王畿: 수도 및 그 근교 지역) 밖의 주와 현들 중에 반란 세력에 따라붙는 곳이 거의 반에 이르고 먼 곳과 가까운 곳에서 뭇 도적이 벌 떼처럼 일어나 그 아래 백성이 개미처럼 모여드는 것을 보고 선종은 이런 혼란기에 무리를 모으면 자신의 뜻을 이룰 수 있다고 생각하여 진성왕 즉위 5년 즉 대순 2년 신해년(891)에 죽주(竹州: 경기 안성시 이죽면 일대)의 도적 괴수 기훤(箕萱)에게 의탁하였다. 기훤이 얕보고 거만하여 예로 대접하지 않자, 선종은 속이 답답하고 불안하여 기훤의 휘하에 있었던 원회(元會), 신훤(申煊)과 몰래 결합하여 벗으로 삼았다.

경복(景福) 원년 임자년(892)에 북원(北原: 강원 원주시)의 도적 양길(梁吉)에게 의탁하니 양길이 잘 대우하여 일을 맡기고 드디어 병사를 주어 동쪽으로 땅을 점령하도록 하였다. 이에 선종은 치악산의 석남사(石南寺)에 머물면서 주천(酒泉: 강원 영월군 주천면), 나성(奈城: 강원 영월군), 울오(鬱烏: 강원 평창군), 어진(御珍: 경북 울진군 울진읍) 등의 고을을 습격하여 모두 항복시켰다.

건녕 원년(894)에 명주(溟州: 강원 강릉)에 들어가 거느린 무리 3,500명을 14개의 부대로 편성하고 금대(金大)·검모(黔毛)·흔장(昕長)·귀평(貴平)·장일(張一) 등을 사상(舍上: 부대장)으로 삼아 병졸과 더불어 어려움과 편함을 함께 하였다. 관직을 주고 뺏음을 공정하게 하여 사사로움이 없게 하였다. 이로써 뭇 사람의 마음이 선종을 두려워하고 사랑하고 추대하여 장군이 되었다.

이에 저족(猪足: 강원 인제군 인제읍), 성천(狌川: 강원 화천군 화천읍), 부약(夫若: 강원 철원군 금화읍), 금성(金城: 철원의 휴천선 일대), 철원(鐵圓) 등의 성을 격파하니 군세가 매우 불어났다. 패서(浿西: 황해 일대)의 도적 중에도 와서 항복하는 자가 매우 많았다.

고려를 세우고 왕위에 오르다

선종이 자기의 무리가 많아졌으므로 나라를 세워 임금을 칭할 수 있다고 생각하여 내외의 관직을 마련하였다. 우리 태조(왕건)는 송악군에서 의탁해 왔는데 곧바로 철원군 태수의 관직을 주었다. 3년 병진(896)에 승령현(僧嶺縣: 경기 연천군 인목면)과 임강현(臨江縣: 황해 장단군 강상면 임강리) 두 고을을 공격하여 취하고 4년 정사(897)에 인물현(仁物縣: 경기 개풍군 봉동면)이 투항하였다.

선종은 송악군이 한강 이북의 유명한 군으로 산수가 기이하고 아름답다고 생각하여 이 곳을 도읍으로 삼고 공암(孔巖: 서울 강서구 가양동)과 검포(黔浦: 경기 김포군 김포읍), 혈구(穴口: 인천 강화읍) 등의 성을 공격하여 함락시켰다. 그때 양길은 북원에 있으면서 국원(國原: 충북 충주시) 등 30여 성을 차지하고 있었는데, 선종이 차지한 땅이 넓고 백성이 많다는 소식을 듣고 크게 노하여 30여 성의 강한 군사로 습격하고자 하니 선종이 이를 미리 알아채고 먼저 공격하여 크게 승리하여 물리쳤다.

광화(光化) 원년 무오(898) 봄 2월에 송악의 성을 수리하고 우리 태조를 정기대감(精騎大監)으로 삼아 양주(楊州: 서울 성문 안)와 견주(見州: 경기 양주군 주내면)를 치게 하였다. 겨울 11월에 처음으로 팔관회를 베풀었다. 3년 경신(899)에 다시 태조에게 명하여 광주(廣州), 충주, 당성(唐城: 경기 화성군 남양면), 청주(靑州: 충북 괴산군 청천면, 또는 청천(靑川)이라고도 하였다), 괴양(槐壤: 충북 괴산군)을 치게 하여 모두 평정하니 그 공으로 태조에게 아찬의 직위를 주었다.

신라에 대한 원한

천복(天復) 원년 신유(901)에 선종은 스스로 왕이라 칭하고* 사람들에게 말하였다.

"지난날 신라가 당나라에 군사를 청하여 고구려를 멸하였으므로 평양의 옛 도읍이 무성한 잡초로 꽉 차 있으니 내 반드시 그 원수를 갚겠다!"

아마 이는 출생 시에 버림받은 것을 원망하여 이런 말을 한 듯하다. 일찍이 남쪽으로 순행할 때 흥주(興州: 경북 영주시 순흥면) 부석사에 이르러 벽에 그려져 있는 신라 왕의 화상을 보고 칼을 뽑아 찔렀다. 그 칼자국이 지금도 남아 있다.

천우(天祐) 원년 갑자(904)에 국호를 마진(摩震)이라 하고 연호를 무태(武泰)라 하였다. 광평성(廣評省)을 설치하여 광치나(匡治奈: 고려의 시중), 서사(徐事: 고려의 시랑), 외서(外書: 고려의 원외랑) 등을 두었다.

가을 7월 청주 사람 1,000호를 철원성으로 옮겨 서울로 삼았다. 상주 등 30여 주현을 쳐서 취하였다. 공주장군 홍기(弘奇)가 항복해 왔다. 천우 2년 을축(905)에 새 서울에 들어가 대궐과 누대(樓臺)를 수리하였는데 극히 사치롭게 하였다. (연호) 무태를 성책(聖冊)으로 바꾸어 원년으로 하였다. 패서 지방을 13진으로 나누어 정하였다.

평양성주 장군 검용(黔用)이 항복하였고, 증성(甑城: 평남 강서군 증산)의 적의(赤衣), 황의(黃衣)의 도적 명귀(明貴) 등이 복속하여 오자 선종은 강성해졌다고 자만하게 되었다. 이어 신라를 병탄하고자 나라 사람들로 하여금 신라의 경주를 멸도(滅都)라고 부르게 하였고 신라에서 오는 자는 모두 죽여 버렸다.

주량(朱梁) 건화(乾化) 원년 신미(911)에 연호 성책을 수덕만세(水德萬歲)로 바꾸어 원년으로 하고, 국호를 태봉으로 고쳤다. 태조로 하여금 군사를 거느리고 금성(錦城: 전남 나주시) 등을 치게 하였다. 금성을 나주로 개칭하고 그 공을 논하여 태조를 대아찬 장군으로 삼았다.

---

*개국칭군: 『삼국사기』는 국호를 기록하고 있지 않으나 『삼국유사』 왕력(王曆)에 따르면 이 해에 국호를 '고려(高麗)'로 칭하였음을 알 수 있다. 이는 고구려 후기 국호를 그대로 계승하여 사용한 것이다. 그러나 국호를 정한 해는 이보다 앞선 895년 '개국칭군' 하였다는 기록이 보이는 때로 생각한다.

미륵불을 자칭하다

　선종이 미륵불을 자칭하고 머리에 금관을 쓰고 몸에 가사를 입었다. 큰아들을 청광보살(青光菩薩), 막내아들을 신광보살(神光菩薩)로 삼았다. 외출할 때는 항상 흰 말을 탔는데 말갈기와 꼬리를 고운 비단으로 장식하였으며 소년과 소녀로 하여금 깃발, 일산과 향기로운 꽃을 들고 앞에서 인도하게 하였고 비구 승려 200여 명을 시켜 범패를 부르며 뒤를 따르게 하였다.

　또 스스로 불교 경전 20여 권을 지었는데, 그 말이 요망하여 모두 바른말이 아니었으며, 때때로 반듯하게 앉아 불법을 강설하였다. 중 석총(釋聰)이 이를 평하였다.

　"모두 사특한 설, 괴이한 말로 교훈이 될 수 없다."

　선종이 이를 듣고 노하여 철퇴로 쳐서 죽였다.

　건화 3년 계유(913)에 태조를 파진찬으로 승급시켜 시중으로 삼았다. 건화 4년 갑술(914)에 (연호) 수덕만세를 정개(政開)로 바꿔 원년을 칭하였고, 태조를 백선장군(百船將軍)으로 삼았다.

　정명(貞明) 원년(915)에 부인 강(康)씨가 왕이 옳지 않은 법을 많이 행하자 정색으로 간하였다. 이에 왕이 미워하여 말하였다.

　"네가 다른 사람과 간통하고 있다니 어찌된 일인가?"

　"어찌 이런 일이 있겠습니까?"

　강씨가 이렇게 말하였다.

　왕이 "나는 신통력으로 보아 안다" 하고는 뜨거운 불에 쇠 절구공이를 다려서 그 음부를 쳐서 죽였다. 그 두 아들도 이후 더욱 의심을 많이 하고 성을 급하게 내니 모든 관료, 장수, 아전들 및 아래로 백성에 이르기까지 죄 없이 죽음을 당하는 경우가 자주 있었고, 부양(斧壤), 철원 사람들은 그 해독을 견딜 수가 없었다.

거울에 쓰인 예언

이보다 앞서 상인 왕창근(王昌瑾)이 당나라에서 와 철원의 시전에 임시 거처하고 있었다. 정명 4년 무인년(918)에 저자에서 모습이 걸출하게 크고 머리카락이 온통 희며 옛 의관을 입은 사람을 보았다. 그는 왼손에는 옹기 사발을 들고 오른손에는 옛 거울을 가지고 있었는데, 창근에게 "내 거울을 사겠는가?"라고 하였다.

창근이 곧 쌀을 주고 바꾸었다. 그 사람은 받은 쌀을 거리의 거지들에게 나누어 주고, 그 후로 간 곳을 알 수가 없었다. 창근이 거울을 벽 위에 걸어 두니 햇빛이 거울에 비치자 가늘게 쓴 글자가 있었다. 이를 읽어 보니 옛 시 같은데, 그 대강은 다음과 같았다.

"상제(上帝)가 진마(辰馬)에 아들을 내리니 먼저 닭을 붙들고 후에 오리를 잡을 것이다. 사년(巳年) 중에 두 마리의 용이 나타나 한 마리는 청목(靑木) 중에 움츠리고 한 마리는 흑금(黑金)의 동쪽에 나타날 것이다."

창근이 처음에는 글자가 있는 것을 알지 못하였다가 이를 발견하고 보통 것이 아니라 하여 왕에게 이를 아뢰었다. 왕은 담당 관청에 명하여 창근과 더불어 그 원래 거울 주인을 찾도록 하였는데, 찾지 못하고 오직 발삽사(勃颯寺) 불당에 서 있는 진성(鎭星)의 소상(塑像)이 그 사람과 같았다. 왕이 한참 동안 이상하다고 여기다가 문인 송함홍(宋含弘)·백탁(白卓)·허원(許原) 등에게 명하여 이를 해석하도록 하였다. 함홍 등이 서로 말하였다.

"상제가 아들을 진마에 내렸다는 구절에서 진마는 진한과 마한을 말하고, 두 용이 나타나 한 마리는 청목에 감추었고 한 마리는 흑금에 나타났다는 구절에서 푸른 나무는 송(松)이니 송악군 출신으로 용자를 이름으로 하고 있는 사람의 자손이니, 지금 파진찬 시중을 가리킴일 것이며, 검은 쇠는 철이니 지금 도읍한 철원을 말함이다. 지금 임금이 처음 이 곳에서 일어났으나 마침내 이 곳에서 멸망할 징조이다. 먼저 닭을 잡고 후에 오리를 잡는다는 것은 파진찬 시중이 먼저 계림을 얻고 후에

명성산 경기 포천군 영북면에 위치한 산정호수 북쪽으로 궁예의 만년을 슬퍼하며 산새들이 울었다 하여 붙여진 명성산(鳴聲山)이 있다.

압록을 수복한다는 뜻이다."

그러나 송함홍 등이 서로 일러 말하였다.

"지금 임금은 잔학하고 난폭하기가 이와 같았다. 우리들이 만일 이를 사실대로 아뢰었다가는 우리들이 소금에 절여지는 신세가 될 뿐만 아니라 파진찬도 반드시 해를 당하게 될 것이다."

그리고 꾸며서 거짓으로 아뢰었다. 왕이 흉악함과 잔학함을 거리낌 없이 하자 신료들이 크게 두려워 어찌 할 바를 몰랐다.

왕건에 의해 폐위되다

여름 6월 장군 홍술(弘述)·백옥(白玉)·삼능산(三能山)·복사귀(卜沙貴)—이는 홍유(洪儒)·배현경(裵玄慶)·신숭겸(申崇謙)·복지겸(卜知謙)의 어릴 때 이름이다—네 사람이 몰래 모의하고 밤중에 태조의 집에 찾아가 말하였다.

"지금 임금은 음란한 형벌을 마음대로 써서 자신의 처자를 살육하고 신료를 목베며, 백성을 도탄에 빠뜨려 살아갈 길이 막연합니다. 예부터 어리석은 임금을 폐위시키고 지혜가 밝은 임금을 세우는 것은 천하의 큰 의리입니다. 청컨대 공은 탕왕과 무왕의 일을 행하십시오!"

이에 태조는 얼굴빛을 붉히며 거절하면서 말하였다.

"나는 충성스럽고 순박하다고 스스로 믿어 왔는데 지금 비록 포악하고 난폭하다고 하여 감히 두 마음을 가질 수 없다. 대저 신하로서 임금을 교체하는 것은 이른바 혁명이라고 하는데 나는 실로 덕이 없어 감히 은나라, 주나라 건국자의 일을 본뜰 수가 없다."

여러 장수들이 말하였다.

"때는 두 번 오지 않습니다. 이런 때를 만나기는 어렵고 기회를 잃기는 쉽습니다. 하늘이 주는데도 취하지 않으면 도리어 그 재앙을 받는 법입니다. 지금 정치가 어지럽고 나라가 위태로우며, 백성들이 모두 왕을 미워하기를 원수같이 하니, 지금 덕망이 공보다 더할 사람이 없습니다. 하물며 왕창근이 얻은 거울의 글이 저와 같은데 어찌 가히 가만히 엎드려 있다가 포악한 군주의 손에 죽음을 당하리오?"

부인 유(柳)씨가 여러 장수들의 주장을 듣고 나서 이에 태조에게 말하였다.

"어진 이가 어질지 못한 사람을 치는 것은 예부터 그런 것이요, 지금 뭇 사람의 논의를 들으니 여자인 저도 오히려 분함이 생기는데 하물며 대장부야 말할 것이 있겠습니까? 지금 뭇 사람의 마음이 문득 변하였으니 천명이 돌아온 것입니다."

직접 갑옷을 가져다 태조에게 드렸다. 여러 장수들이 태조를 옹위하고 문을 나섰다. 길잡이로 하여금 이렇게 외치게 하였다.

"왕공께서 이미 의로운 깃발을 들었다!"

이에 앞뒤에서 분주하게 달려와 따르는 자가 헤아릴 수 없이 많았다.

또 먼저 궁성의 문에 이르러 북을 치고 떠들며 기다리는 사람이 또한 1만 여 명에 달하였다. 왕이 이 소식을 듣고 어찌할 바를 몰라 평복으로 갈아 입고 산속으로 도망쳤으나 곧 부양 백성들에게 살해당하였다. 궁예는 당나라 대순(大順) 2년(891)에 일어나 주량(朱梁) 정명 4년(918)에 이르기까지 28년 만에 망하였다.

―『삼국사기』 권50, 열전 10

[역사 상식]

통일신라 말의 호족은 어떤 사람들이었나?

호족은 신라 하대의 지방 세력을 말한다. 이들은 신라의 중앙 관료들의 관직인 장군, 대감이라는 무관직을 사칭하거나 성주라는 표현을 쓰고 있었다. 조선시대에 지방의 수령을 성주(城主)로 칭한 연원은 삼국시대까지 올라간다. 성이라 함은 당시 군사들이 주둔하던 지역의 거점이었다. 이들은 신라의 중앙 집권력이 약해지자 지방의 군사권과 경제권을 장악하면서 독자적인 세력을 구축하였다.

전국에 이처럼 지방 세력이 난립하는 시기를 호족의 시대라 하며 마지막에는 신라의 경순왕도 경주 지방의 일개 호족으로 전락하였다. 호족들은 아직 씨를 갖지 않았고, 이웃의 강한 세력에 귀부하는 속성이 강하였다. 이들 중 정치적 세력으로 성장한 것이 견훤과 궁예였다. 이들은 연합과 귀부에 의하여 세력을 확대해 갔다.

궁예를 계승한 왕건은 호족 연합정책을 성공적으로 수행한 사람이었다. 그는 귀부해 온 호족을 우대하여 그 지방의 통치권을 인정해 주고, 인질을 받아 귀부의 증거로 확보한 다음 혼인정책에 의하여 관계를 끈끈하게 밀착시켰다.

'고려' 라는 국호에 대해

고려라는 국호는 고구려 후기에 또 궁예, 왕건에 의하여 세 번 사용되었다. 서양에서 우리나라를 '코리아(Korea)' 라고 칭하게 된 것은 고려 때에 예성강 입구 벽란도에 왔던 사라센의 상인에 의하여 서양에 소개되었기 때문이다. 또한 발해도 고려라고 칭한 기록이 『일본서기』에 보이고 있다. 『수서』와 『당서』 등에는 고구려의 역사가 고려전으로 기록되어 있다.

　고구려 왕에 대한 중국의 책봉 기록도 장수왕 이후는 모두 '고려 왕'으로 되어 있으나 『삼국사기』에는 김부식에 의하여 '고구려 왕'으로 고쳐졌다.

자식에게 재앙을 받았으니 누구를 탓하리오
견훤

견훤(甄萱)은 상주(尙州) 가은현(加恩縣: 경북 문경군 가은읍) 사람이다. 본래의 성은 이(李)씨였으나 후에 견(甄)으로 씨(氏)를 삼았다.* 아버지 아자개(阿慈介)는 농사를 지으며 살아오다가 후에 가문을 일으키어 장군이 되었다.

의자왕의 묵은 원한을 씻지 않겠는가

견훤이 어린 아기였을 때 아버지가 들에서 일하면 어머니가 식사를 날라 주었는데, 아이를 나무 수풀 밑에 놓아두면 호랑이가 와서 젖을 먹였다. 시골에서 이 말을 들은 사람들이 기이하게 여겼다. 장성하자 체격과 용모가 크고 우뚝 뛰어났으며, 뜻과 기개가 커서 보통이 아니었다. 군대를 따라 서울에 들어갔다가 서남 해안을 지키러 갔을 때에 창을 베고 자면서 적을 기다렸고 그의 용기는 항상 병졸보다 앞섰으므로 그 공로로 비장(裨將)이 되었다.

당나라 소종(昭宗) 경복(景福) 원년(892) 즉 신라 진성왕 재위 6년에 왕의 총애를 받던 자들이 왕의 옆에 있으면서 정권을 마음대로 휘둘러 기강이 문란하고 해이해졌고, 게다가 기근까지 겹쳐 백성이 떠돌아다니고 뭇 도적이 벌 떼처럼 일어났다.

이에 견훤은 적이 왕위를 엿보는 마음을 가져 무리를 모아 왕경의 서

남쪽 주현(州縣)을 치자 이르는 곳마다 메아리처럼 호응하였다. 한 달 사이에 무리가 5,000명에 이르자 드디어 무진주(武珍州: 광주)를 습격하여 스스로 왕이 되었으나 아직 감히 공공연히 왕을 칭하지 못하고, 신라 서면도통지휘병마제치(西面都統指揮兵馬制置) 지절(持節) 도독전무공등주군사(都督全武公等州軍事) 행전주자사(行全州刺使) 겸 어사중승(御史中丞) 상주국(上柱國) 한남군개국공(漢南郡開國公) 식읍이천호(食邑二千戶)라고 스스로 칭하였다.

이때 북원의 도적 양길이 가장 강성하여 궁예가 스스로 투항하여 그 부하가 되었는데 견훤이 이 소식을 듣고 멀리 양길에게 관직을 주어 비장으로 삼았다. 견훤이 서쪽으로 순행하여 완산주(전북 전주시)에 이르니 그 백성들이 환영하고 위로하였다. 견훤이 인심을 얻은 것을 기뻐하여 좌우에게 말하였다.

"내가 삼국의 시작을 살펴보니, 마한이 먼저 일어나고 후에 혁거세가 발흥하자 진한과 변한이 따라서 일어났다. 이에 백제가 금마산에서 개국하여 600여 년이 되어 총장(總章) 연간에 당나라 고종이 신라의 요청을 들어 장군 소정방을 보내 배에 군사 13만을 싣고 바다를 건너왔고, 신라의 김유신이 잃은 영토를 다시 찾기 위해 황산을 지나 사비에 이르러 당나라군과 합세하여 백제를 멸망시켰다. 내 이제 감히 완산에 도읍하여 의자왕의 묵은 분함을 씻지 않겠는가?"

드디어 후백제 왕을 자칭하고 관직을 마련하니 이때가 당나라 광화(光化) 3년(900)이고 신라 효공왕 4년이었다.

오월(吳越)에 사신을 보내 조공하니 오월 왕이 답하는 사신을 보내 검교태보(檢校太保)의 직을 덧붙여 주었고 나머지 관직은 전과 같았다.

*견훤의 성: 본성은 이씨인데 견씨로 개성(改姓)하였다고 쓰고 있다. 그러나 견훤 자체가 이름일 가능성이 높다. 이를 성으로 볼 수 없는 것은 그의 아들이 이를 계속 사용하지 않았기 때문이다. 이를 성으로 본 것은 김부식의 해석일 것으로 생각한다.

천복(天復) 원년(901) 견훤이 대야성을 공격하였으나 함락시키지 못하였다.

개평(開平) 4년(910) 견훤은 금성(錦城)이 궁예에게 투항한 것에 듣고 노하였다. 견훤은 보병과 기병 3,000명으로 포위 공격해 십여 일이 지나도록 포위를 풀지 않았다. 건화(乾化) 2년(912)에 견훤이 궁예의 군대와 덕진포(德津浦 : 영암 일출산의 서쪽 포구)에서 싸웠다.

정명(貞明) 4년(918) 무인(戊寅)에 수도 철원의 뭇 사람의 마음이 문득 변하여 우리 태조를 추대하여 왕위에 오르게 하였다. 견훤은 이 소식을 듣고 가을 8월에 일길찬 민극(閔郤)을 보내 축하하고 이어 공작선(孔雀扇)과 지리산의 대나무로 만든 화살을 바쳤다. 또 오월에 사신을 통해 말을 보냈다. 오월 왕은 답례의 사신을 보냈고 중대부(中大夫)의 관직을 더하여 주었으며 다른 관직은 이전과 같았다.

고려 태조와의 교전과 화친

6년(920)에 견훤이 보병과 기병 1만 명을 거느리고 대야성을 공격하여 함락시키고, 진례성(進禮城 : 경남 김해군 진예면의 토성)으로 군대를 이동시켰다. 신라 왕이 아찬 김률(金律)을 태조에게 보내 구원을 요청하니 태조가 군대를 출동시켰다. 견훤이 이 소식을 듣고 군대를 이끌고 물러났다.

견훤은 태조와 겉으로는 화친을 맺었으나 속으로는 서로 대립하고 있었다. 동광(同光) 2년(924) 가을 7월에 견훤이 아들 수미강(須彌強)을 보내 대야성과 문소성(聞韶城 : 경북 의성군 금성면) 두 성의 군사를 일으켜 조물성(曹物城 : 경북 선산의 금오산성)을 공격하였으나 성의 사람들이 태조를 위하여 굳게 지키며 싸웠으므로 수미강이 손해를 보고 돌아갔다. 8월에 견훤이 태조에게 사신을 보내 푸른 말을 바쳤다.

3년(925) 겨울 10월에 견훤이 기병 3,000명을 거느리고 조물성에 이르니 태조도 또한 정병을 거느리고 와서 승패를 겨루었다. 그때 견훤의 군사가 대단히 날쌔었으나 승부를 내지 못하였다. 태조는 우선 화친하여 그 군사를 늦히고자 하여 편지를 보내 화친을 청하면서 사촌동생 왕신(王信)을 인질로 보내었더니, 견훤도 사위 진호(眞虎)를 인질로 교환하였다.

12월에 거창 등 20여 성을 공격하여 취하였고 사신을 후당에 보내 제후국을 칭하였다. 후당에서 검교태위(檢校太尉) 겸 시중(侍中) 판백제군사(判百濟軍事)의 직을 책봉하고 그 전대로 지절(持節) 도독전무공등주군사(都督全武公等州軍事) 행전주자사(行全州刺史) 해동사면도통지휘병마제치등사(海東四面都統指揮兵馬制置等事) 백제왕식읍이천오백호 직으로 하였다.

경주에서 신라의 왕을 죽이다

4년(926)에 진호가 갑자기 죽었다. 견훤은 이를 듣고 고의로 죽였다고 의심하여 곧바로 왕신을 감옥에 가두고 또 사람을 시켜 전년에 보낸 푸른 말을 돌려 달라고 청하자 태조가 웃으며 이를 돌려보냈다.

천성(天成) 2년(927) 가을 9월에 견훤이 근품성(近品城: 경북 문경군 산양면 일대)을 공격하여 불태우고 진격하여 신라 고울부(高鬱府: 경북 영천시)를 습격하고 신라 수도의 교외에 가까이 이르니 신라 왕이 태조에게 구원을 청하였다.

겨울 10월에 태조가 군사를 출동시켜 원조하였는데, 견훤이 별안간 신라 서울에 들어갔다. 그때 신라 왕은 부인과 궁녀를 데리고 포석정에 놀러 나와 술을 마시고 즐기고 있었는데, 적병이 이르자 낭패하여 어찌할 바를 몰랐다. 신라 왕은 부인을 데리고 성 남쪽의 별궁으로 돌아갔고, 시종하던 여러 신료와 궁녀, 악사들은 모두 견훤의 침략군에 잡혔다.

견훤이 군대를 풀어 크게 약탈하고 왕을 잡아오게 하여 앞에 이르자

포석정 견훤이 경주를 함락시킬 무렵 경애왕은 포석정에서 술을 마시며 즐기고 있었다고 한다. 경북 경주시 탑정동에 있다.

왕을 죽이고 궁중에 들어가 거처하면서 왕비를 강제로 끌어내 능욕하였다. 그리고 왕의 집안 동생 김부(金傅)로 하여금 왕위를 잇게 하였다. 그런 후에 왕의 동생 효렴(孝廉)과 재상 영경(英景)을 포로로 잡고 국가 창고의 진귀한 보물과 무기를 취하였다. 또 견훤은 귀족의 자녀, 백공 중 기예가 뛰어난 자 등은 스스로 따르게 하여 들아왔다.

태조는 정예의 기병 5,000명으로 견훤을 공산(公山 : 대구 팔공산) 아래에서 맞아 크게 싸웠다. 태조의 장수 김락(金樂)과 숭겸이 전사하고 모든 군사가 패배하여 태조는 겨우 몸만 빠져 나왔다. 견훤은 승세를 타고 대목군(경북 칠곡군 약목면)을 빼앗았다. 거란의 사신 사고(娑姑), 마돌(麻咄) 등 서른다섯 명이 왔으므로 견훤이 장군 최견(崔堅)을 시켜 마돌 등을 전송하게 하였는데 이들은 바다로 배를 타고 북쪽으로 가다가 바람을 만나 당나라 등주에 도착하여 모두 살육당하였다.

당시 신라의 임금과 신하들도 쇠퇴해진 국운을 다시 일으키기 어렵다고 생각하였다. 그래서 우리 태조를 끌어들여 우호를 맺어 도움을 받고자 하였다. 견훤은 나라를 빼앗을 마음을 가졌는데 태조가 먼저 취할까 걱정하였기 때문에 군대를 이끌고 왕도에 들어와 나쁜 짓을 저질렀다.

견훤이 고려 태조에게 보낸 편지

12월 어느 날에 태조에게 다음과 같은 편지를 보냈다.

"지난번에 재상 김웅렴(金雄廉) 등이 장차 그대를 불러 서울에 들어오게 한 것은 마치 작은 자라가 큰 자라의 울음을 따라 모이는 것 같고 이는 종달새가 날개를 헤친 것을 보고 새매의 날개로 착각한 것이니 반드시 산 백성을 도탄에 빠지게 하고, 종묘사직을 폐허로 만들 것이므로 제가 먼저 조적(祖逖)의 채찍을 잡고 홀로 한월(韓鉞)을 휘둘러 뭇 신료에게 밝은 해를 두고 서약하고, 6부(경주)를 올바른 법도로 타일렀습니다.

그런데 뜻밖에 간신들은 도망을 치고 임금은 변을 당하여 죽었습니다. 그러므로 드디어 경명왕의 외사촌이고, 헌강왕(獻康王)의 외손을 받들어 권하여 왕위에 오르게 하여, 위태로운 나라를 재생시켜 주었으며, 임금을 잃은 나라에 임금을 갖게 한 것이 이번 걸음에 있었던 일입니다.

그대는 충고를 살피지 않고 한갓 떠도는 말을 듣고 온갖 계책으로 틈을 엿보며, 여러 방향으로 침입하였으나 아직 저의 말머리를 보지 못하였고, 저의 소털 하나도 뽑지 못하였소. 초겨울에 도두(都頭) 색상(索湘)이 성산(星山: 경남 성주군)에서 우리 군대에 잡혔고 한 달이 안 되어 좌장(左將) 김락이 미리사(美理寺: 대구의 공산 아래에 있었던 절) 앞에서 처참히 죽었으며, 죽은 자도 많거니와 사로잡힌 자도 적지 않으니 강하고 약함이 이러하니 누가 이기고 누가 질지는 분명하여졌습니다.

(제가) 목적하는 바는 평양의 누각에 활을 걸어놓고 말에게 대동강의 물을 먹이는 것이나, 지난 달 7일에 오월국(吳越國) 사신 반(班) 상서가 와서 오월 왕의 조칙을 전하였습니다. 그 글에 '경은 고려와 오래 토록 화친하여 이웃 맹방으로 함께 약속할 줄 알고 있는데 요즈음 인질들의 죽음으로 인하여 화친의 옛 우호를 잃고 서로 영토를 침략하여 전쟁을 쉬지 않으니 지금 이 문제를 위하여 사신을 보내 경의 본국에 다다르게 하고 또 고려에도 서신을 보냈으니 마땅히 서로 친하게 지내 영원토록 복을 누리리라' 고 하였습니다.

저는 의리에 충실하게 신라 왕실을 높이고 마음속 깊이 큰 나라를 섬기고 있는데, 오월 왕의 타이르는 조칙을 받고 곧바로 이에 따르고자 합니다.

항상 염려함은 그대가 싸움을 그만두려 하여도 그렇지 못하고 곤경에 처해 있으면서도 오히려 싸우려 할 것이라는 점입니다.

지금 조칙을 베끼어 올리니 청컨대 유의하여 상세히 살펴보시기를 바랍니다. 또한 교활한 토끼와 날랜 사냥개가 서로 피곤해지면 (그로 인해) 남의 조롱을 받을 것이고, 큰 조개와 도요새가 서로 버티고 있는 것도 남의 웃음거리가 될 것이니, 마땅히 잘못을 크게 저지르면 돌이킬 수 없다는 경계를 받들어 후회를 자초하지 말도록 하십시오!"

고려 태조가 견훤에게 보낸 답서

천성 3년(928) 정월에 태조가 다음과 같은 답서를 보냈다.

"엎드려 오월국 통화사(通和使) 상서 반씨가 전한 바의 조서 한 통과 아울러 족하의 사정을 서술한 긴 편지를 받았습니다. 엎드려 생각건대 중국 사신이 조서를 가지고 왔고, 흰 비단에 쓴 그대의 좋은 편지에서도 가르침을 받았습니다. 조서를 받들어 보니 비록 감격을 더하였으나 그대의 편지를 뜯어보니 혐의를 지울 수 없습니다. 이제 돌아가는 사신 편에 제 뜻을 전하려 하오.

저는 위로는 천명을 받고, 아래로는 사람들의 추대를 받아 외람되게 장수의 권한을 맡고, 천하를 다스릴 기회를 얻었습니다. 지난번에 삼한이 액운을 당하여 전국이 흉년으로 황폐해져 백성들이 많이 도적에 속하였고, 모든 농토는 농작물이 말라 붉은 땅이 되었습니다. 전쟁의 변고를 막고 나라의 재앙을 구제하기 바랐습니다. 이에 스스로 선린을 하고 우호관계를 맺어 수천 리 농토가 편안히 농사지어지고, 7~8년간 병졸이 쉴 수 있었습니다.

을유년(925) 10월에 이르러 문득 일을 일으켜 서로 싸우기에 이르렀습니다. 그대는 처음 적을 가볍게 보고 전진하였으니 마치 버마재비가 수레를 막는 것과 같았습니다. 또한 어려운 줄을 알고 용감히 퇴각하였으니 마치 모기가 산을 등진 것처럼 신중한 조처였습니다. 손을 모으고 말하기를 하늘을 두고 맹세하여 금일 후에는 길이 화목하게 지낼 것이며 진실로 혹 맹세를 어긴다면 신이 벌을 줄 것이라고 하였습니다.

저 또한 창을 씀을 멈추는 무(武)를 숭상하며, 사람을 죽이지 않는 인(仁)을 이루겠다고 기약하였습니다. 드디어 겹겹으로 포위한 것을 풀어주고 지친 군사를 쉬게 하고, 인질의 보냄을 사양하지 않아 오직 백성을 편안하게 하고자 하였습니다.

이는 제가 남쪽 사람들에게 큰 덕을 베푼 것인데, 맹세할 적에 바른 피가 마르기도 전에 음흉함이 다시 발작하여 벌과 전갈의 독을 생민에게 쏟으며, 이리와 호랑이의 광기가 서울 근처를 가로막아 금성이 급박하여지고, 어가가 놀라게 될 줄이야 어찌 생각하였겠습니까? 의리를 지켜 주(周)나라(여기서는 신라를 지칭)를 높임을 누가 환공(桓公)과 문공(文公)의 패업과 비하겠습니까? 틈을 타서 한(漢)나라 전복을 도모한 사람으로 오직 왕망과 동탁의 간사함을 볼 뿐입니다. 지존한 분으로 하여금 허리를 굽혀 그대에게 자식으로 칭하게 하여, 높고 낮은 상하의 질서를 잃어버리게 하였습니다. 신라의 상하가 함께 걱정하기를 큰 보필자의 충순함이 있지 않으면 어찌 사직을 다시 안정시킬 수 있을까 생각하였습니다.

저는 마음에 악을 숨기지 않았고, 뜻이 왕을 높임에 간절하다고 하여 장차 조정에 끌어들여 나라의 위태로움을 붙들게 한 것입니다. 그대는 털끝만한 작은 이익을 보기 위하여 천지의 두터운 은혜를 잊고 임금을 목베고 궁궐을 불질렀으며, 신료들을 죽여 젓을 담고, 관료와 백성을 도륙하였으며, 종실의 여자를 취하여 같은 수레에 태우고 보물을 바리에 실어 갔으니 이 큰 죄악은 걸왕과 주왕보다 더하고, 불인함은 제 어미를 잡아먹는 짐승보다 심합니다.

저는 왕의 죽음에 대한 지극한 원한과 해를 돌리려는 정성으로 매가 참새를 사냥함을 본받고, 견마의 부지런함을 바치기로 서약했습니다. 다시 방패와 창을 들은 후 느티나무와 버들잎이 두 번 바뀌는 사이에 육지의 공격에서는 우뢰같이 달리고 번개같이 공격하였고, 해전의 공격에서는 호랑이가 뛰고 용이 날듯 하여, 움직였다 하면 반드시 공을 이루었고, 활을 들었다 하면 빗나감이 없었습니다. 해안에서 윤빈(尹邠)을 쫓을 때에는 빼앗은 갑옷이 산처럼 쌓였고, 성 언저리에서 추조(鄒造)를 사로잡을 때에는 쓰러진 시체가 들을 덮었으며, 연산군(충남 논산군 연산면)에서 반란을 일으키자 군대 앞에서 길환(吉奐)을 목베었고, 마리성(馬利城: 경남 함양군 안의면) 언저리에서 수오(隨晤)를 군기 앞에서 죽였으며, 임존성(충남 예산군 대흥면)을 함락하던 날 형적(邢積) 등 수백 명의 목숨이 비껴졌고, 청주를 격파할 때에는 직심(直心) 등 네다섯 명이 머리를 바쳤으며, 동수(桐藪: 대구 팔공산 동화사 부근)에서는 깃발을 바라다보고 무너져 흩어졌고, 경산(京山: 경북 성주군 성주읍)에서 입에 구슬을 물고 투항하였으며, 남쪽에서는 강주(康州: 경남 진주시)가 귀부하였고, 서쪽에서는 나부(羅府: 전남 나주시)가 복속해 왔습니다.

치고 공격함이 이와 같으니 (전국을) 수복할 날이 어찌 멀겠습니까?

반드시 지수(泜水 : 중국 하북성 원씨현 서쪽을 흐르는 강)의 군영에서 장이(張耳)의 천 갈래 원한을 씻고, 한왕(漢王) 유방이 오강(烏江 : 중국 안휘성 화현 동북쪽을 흐르는 강) 가에서 항우를 크게 격파한 공을 이루어, 마침내 전쟁을 종식하고 천하를 길이 맑게 하기를 기약하는 바입니다. 하늘이 돕는 바이니 운명이 어디로 돌아가겠습니까? 하물며 오월 왕 전하의 덕이 넉넉하여 먼 곳까지 포용하며, 어짊이 깊어 작은 나라를 사랑하여 궁성[丹禁 : 곧 붉게 칠한 왕의 궁성]에서 조서를 내어 청구(靑丘)의 난리를 그치라고 타일렀고, 이미 가르침을 받들었으니 감히 따르지 않을 수 있겠습니까?

만약 그대가 공경스럽게 조서의 뜻을 받들어 흉한 마음을 거둔다면 상국의 어진 은혜에 부응할 뿐만 아니라 해동의 끊어진 계통을 이을 수 있지만 만약 허물을 고치지 않는다면 후회해도 늦을 것입니다."

견훤과 고려 태조의 재접전

여름 5월에 견훤이 몰래 군사를 보내 강주를 습격하여 300여 명을 살해하자 장군 유문(有文)이 항복하였다. 가을 8월에 견훤이 장군 관흔(官昕)에게 명하여 무리를 거느려 양산(陽山 : 충북 영동군 양산면)에 성을 쌓게 하니 태조가 명지성(命旨城) 장군 왕충에게 명하여 공격하게 하자 물러나 대야성을 지켰다. 겨울 11월에 견훤이 강한 군사를 뽑아 부곡성(缶谷城 : 경북 군위군 부계면)을 공격하여 함락하고 지키던 군사 1,000여 명을 살해하자, 장군 양지(楊志)와 명식(明式) 등이 항복하였다.

4년(929) 가을 7월에 견훤이 무장한 군사 5,000명으로 의성부(義城府)를 공격하여 성주 장군 홍술이 전사하였다.

태조가 통곡하면서 "나는 좌우의 손을 잃었다"고 하였다.

견훤이 대군을 출동시켜 고창군(古昌郡 : 경북 안동시)의 병산 아래에 머물면서 태조와 싸웠으나 이기지 못하여 전사자가 8,000여 명이나 되

견훤산성 견훤이 축성하였다고 전해지는 곳으로 경북 상주시 화북면에 있다.

었다. 다음 날 견훤이 패잔병을 모아 순주성(順州城: 경북 안동시 풍산읍)을 습격하니 장군 원봉이 막아내지 못하고 성을 버리고 밤에 달아났다.

견훤이 백성을 포로로 잡아 전주로 데리고 갔다. 태조는 원봉이 이전에 세운 공을 고려하여 용서하여 주고, 순주를 개칭하여 하지현(下枝縣)으로 불렀다.

장흥(長興) 3년(932) 견훤의 신하 공직(龔直)은 용감하고 지략이 있었는데, 태조에게 항복하자 견훤이 공직의 두 아들과 딸을 잡아 다리의 힘줄을 불로 지져 끊었다. 가을 9월에 견훤이 일길찬 상귀(相貴)를 보내 수병으로 고려 예성강에 들어가 3일을 머무르면서 염주(鹽州: 연안), 백주(白州: 백천), 정주(貞州: 풍덕) 등 3주의 선박 100척을 불태우고 저산도(猪山島)에서 기르는 말 300필을 잡아갔다.

청태(淸泰) 원년(934) 봄 정월에 견훤이 태조가 운주(運州: 충남 홍성군 홍성읍)에 머물고 있다는 소식을 듣고 병사 5,000명을 선발하여 이르니 미처 진을 치기도 전에 장군 유금필(庾黔弼)이 굳센 기병 수천 명으로 돌격하여 3,000명을 목베거나 포로로 잡았다. 웅진 이북 30여 성이 소문만 듣고 스스로 항복하니 견훤 휘하의 술사 종훈(宗訓), 의사 훈겸(訓謙), 용감한 장수 상달(尙達)과 최필(崔弼) 등이 태조에게 항복하였다.

아들에 의해 금산사로 유폐되다

견훤은 아내를 많이 취하여 아들 십여 명이 있었는데 넷째아들 금강(金剛)이 키가 크고 지략이 많아 견훤이 특별히 사랑해 그에게 왕위를 물려주려 하자 그의 형 신검(神劍), 양검(良劍), 용검(龍劍) 등이 알고서 걱정과 번민을 하였다. 당시 양검은 강주(康州) 도독, 용검은 무주(武州) 도독으로 나가 있었고, 신검만이 왕의 옆에 있었다.

이찬 능환(能奐)이 사람을 강주, 무주에 보내 양검 등과 더불어 몰래 모의하였고, 청태(淸泰) 2년(935) 봄 3월에 이르러 파진찬 신덕(新德), 영순(英順) 등이 신검에게 권하여 견훤을 금산사에 유폐시키고 사람을 보내 금강을 살해하였다. 신검이 대왕을 자칭하면서, 국내에 대사면령을 내리었는데, 그 교서는 다음과 같다.

"여의(如意)가 특별히 총애를 입었으나 혜제가 임금이 될 수 있었고, 당 태종의 형 건성(建成)이 외람되이 세자의 위치를 차지하였으나 태종이 일어나 즉위하였으니, 천명은 바꿀 수 없고 임금의 자리는 마땅히 돌아갈 곳이 있다.

삼가 생각건대, 아버지 대왕의 신령스런 무예는 뭇 사람을 훨씬 뛰어넘었으며, 영특한 꾀는 옛날에 비추어도 우뚝하였다. 쇠퇴기에 태어나 세상을 다스림을 자임하고 삼한 땅을 순회하여 백제를 부흥하고 도탄을 제거하여 백성을 편안하게 살게 하였으므로 즐거워 북 치고 춤추는 것이 바람과 번개처럼 나타났고, 멀리와 가까이에서 발 빠르게 달려와 이룬 업적이 거의 중흥에 이르렀다.

지혜롭고 사려가 깊었으나, 문득 한 번 실수하여 어린 아들을 편애하

금산사 왕위계승 문제로 아들 신검이 견훤을 유폐시킨 곳이다. 전북 김제군 금산면 모악산 남쪽 기슭에 있다.

고 간신들이 권력을 조롱하고 대왕을 진(晉)나라 혜제(惠帝)의 어두움으로 인도하여 어진 아버지를 헌공(獻公)의 의혹에 빠지게 하여 왕위를 어리석은 아이에게 거의 줄 뻔하였다.

　다행스러운 것은 하느님께서 진실한 마음을 내리시어 군자에게 허물을 고치게 하시고 맏아들인 나에게 명하여 이 한 나라를 다스리게 하셨다.

　돌아보건대, 나는 뛰어난 재목이 아니니 어찌 임금에 앉을 지혜가 있으리라만은 조심하고 조심하여 마치 살얼음이 언 연못을 밟고 건너는 듯하고 있다. 마땅히 특별한 은혜를 내리고 새로운 정치를 펼치고자 국내에 대사면령을 내린다. 청태 2년(935) 10월 17일 새벽을 시점으로 이미 발각된 일이나 아직 발각되지 않은 일, 그리고 이미 판결한 것이나 판결하지 않은 것이나 사형수 이하의 모든 죄는 다 용서하여 사면하니 맡은 자는 이대로 시행하라!"

　견훤이 금산에 있은 지 3개월 만인 6월에 막내아들 능예(能乂), 딸 애복(哀福), 총애하는 첩 고비 등과 더불어 금성(나주)으로 도주하여 사람을 시켜 태조에게 투항하기를 청하니 태조가 기뻐하여 장군 유금필, 태조의 사촌동생 만세(萬歲) 등을 보내 두터운 예로 대접하였다. 견훤이 태조보다 10년 연장자라 하여 그를 높여 상보(尙父)로 삼고 남쪽 궁궐을 주어 유숙하게 하였다. 지위는 백관의 최상위로 하였다. 양주를 식읍으로 주고 겸하여 금과 비단, 장식품, 종과 여종 각각 40구, 내구마(內廐馬) 10필을 주었다.

사위 박영규도 고려에 투항하다

견훤의 사위 장군 영규(英規)가 그의 부인에게 은밀히 말하였다.

"대왕께서 부지런히 힘쓴 지 40여 년, 공들인 업적이 거의 이루어졌는데 하루아침에 집안사람의 화로 인하여 설 땅을 잃고 고려에 투항하였다. 대저 정조 있는 여자는 두 남편을 섬기지 않고 충신은 두 임금을 섬기지 않는다고 하는데, 만약 자기의 임금을 버리고 반역한 아들을 섬긴다면 무슨 얼굴로 천하의 의로운 사람들을 볼 수 있으리오? 하물며 고려의 왕공께서는 마음이 어질고 후하며 근면하고 검소하여 민심을 얻었다고 듣고 있으니 이는 아마 하늘이 인도하여 도와 주는 것으로서 반드시 삼한의 주인이 될 것이니 편지를 보내 우리 왕을 문안 위로하고 겸하여 왕공에게도 겸손하고 정중함을 보여 장래의 복을 어찌 도모하지 않으리오?"

그 아내가 말하였다.

"그대의 말이 곧 내 뜻과 꼭 부합하오."

이에 천복(天福) 원년(936) 2월에 사람을 태조에게 보내 뜻을 고하였다.

"만약 정의로운 깃발을 들어 받아 주신다면 청컨대 내응하여 왕의 군대를 맞이하겠습니다."

태조가 크게 기뻐하여 그 사람에게 후하게 물건을 주어 보내면서 겸하여 영규에게 사례하면서 말하였다.

"만약 은혜를 입어 하나로 합쳐지고 도로의 막힘이 없다면, 먼저 장군을 찾아뵙고 인사드리고 그런 후에 집에 들러 부인을 배알하고 형처럼 섬기고 누님처럼 받들겠으며 반드시 두터이 보답하겠습니다. 하늘과 땅의 귀신이 모두 이 말을 들을 것입니다."

신검군의 최후

여름 6월에 견훤이 아뢰었다.

"늙은 이 신하가 전하에게 몸을 바친 것은 전하의 위엄을 빌려 반역한 자식을 목베기를 바라서였습니다. 엎드려 바라옵건대 대왕께서 신령스러운 군사를 빌려 주어 그 난신적자를 없애 주신다면 신은 비록 죽어도 유감이 없을 것입니다."

태조가 이에 따랐다. 먼저 태자 무(武: 혜종)와 장군 술희(述希)를 보내 보병과 기병 1만 명을 거느리고 천안부에 나가게 하고, 가을 9월에 태조가 삼군을 통솔하고 천안에 이르러 군사를 합쳐 일선(一善: 경북 선산)에 진군하였다.

신검이 군사로 막으니 갑오일(음력 11월 9일)에 일리천(一利川: 경북 구미시 선산읍의 낙동으로 흘러 들어가는 내)을 사이에 두고 맞서 진을 쳤다. 태조와 상보 견훤이 군사를 사열하고, 대상(大相) 견권(堅權)·술희·금산(金山), 장군 용길(龍吉)·기언(奇彦) 등으로 보병과 기병 3만 명을 인솔하여 좌익(左翼)으로 삼고, 대상 김철(金鐵)·홍유·수향(守鄕), 장군 왕순(王順)·준량(俊良) 등으로 하여금 보병과 기병 3만 명을 인솔하여 우익(右翼)으로 삼았다. 대광(大匡) 순식(順式), 대상 긍준(兢俊)·왕겸(王謙)·왕예(王乂)·금필, 장군 정순(貞順)·종희(宗熙) 등으로 하여금 철기(鐵騎) 2만 명과 보병 3,000명 및 흑수(黑水)족과 철리

(鐵利: 여진의 종족명)족 그리고 여러 도(道)의 날랜 기병 9,500명을 중군으로 삼고, 대장군 공훤(公萱)과 장군 왕함윤(王含允)으로 하여금 군사 1만 5,000명을 인솔하여 선봉으로 삼아 북을 치며 진격하니 백제 장군 효봉(孝奉)·덕술(德述)·명길(明吉) 등이 군세가 대단하고 정비된 것을 보고는 갑옷을 버리고 진 앞으로 나와 항복하였다.

태조가 위로하고 백제 장수가 있는 곳을 물었다. 그러자 효봉 등이 말하였다.

"원수(元帥) 신검은 중군에 있습니다."

태조는 장군 공훤(公萱)에게 명하여 중군을 곧바로 치게 하여 전군이 일제히 진격하여 협공하니 백제 군대가 붕괴되어 도망했다. 신검 및 두 동생과 장군 부달(富達)·소달(小達)·능환 등 40여 명이 항복하자 태조는 항복을 받고 능환을 제외한 다른 모든 사람은 위로하고 아내와 자식을 데리고 서울에 와 살도록 허락하였다.

능환을 심문하기를 "처음 양검 등과 몰래 모의할 때 대왕을 가두고 그 아들을 세우자고 한 것은 너의 꾀이다. 신하된 의리상 이럴 수 있는가?" 하니, 능환이 머리를 숙이고 말을 하지 못하였다. 드디어 명하여 목을 베었다.

신검이 왕위를 차지한 것은 남의 협박에 의한 것으로 그의 본심이 아닐 것이라 여기고 또 목숨을 바쳐 처벌을 청했으므로 특별히 사형을 면해 주었다ー또는 삼형제가 모두 목베어졌다고도 한다ー. 견훤은 근심으로 등창이 나서 수일 만에 황산의 절에서 죽었다.

태조가 군령을 엄하게 밝혀 사졸들로 하여금 추호도 백성을 범하지 못하게 하였으므로 주현(州縣) 백성의 생활이 편안해졌고, 노인에서 어린아이까지 모두가 만세를 불렀다. 이에 백제의 장군과 군졸들을 위문하고 재능을 헤아려 임용하니 가난한 백성이 자기 직업에 편안히 종사하였다.

신검의 죄는 앞에서 말한 것처럼 생각하여 그에게 관위를 내려 주고,

견훤의 묘 왕건이 신검을 멸망시킨 후 견훤은 황산의 절에서 등창으로 죽었다. 그의 묘는 충남 논산군 연무대읍 금곡리에 있다.

그 두 동생과 능환의 죄는 같다고 여겨 진주(眞州)에 유배 보냈다가 얼마 안 되어 죽였다.

태조가 박영규에게 말하였다.

"전의 임금이 나라를 잃은 후 그 신하들 중에 위로해 주는 사람이 없었는데 오직 그대의 부부가 천리 밖에서 소식을 전하여 성의를 전하였고, 겸하여 나에게 귀부하였으니 그 의로움은 잊을 수가 없다!"

이에 그에게 좌승 벼슬과 토지 1,000경(頃)을 내렸다. 역마 25필을 빌려 주어 집안사람들을 맞이하게 하였고 그의 두 아들에게도 관직을 내려 주었다. 견훤은 당나라 경복 원년(892)에 나라를 일으켜 후진(後晉) 천복 원년(935)에 이르기까지 45년 만에 멸망하였다.

―『삼국사기』 권50, 열전 10

[역사 상식]

경순왕이 신라를 고려에 바친 것에 대하여

이 점에 대하여 역대 역사가들의 평은 완전히 엇갈렸다. 고려 말 조선 초기에 살았던 권근(權近)은 김부식의 사론에 동조하였다. 그는 조선 태종 4년에 『동국사략』을 쓰면서 김부식의 사론을 그대로 싣고 이를 비판하지 못했다. 이는 자신이 고려 왕조를 섬기다가 조선 왕조를 다시 섬기는 사람이었기 때문이다.

그러나 조선 성종 때 『동국통감』에 사론을 써넣은 최보 등은 천년 사직을 죽음으로 지키지 못하고 헌납한 것을 신랄하게 비판하였다. 이는 왕조를 지킴이 무엇보다도 중요하다는 성리학적 이념을 천명한 것이라 할 수 있다.

그런데 경순왕이 고려에 나라를 바친 것은 당시의 사정을 이해할 필요가 있다. 신라가 오랫동안 정복 전쟁을 통하여 확대한 강역이 지방호족의 난을 통하여 다시 갈래갈래 분할되어 신라 왕의 실제적인 지배 지역은 경주 근처로 축소되었기 때문이다.

그 원인은 중앙에서의 잦은 왕위쟁탈전으로 지방 통제력을 상실한 점, 보수적인 골품제로 인하여 지식층의 호응을 받지 못한 점, 시대에 맞는 개혁정책을 실시하지 못한 점 등을 들 수 있다. 그 결과 신라의 국왕은 실질적으로 경주 지방을 관장하는 일개의 지방호족과 같은 지위로 전락하였다. 그리고 경순왕이 고려 태조에게 귀부한 것 또한 당시 호족들이 귀부한 것과 같은 형식이었으며, 고려 태조의 대응 방식도 지방 통치 관직의 수여, 결혼정책 등 귀부한 호족에 대한 것과 같은 유형의 조처였음을 유의할 필요가 있다.

우리나라 역사상 내란이 성공한 예는 신라 말 한 번밖에 없었다는 점도 중요한 특징이라 할 수 있다. 이는 청동기 족장 세력의 후예들이 지방 세력의 힘으로 재기한 것으로 해석할 수 있다.

한편 우리나라 왕조는 500년 내지 천년왕국처럼 왕조가 장기간 지속되었다. 중국의 경우 한 왕조의 지속이 길어야 200년에서 300년에 불과하였던 것과 대조적인 현상이다. 왜 우리는 봉건사회가 형성되지 못하고 중앙집권왕조를 유지할 수 있었을까? 그리고 왕조가 장기 지속된 이유는 무엇일까? 그것은 우리나라의 강역이 좁아 반란의 정보가 쉽게 알려졌다는 점, 중앙정부에서 과거제도를 통하여 능력 있는 지방인을 중앙으로 흡수하여 독자적인 지방 세력이 형성될 수 없었던 점, 지방 토호의 성장을 억제한 점, 왕조를 위해 충성을 바치는 것을 최상의 이념으로 강화했던 점, 중국의 통치술과 지혜를 계속 받아들인 점 등을 들 수 있다.

2장 시대가 낳은 명장과 충신

온달
을지문덕
이사부
거칠부
김유신
계백
흑치상지
김양
장보고
명림답부
밀우와 유유
창조리
박제상
김후직
김인문
연개소문

임금의 사위가 된 바보
온달

온달(溫達)은 고구려 평강왕(平岡王: 제25대 평원왕) 때의 사람이다. 얼굴이 못생겨 남의 웃음거리가 되었지만 마음씨는 밝았다. 집이 매우 가난하여 항상 밥을 빌어 어머니를 봉양하였는데, 떨어진 옷을 입고 해진 신을 신고 저잣거리를 왕래하니, 사람들이 그를 가리켜 바보 온달이라고 불렀다.

필부도 식언을 하지 않거늘
평강왕의 어린 딸이 울기를 잘하므로 왕이 희롱하였다.
"네가 항상 울어 내 귀를 시끄럽게 하니 커서는 대장부의 아내가 될 수 없겠구나. 바보 온달에게나 시집보내야겠다."
왕은 매양 그렇게 말하였는데, 딸의 나이 16세가 되어 상부(上部) 고씨(高氏)에게 시집보내려 하니 공주가 대답하였다.
"대왕께서 항상 말씀하시기를 '너는 반드시 온달의 아내가 된다'고 하셨는데 지금 무슨 까닭으로 전의 말씀을 고치시나이까? 필부도 식언을 하지 않으려 하거늘 하물며 지존하신 분께서야 더 말할 필요가 없습니다. 그러므로 임금은 헛된 말이 없다고 하는 것입니다. 지금 대왕의 명령은 잘못된 것이오니 소녀는 감히 받들지 못하겠습니다."
왕이 노하여 말하였다.

"네가 나의 명을 따르지 않는다면 정말 내 딸이 될 수 없으니 어찌 함께 있을 수가 있겠느냐? 너는 너 갈 데로 가는 것이 좋겠다."

이에 공주는 보물 팔찌 수십 개를 팔꿈치에 매고 궁궐을 나와 혼자 길을 가다가, 한 사람을 만나 온달의 집을 물어 그 집에 이르렀다. 눈 먼 늙은 할멈이 있음을 보고 앞으로 가까이 가서 절하고 그 아들이 있는 곳을 물으니, 늙은 어머니가 대답하였다.

"우리 아들은 가난하고 추하여 귀인이 가까이할 인물이 못 됩니다. 지금 그대의 냄새를 맡으니 향기가 특이하고, 손을 만져 보니 부드럽기가 마치 솜과 같습니다. 반드시 천하의 귀인일 것인데 누구의 속임수로 여기에 오게 되었소? 내 자식은 굶주림을 참지 못하여 산으로 느릅나무 껍질을 벗기러 간 지 오래되었는데 아직 돌아오지 않았소."

공주가 그 집에서 나와 걸어 산 밑에 이르러 온달이 느릅나무 껍질을 지고 오는 것을 보고, 공주가 그에게 마음속에 품은 바를 말하니 온달이 성을 내며 말하였다.

"이는 어린 여자의 행동할 바가 아니다. 분명 사람이 아니라 여우나 귀신이다. 나에게 가까이 오지 말라!"

그리고 돌아보지도 않고 갔다.

공주는 혼자 온달의 집으로 돌아와 사립문 아래서 자고, 이튿날 다시 들어가 어머니와 아들에게 상세히 말하였는데, 온달은 우물쭈물하며 결정을 내리지 못하였다. 그 어머니가 말하였다.

"내 자식은 지극히 누추하여 귀인의 배필이 될 수 없고, 내 집은 지극히 가난하여 귀인이 거처할 곳이 못 됩니다."

공주가 대답하였다.

"옛사람의 말에, 한 말 곡식도 방아에 찧을 수 있고, 한 자 베도 꿰맬 수 있다고 하였습니다. 진실로 마음만 맞는다면 어찌 반드시 부귀한 후에야 함께 지낼 수 있겠습니까?"

이에 금팔찌를 팔아 농토와 집, 노비, 우마와 기물 등을 사니 살림살이가 모두 갖추어졌다. 처음 말을 살 때 공주는 온달에게 말하였다.

"시장 사람들의 말은 사지 말고 꼭 국가의 말을 택하되 병들고 파리해서 내다 파는 것을 사오도록 하시오!"

온달이 그 말대로 하였는데, 공주가 매우 부지런히 먹여 말이 날마다 살찌고 건장해졌다.

흐르는 화살을 맞고 죽다

고구려에서는 항상 봄철 3월 3일*이면 낙랑(樂浪)의 언덕에 나라 사람들이 모여 사냥을 하고, 그날 잡은 산돼지와 사슴으로 하늘과 산천의 신에게 제사를 지내곤 하였다. 그날이 되면 왕이 나가 사냥하고, 여러 신하들과 5부의 병사들이 모두 따라 나섰다. 이에 온달도 기른 말을 타고 따라갔는데, 그 달리는 품이 언제나 남보다 앞에 서고 포획하는 짐승도 많아 그를 따를 만한 사람이 없었다. 왕이 불러 그 성명을 물어보고 놀라며 또 이상히 여겼다.

이때 후주(後周)의 무제(武帝)가 군사를 보내 요동(遼東)을 치니, 왕이 군사를 거느리고 나가 이산(肄山)의 들에서 맞아 싸웠다. 온달 또한 선봉장이 되어 날쌔게 싸워 수십여 명을 베었다. 그러자 여러 군사가 승세를 타고 분발하여 쳐서 크게 이겼다. 공을 논할 때에 모두가 온달을 제일로 삼았다. 왕이 가상히 여기고 칭찬하여 말하였다.

"이 사람은 나의 사위다."

그리고 예를 갖추어 맞이하며 작위를 주어 대형(大兄)**을 삼았다. 이

---

*3월 3일: 명절 중의 하나. 고구려에서 매년 이날에 낙랑 언덕에 모여 사냥을 하고 하늘과 산천신에게 제사를 지내는 습속이 있었음을 전해 주는 매우 중요한 자료이다. 수렵 생활의 전통이 후대까지 유지되고 있었음을 나타낸다.

** 대형: 고구려 14관등 중 제7위에 해당하는 관직. 1,000명을 지휘하는 무관은 고구려 말엽에 대형 이상의 관등을 가진 자가 임명되었다.

2장 시대가 낳은 명장과 충신 193

온달산성 충북 단양군 영춘면 소재. 온달이 신라 군사들과 싸우다 죽은 아단성으로 추정되는 곳이다.

로 인하여 은총과 영화가 더욱 많아졌고, 위엄과 권세가 날로 성하였다.

영양왕(嬰陽王: 고구려 26대 왕. 재위 590~618)이 즉위하자 온달이 아뢰었다.

"신라가 우리 한강 이북의 땅을 빼앗아 군현을 삼았으니, 백성들이 심히 한탄하여 일찍이 부모의 나라를 잊은 적이 없습니다. 원컨대 대왕께서는 어리석은 이 신하를 불초하다 하지 마시고 군사를 주신다면 한 번 가서 반드시 우리 땅을 도로 찾아오겠습니다."

왕이 허락하였다. 떠날 때 이렇게 맹세하였다.

"계립현(鷄立峴)과 죽령 서쪽의 땅을 우리에게 귀속시키지 않으면 돌아오지 않겠다!"

그리고 나가 신라 군사들과 아단성(阿旦城)* 아래에서 싸우다가 흐르는 화살에 맞아 넘어져 죽었다. 장사를 행하려 하는데, 상여가 움직이지 아니하므로 공주가 와서 관을 어루만지며 말하였다.

"죽고 사는 것이 이미 결정되었으니, 그만 돌아갑시다!"

드디어 상여가 움직여 장사를 지냈는데, 대왕이 듣고 몹시 슬퍼하였다.

―『삼국사기』권45, 열전 5

---

* 아단성: 현재의 충북 단양군 영춘면. 시냉상으로 아단성은 신라 냉주(溟州) 내성군(柰城郡) 자춘현(子春縣: 충북 단양군 영춘면)의 옛 지명인 을아단성(乙阿旦城: 일명 온달성)이다. 지금의 서울 성동구에 있는 아차산으로 보는 견해도 있다.

[역사 상식]

온달은 귀족이었다

본 열전은 평강공주가 온달을 찾아가 같이 사는 내용을 기점으로 하여 설화적 색채를 띤 허구적인 앞 부분과 대체로 역사적인 사실로 믿을 수 있는 뒷 부분으로 나눌 수 있다. 비록 설화적인 내용이 풍부하나 당시의 시대상을 반영하는 자료로 주목되는 열전이다. 한말 김택영은 이 열전을 중국의 문장에 비하여 전혀 손색이 없는 고문체(古文體)의 백미라고 평하였다.

그리고 온달은 비록 가난하였지만, 수록되어 있는 내용 그대로 평민 신분이라고 볼 수는 없다. 공주와 결혼한 사실과 그가 대형이라는 높은 관등을 받은 점으로 미루어 그의 신분은 귀족이었을 것이다.

신묘한 계책으로 천문을 꿰뚫다
을지문덕

을지문덕(乙支文德)은 그의 선대의 계보를 알 수 없다. 자질이 침착하고 날쌔며 지략과 술수가 뛰어났고, 겸하여 글을 알고 잘 지었다.

수나라 개황(開皇) 연간에 양제(煬帝)가 조서를 내려 고구려를 치게 하였다. 이에 좌익위(左翊衛 : 수대에 처음 설치된 황제의 친위부대) 대장군 우문술(宇文述)은 부여도(扶餘道 : 북만주 쪽을 경유하는 길)로 나오고, 우익위(右翊衛) 대장군 우중문(于仲文)은 낙랑도(樂浪道 : 요동 남부 지방을 경유하는 길)로 나와서 아홉 부대와 함께 압록강에 이르렀다. 을지문덕이 왕명을 받아 그 진영에 나가 거짓 항복하니, 사실은 그 허실을 엿보기 위함이었다.

우문술과 우중문이 이에 앞서 황제의 밀지(密旨)를 받았는데 고구려의 왕이나 을지문덕이 찾아오거든 잡아두라 하였다. 우중문 등이 을지문덕을 잡아두려 하였는데, 위무사(慰撫使)인 상시우승(尙書右丞 : 상시도성에 속한 관리) 유사룡(劉士龍)이 말리기에, 을지문덕을 돌아가게 하였다. 곧바로 뉘우쳐 사람을 보내 "더 의논하고자 하는 일이 있으니 다시 오라"하며 을지문덕을 속이려 하였다.

그러나 을지문덕은 돌아보지 않고 압록강을 건너 돌아왔다. 우문술과 우중문이 을지문덕을 놓치고 속으로 불안해하였다. 우문술은 식량이 떨어졌으므로 돌아가려 하였고, 우중문은 정예 부대로 을지문덕을 추격하면 공을 이룰 것이라고 하였다.

우문술이 말리자 우중문이 성을 내며 "장군이 10만 병을 가지고 능히 이 작은 적을 무찌르지 못하면 무슨 낯으로 황제를 뵙겠는가?"라고 하였다.

이에 우문술 등은 어쩔 수 없이 그 말에 따랐다. 압록강을 건너 추격하였는데, 을지문덕은 수나라 군사에게 굶주린 기색이 있음을 보고 피로케 하고자 하여 싸움마다 패하니, 우문술 등은 하루 동안에 일곱 번 싸워 모두 이겼다. 이미 여러 번 이긴 것을 믿고 또 중의(衆議)에 몰리어 마침내 동쪽으로 진격하여 살수(薩水 : 청천강)를 건너 평양성 30리 되는 곳에서 산에 의지하여 진을 쳤다. 을지문덕이 우중문에게 시를 지어 보냈다.

> 신통스런 계책은 천문(天文)을 뚫었고
> 묘한 계산은 지리(地理)를 다했도다.
> 싸움에 이겨 공이 이미 높았으니
> 만족할 줄 알아 그만두시게!

우중문이 답서를 보내 달래었다. 을지문덕이 또 사자를 보내어 거짓 항복하고, 우문술에게 "군사를 돌리면 왕을 모시고 행재소(行在所 : 황제나 왕이 행차할 때 머무는 임시 처소)로 가서 직접 뵙겠다"고 하였다.

우문술은 군사들이 피로하고 고달파함을 보고 더 싸울 수 없다고 생각하였다. 또 평양성이 험하고 단단하여 갑자기 함락시키기 어려움을 알고는 거짓 항복을 받은 것을 핑계로 하여 돌아가는데, 방진(方陣)으로 편성하여 행군하였다. 을지문덕이 군사를 내어 사면에서 습격하니 우문술 등이 싸우면서 행군하였다.

살수에 이르러 군사가 반쯤 건넜을 때 을지문덕이 그 후미를 공격하여 우둔위(右屯衛) 장군 신세웅(辛世雄)을 죽였다. 이에 모든 부대가 함께 허물어졌으나 이를 막을 수 없었다. 아홉 부대의 장군과 병사가 달아나 돌아가매, 밤낮 하루 동안 압록강에 도달하였으니 450리를 걸었다. 처음 요하를 건넜을 때 아홉 부대의 군대가 30만 5,000명이었는데, 요동성에 되돌아 간 자는 겨우 2,700명이었다.

— 『삼국사기』 권44, 열전 4

꾀로 우산국을 점령하다
이사부

　　이사부(異斯夫)—혹은 태종(苔宗)이라고도 하였다—는 성이 김씨요, 나물왕의 4대손이다. 지도로왕(智度路王: 지증왕) 때 연해 국경 지역의 지방관이 되었는데, 거도(居道)의 꾀를 답습하여 마희(馬戲)로 가야국(加耶國)을 취하였다.

　　지증왕 13년 임진(512)에 이사부는 아슬라주(阿瑟羅州: 강원 강릉시) 군주가 되어 우산국(于山國: 경북 울릉도)의 병합을 계획하고 있었다. 그런데 그 나라 사람들이 어리석고 사나워 위력으로 항복 받기는 어려우니 계략으로 복속시킬 수밖에 없다고 생각하였다. 이에 나무사자를 많이 만들어 전선(戰船)에 나누어 싣고, 그 나라 해안에 다다라 거짓으로 말하였다.
　　"너희들이 항복하지 않으면 이 맹수를 풀어 놓아 밟아 죽이겠다."
　　그 사람들이 두려워서 곧 항복하였다.
　　진흥왕 재위 11년(550), 즉 대보(大寶) 원년에 백제가 고구려의 도살성을 함락하고, 고구려가 백제의 금현성(金峴城: 충북 진천군 진천읍)을 함락하였다. 왕이 두 나라 군사가 피로에 지친 틈을 타서 이사부에게 명하여 군사를 내어 공격하게 하여 두 성을 취하여 증축하고 갑사(甲士: 정예병)를 머물게 하여 지켰다. 이때 고구려에서 군사를 보내 금현

성을 공격하다가 이기지 못하고 돌아가니 이사부가 추격하여 크게 이겼다.

―『삼국사기』 권44, 열전 4

제비의 턱에 매의 눈을 가진 장수
거칠부

거칠부(居柒夫) — 혹은 황종(荒宗)이라고도 하였다 — 는 성이 김씨(金氏)이며 나물왕의 5대손이다. 그의 할아버지는 각간(角干) 잉숙(仍宿)이고 아버지는 이찬 물력(勿力)이었다.

거칠부는 젊었을 때 사소한 일에 거리끼지 않았고 원대한 뜻을 품어 머리를 깎고 승려가 되어 사방으로 돌아다니며 구경하였다. 고구려를 정찰하려고 그 땅에 들어갔다가 법사(法師) 혜량(惠亮)*이 절을 개창하여 불경을 설법한다는 말을 듣고, 그 곳에 나아가 강경(講經)을 들었다.
  어느 날 혜량이 묻기를 "사미(沙彌)**는 어디서 왔는가?" 하였다.
  이에 "저는 신라 사람입니다"라고 대답하였다.
  그날 저녁에 법사가 그를 불러 만났다. 법사는 손을 잡으며 은밀히 말하였다.
  "내가 많은 사람을 보았는데 자네 용모를 보니 분명 보통 사람이 아

---

* 혜량: 고구려의 승려. 진흥왕 12년(551)에 신라에 귀화하여 거칠부의 천거에 의하여 국통이 되었다. 그는 백좌강회와 팔관회를 최초로 주관하였다.

** 사미: 범어의 음역이다. 근책남(勤策男)으로 번역되었다. 출가하여 십계(十戒)를 받은 남자 스님. 여자는 사미니(沙彌尼)라 한다. 그러나 여기서는 수도승의 의미로 사용되었다.

신라단양적성비 거칠부가 활약하던 진흥왕 대에 세워진 것으로 보이는 이 비는 전투에서 용감히 싸우다 죽은 이를 포상하기 위해 세운 것이다. 충북 단양군 단양읍 하방리에 있다.

니다. 아마 다른 마음을 가졌지?"

이에 답하였다.

"저는 변방에서 태어나 아직까지 불도의 원리를 듣지 못하였습니다. 법사님의 덕망과 명성을 듣고 가르침을 받고자 왔으니, 법사님께서는 거절하지 마시고 끝까지 어리석음을 깨우쳐 주소서."

법사가 말하였다.

"노승은 불민한데도 능히 그대를 알아볼 수 있는데, 이 나라는 비록 직지만 사람을 알아보는 자가 없다고 힐 수 없다. 그대가 집힐까 염려하여 은밀히 충고하여 주는 것이니 빨리 돌아감이 좋을 듯하다!"

거칠부가 돌아가려 할 때 법사가 또 말하였다.

"그대의 상을 보니 제비의 턱에 매의 눈이니, 장래 반드시 장수가 될 것이다. 만일 군사를 거느리고 오거든 나를 해치지 말라."

거칠부가 대답하였다.

"저 밝은 해를 두고 맹세하겠습니다."

드디어 환국하여 관직에 나갔는데, 직위가 대아찬에 이르렀다.

진흥대왕 6년 을축(545)에는 왕명을 받아 여러 문사(文士)들을 모아 국사를 편찬하였고 파진찬으로 승진하였다. 12년 신미(551)에 왕이 거칠부와 대각찬(大角湌: 대각간의 별칭) 구진(仇珍), 각찬 비태(比台), 잡찬 탐지(耽知)와 비서(非西), 파진찬 노부(奴夫)와 서력부(西力夫), 대아찬 비차부(比次夫), 아찬 미진부(未珍夫) 등 여덟 장군에게 명하여 백제와 더불어 고구려를 침공하게 하였다.

백제 사람들이 먼저 평양(平壤: 여기서의 평양은 북한산성이다)을 격파하였다. 거칠부 등은 승리의 기세를 타서 죽령 바깥, 고현(高峴) 이내의 열 개의 군을 취하였다.

이때 혜량법사가 자기의 무리를 이끌고 길거리로 나오니 거칠부가 말에서 내려 군례로 인사를 올리고 앞으로 나가 말하였다.

"전일 유학할 때 법사의 은혜를 입어 생명을 보전하였는데, 지금 뜻밖에 서로 만나니 어떻게 보은하여야 할지를 모르겠습니다."

법사가 대답하였다.

"지금 우리나라의 정치가 어지러워 멸망할 날이 얼마 남지 않았다. 바라건대 나를 그대 나라로 데려가기 바란다."

이에 거칠부가 수레에 태워 함께 돌아와서 왕을 뵙게 하였다. 왕은 법사를 승통(僧統: 신라 최고의 승직으로 국통(國統) 혹은 사주(寺主)라 하였다)으로 삼았다. 이때 비로소 백좌강회(百座講會)*와 팔관(八關)의 법이 시작되었다. 진지왕 원년 병신(576)에 거칠부는 상대등이 되어 군사와 국가의 중대한 일을 맡았다가 늙어 집에서 죽으니 향년 78세였다.

—『삼국사기』 권44, 열전 4

* 백좌강회: 많은 승려를 모아 놓고 국가의 평안을 기원하기 위하여 불경을 읽는 법회. 백고좌강회라고도 하고, 인왕경을 독송한다 하여 인왕회 혹은 인왕도량이라고도 한다. 이 법회는 국왕이 반드시 시주가 되어 국가의 안태를 기원한다.

[역사 상식]

신라단양적성비에 나타난 신라의 유공자 처우

진흥왕 12년경에 신라군이 죽령을 넘어 단양을 점령하였다. 이어진 고구려의 공격에 단양 지방의 야이차 형제가 이 곳을 지키다가 순직하였다. 이에 유가족에 대해 토지 등을 포상하고 아울러 이를 중앙정부에 보고한 사람도 포상하겠다는 뜻을 신라단양적성비에 새겼다. 신라는 유공자에 대해 후한 포상제도를 계속적으로 시행하였는데, 이는 신라인들이 전투에서 용감히 죽게 하는 제도적 뒷받침이 되어 수많은 용장이 탄생했고, 삼국통일의 원동력이 되었던 것이다.

팔관회

팔관회는 불교의 팔관재계와 고유 신앙이 결합된 종교의식으로, 팔관연회(八關筵會)라고도 하였다. 팔관재계는 재가 신도가 하룻밤 하루 낮 동안 받아 지니는 계율로, 팔관은 살생·도둑질·음행 등 여덟 가지의 죄를 금한다는 뜻이고 재는 오전 중에 한 끼만 먹고서 마음의 부정을 맑게 하는 의식이다. 신라의 팔관회는 전몰장병의 위령제적인 성격을 지녔으나 고려의 팔관회는 제천대회적인 성격으로 바뀌었다. 이는 고구려의 전통이 되살아난 것으로 해석된다. 고려의 팔관회는 개경과 서경에서 열렸으며, 국태민안을 기원하는 전국적인 축제로 11월 15일에 개최되었다. 이때는 지방 관원들이 국왕에게 국가의 태평을 기원하는 글을 올리기도 하였고, 외국 사신도 축하하였다. 이런 전국적인 제전은 조선 왕조에서 중단되었다.

우리 집 물맛은 옛날 그대로구나
김유신

　김유신(金庾信)은 서울 사람(慶州人)이었다. 그의 12대조 수로(首露)는 어떤 사람인지 모른다. 수로는 후한(後漢) 건무(建武) 18년 임인(壬寅: 42)에, 구봉(龜峰)에 올라가 가락(駕洛)의 아홉 마을을 바라보고, 그 곳에서 나라를 열고 이름을 가야라 하였다. 후에 금관국(金官國)으로 고쳤다.
　그 자손이 계승하여 9세손 구해(仇亥)에 이르렀다. 구해는 혹 구차휴(仇次休)라고도 하며, 유신의 증조이다.
　김유신의 할아버지 무력(武力)은 신주도(新州道) 행군총관(行軍摠管)이었는데, 일찍이 군사를 거느리고 나아가 백제의 왕(성왕)과 장수 네 사람을 잡고 1만여 명의 머리를 베었다.
　김유신의 아버지 서현(舒玄)은 벼슬이 소판(蘇判) 대량주도독(大梁州都督) 안무대량주제군사(安撫大梁州諸軍事)에 이르렀다. 유신의 비문를 살펴보면 "아버지는 소판 김소연(金逍衍)이다"고 하였으니, 서현은 혹은 고친 이름인지, 혹은 소연은 자(字)인지 모르겠다. 의심이 있으므로 둘 다 적어 둔다.

별의 꿈을 꾸고 유신을 낳다

일찍이 서현이 길에서 갈문왕(葛文王) 입종(立宗)의 아들인 숙흘종(肅訖宗)의 딸 만명(萬明)을 보고, 마음에 들어 눈짓으로 꾀어, 중매를 거치지 않고 결합하였다. 서현이 만노군(萬弩郡: 충북 진천) 태수가 되어 만명과 함께 떠나려 하였다. 그제서야 숙흘종이 딸이 서현과 야합한 것을 알고 미워해 별채에 가두고 사람을 시켜 지키게 하였다. 갑자기 벼락이 문간을 때리자 지키던 사람이 놀라 정신이 없었다. 만명은 창문으로 빠져나가 서현과 함께 만노군으로 갔다.

서현이 경진일(庚辰日) 밤에 형혹성(熒惑星: 화성)과 진성(鎭星: 토성) 두 별이 자기에게 내려오는 꿈을 꾸었다. 만명도 신축일(辛丑日) 밤에 한 어린아이가 황금 갑옷을 입고 구름을 타고 집안으로 들어오는 꿈을 꾸었는데 얼마 후에 임신하여 20개월 만에 유신을 낳았다. 진평왕 건복(建福) 12년, 수 문제(文帝) 개황(開皇) 15년 을묘(595)였다.

김유신의 아버지가 그 이름을 지으려고 할 때 부인에게 말하였다.

"내가 경진일 밤에 길몽을 꾸어 이 아이를 얻었으니, 경진으로 이름을 지어야 하겠다. 그러나 『예기(禮記)』에 '날짜나 달의 이름으로 이름을 짓지 않는다'고 하였으니 지금 경(庚)자는 유(庾)자와 글자 모양이 서로 비슷하고 진(辰)은 신(信)과 소리가 서로 비슷하며, 더구나 옛날 어진 사람에도 유신이라고 이름 지은 이가 있으니 그렇게 이름 짓지 아니하랴?"

드디어 이름을 유신이라 하였다. 만노군은 지금(고려)의 진주(鎭州: 현재의 충북 진천)이다. 처음 유신의 태(胎)를 고산(高山)에 묻었으므로 지금(고려)까지도 태령산(胎靈山: 현재의 길상산)이라 부른다.

세상을 평정할 뜻을 품다

김유신 공은 15세에 화랑이 되었는데, 당시 사람들이 기꺼이 따랐으

단석산 경북 월성군 건천읍에 있으며 신라 때 화랑들의 훈련 장소로 이용되었다는 곳이다. 김유신이 신검으로 바위를 쳤더니 바위가 갈라졌다는 얘기가 전한다.

니, 그 무리를 용화향도(龍華香徒)*라고 불렀다. 진평왕 건복 28년 신미(611)에 공은 17세로, 고구려·백제·말갈이 국경을 침범하는 것을 보고 의분에 넘쳐 침략한 적을 평정할 뜻을 품고 홀로 중악(中嶽: 경주시 서면 단석산으로 비정) 석굴에 들어가 재계(齋戒)하고 하늘에 다음과 같이 고하고 맹세하였다.

"적국이 무도하여 승냥이와 범처럼 우리 강역을 어지럽게 하니 거의 평안한 해가 없습니다. 저는 한낱 미미한 신하로서 재주와 힘은 헤아리지 않고, 화란을 없애고자 하오니 하늘께서는 굽어살피시어 저에게 수단을 빌려 주십시오!"

머문 지 나흘이 되는 날에 문득 거친 털옷을 입은 한 노인이 나타나 말하였다.

* 용화향도: 화랑 김유신이 거느린 낭도 집단의 명칭. 용화란 먼 후일에 나타난다는 미륵불을 의미하며, 향도는 이를 신앙하는 신자 집단이라는 뜻이다.

"이 곳은 독충과 맹수가 많아 무서운 곳인데, 귀하게 생긴 소년이 여기에 와서 혼자 있음은 무엇 때문인가?"

유신이 대답하였다.

"어른께서는 어디서 오셨습니까? 존함을 알려 주실 수 있겠습니까?"

노인이 말하였다.

"나는 일정하게 머무르는 곳이 없고 인연 따라 가고 머물며, 이름은 난승(難勝)이다."

공이 이 말을 듣고 그가 보통 사람이 아닌 것을 알았다. 그에게 두 번 절하고 앞에 나아가 말하였다.

"저는 신라 사람입니다. 나라의 원수를 보니, 마음이 아프고 근심이 되어 여기 와서 만나는 바가 있기를 바라고 있었습니다. 엎드려 비오니 어른께서는 저의 정성을 애달피 여기시어 방술(方術)을 가르쳐 주십시오!"

노인은 묵묵히 말이 없었다. 공이 눈물을 흘리며 간청하기를 그치지 않고 예닐곱 번 하니 그제야 노인은 말하였다.

"그대는 어린 나이에 삼국을 병합할 마음을 가졌으니 또한 장한 일이 아닌가?"

이에 비법(秘法)을 가르쳐 주면서 말하였다.

"삼가 함부로 전하지 말라! 만일 의롭지 못한 일에 쓴다면 도리어 재앙을 받을 것이다."

말을 마치고 작별을 하였는데 2리쯤 갔을 때 쫓아가 바라보니, 보이지 않고 오직 산 위에 빛이 보일 뿐인데, 오색 빛처럼 찬란하였다.

건복 29년(612)에 이웃나라 적병의 침입이 점점 심해지자, 공은 장한 마음을 더욱 불러일으켜 혼자 보검을 가지고 열박산(咽薄山: 울산 울주구 두서면과 두동면에 걸쳐 있는 열박재) 깊은 골짜기 속으로 들어갔다. 향을 피우며 하늘에 고하여 빌기를 중악에서 맹세한 것처럼 하고 기도하였다.

"천관(天官 : 별 중에 큰 별)께서는 빛을 드리워 보검에 신령을 내려 주소서!"

사흘째 되는 밤에 허성(虛星)과 각성(角星) 두 별의 빛 끝이 빛나게 내려오더니 칼이 마치 흔들리는 듯하였다.

고구려와 싸움에 출정하다

건복 46년 기축(진평왕 51년, 629) 가을 8월에 왕이 이찬(伊湌) 임말리(任末里), 파진찬(波珍湌) 용춘(龍春)과 백룡(白龍), 소판(蘇判) 대인(大因)과 서현 등을 보내 군사를 거느리고 고구려의 낭비성(娘臂城 : 충북 청주시 상당구 산성동에 있는 상당산성)을 공격하게 하였다. 고구려인이 군사를 출동시켜 이를 맞아 치니, 우리가 불리하여 죽은 자가 많고, 뭇사람들의 마음이 꺾이어 다시 싸울 마음이 없었다. 유신이 그때 중당당주(中幢幢主)였는데, 아버지 앞에 나아가 투구를 벗고 고하였다.

"우리 군사가 패하였습니다. 제가 평생 충효를 지키며 살겠다고 기약하였으니, 전쟁에 임하여 용기를 내지 않을 수 없습니다. 듣건대 '옷깃을 들면 가죽옷이 펴지고, 벼리를 당기면 그물이 펼쳐진다' 하니, 제가 그 벼리와 옷깃이 되겠습니다."

이에 공은 말을 타고 칼을 빼어 들어 참호를 뛰어넘어 적진에 들락날락하면서 적장의 머리를 베어 들고 돌아왔다. 우리 군사들이 보고 기세를 타서 맹렬히 공격하여, 5,000여 명을 목베고 1,000명을 사로잡으니, 성안 사람들이 두려워하여 감히 항거하지 못하고 모두 나와 항복하였다.

상당산성 김유신이 아버지와 함께 처음으로 고구려 전쟁에 출전하였다는 곳이다. 충북 청주시에 있다.

김춘추와 뜻을 함께 하다

선덕대왕 11년 임인(642)에 백제가 대량주(大梁州: 경남 합천)를 격파하였을 때, 춘추공의 딸 고타소랑(古陀炤娘)이 남편 품석을 따라 죽었다. 춘추가 이를 한으로 여겨, 고구려에 청병하여 백제의 원한을 갚으려 하니 왕이 허락하였다. 춘추공이 장차 떠나려 할 때 유신에게 말하였다.

"나는 공과 한 몸이고 나라의 팔다리이니, 지금 내가 만약 저 곳에 들어가 해를 당하면, 공은 무심할 수 있겠는가?"

유신이 말하였다.

"공이 만일 가서 돌아오지 않는다면 나의 말발굽이 반드시 고구려와 백제, 두 임금의 뜰을 짓밟을 것이다. 진실로 그렇게 하지 못한다면 장차 무슨 면목으로 나라 사람을 대할 것인가?"

춘추가 감격하고 기뻐하여 공과 더불어, 함께 손가락을 깨물어 피를 마시며 맹세하여 말하였다.

"내가 날짜를 계산하여 보건대 60일이면 돌아올 것이다. 만약 이 기일이 지나도 돌아오지 않으면 다시 만나 볼 기약이 없을 것이다."

그리고 나서 서로 작별하였다.

후에 유신은 압량주(押梁州: 경북 경산시) 군주(軍主)가 되었다.

춘추가 고구려에 들어간 지 60일이 지나도 돌아오지 않자 유신은 국내의 용감한 군사 3,000명을 선발하고 그들에게 말하였다.

"내가 들으니 위태로움을 보고 목숨을 바치며, 어려움을 당하여 자신을 잊는 것은 열사의 뜻이라 한다. 무릇 한 사람이 목숨을 바치면 백 사람을 당해 내고, 백 사람이 목숨을 바치면 천 사람을 당해 내며, 천 사람이 목숨을 바치면 만 사람을 당해 낼 수 있으니 그러면 천하를 마음대로 주름잡을 수 있다. 지금 나라의 어진 재상이 다른 나라에 억류되어 있는데, 두렵다고 하여 어려움을 당해 내지 않을 것인가?"

이에 뭇 사람들이 말하였다.

"비록 만 번 죽고 겨우 한 번 살 수 있는 일에 나가더라도 어찌 감히 장군의 명령을 따르지 않겠습니까?"

드디어 왕에게 청하여 군사들의 출전 기일을 정하였다. 그때 고구려 첩자 승려 덕창(德昌)이 사람을 시켜 이를 고구려 왕에게 아뢰었다. 고구려 왕은 이미 춘추의 맹세하는 약속을 받았고, 또 첩자의 말을 들었으므로 춘추를 더 잡아 둘 수 없어 후하게 대접하여 돌려보냈다. 춘추는 국경을 벗어나자 바래다준 사람에게 말하였다.

"나는 백제에 대한 유감을 풀고자 하여 군대를 청하러 왔다가 대왕께서 허락하지 않고 도리어 땅을 내놓으라고 요구하니 이는 신하인 내가 마음대로 할 수 있는 바가 아니다. 엊그제 대왕께 서신을 올린 것은 죽음에서 벗어나려는 뜻이었을 뿐이다."

백제군을 격퇴하다

유신은 압량주 군주가 되었다가 (선덕왕) 13년에 소판이 되었고, 가을 9월에 왕이 상장군으로 삼아 군사를 거느리고 백제의 가혜성(加兮城: 경북 고령군 우곡면), 성열성(省熱城: 경남 의령군 부림면 신반리), 동화성(同火城: 경북 구미시 인의동 일대) 등 일곱 성을 쳐서 크게 이겼다. 이로 말미암아 가혜진(加兮津: 경북 고령군 우곡면 도율동 일대)을 열었다.

을사년(645) 정월에 돌아와 왕을 뵙기도 전에 백제의 대군이 와서 우리 매리포성(買利浦城: 남해대교가 지나는 경남 함안군 칠서면 용성리 부근)을 공격한다는 사령의 급한 보고가 들어왔다. 왕이 다시 유신을 상주(上州: 경북 상주시) 장군으로 임명하여 이를 막게 하니, 유신은 명령을 받자마자 말에 올라 처자를 만나지 않고, 백제 군대를 반격하여 쫓아냈는데 2,000명을 목베었다.

3월에 왕궁에 돌아와 복명하고 미처 집으로 돌아가기 전에 또 백제 군사가 국경에 주둔하여 많은 군사로 우리를 치려 한다는 급보가 들어왔다. 왕이 다시 유신에게 말하였다.

"청컨대 공은 수고로움을 꺼리지 말고 급히 가서 그들이 이르기 전에 대비하시오!"

이에 유신은 또 집에 들르지 않고 군대를 선발하고 병기를 손질하여 서쪽으로 떠났다.

이때 그 집 사람들이 모두 문밖에 나와서 오기를 기다리고 서 있었다. 유신이 자기 집 앞을 지나면서 돌아다보지 않고 가다가 50보쯤 이르러 말을 세우게 하고 사람을 시켜 집에 가서 미음을 가져오게 하여 마시고는 말하였다.

"우리 집 물은 옛 맛 그대로구나!"

이에 많은 군사들이 모두 말하였다.

"대장군도 오히려 이와 같이 하시니 우리들이 골육을 이별함을 어찌 한스러워하랴!"

국경에 이르니 백제 사람들이 우리 군사의 방비를 멀리서 바라보고는 감히 진격하지 못하고 물러났다. 대왕이 이 소식을 듣고 대단히 기뻐하여 벼슬과 상을 더하여 주었다.

비담의 반란을 진압하다

선덕왕 16년 정미(647)는 선덕왕 말년이고 진덕왕 원년이다. 대신 비담과 염종이 여자 임금이 잘 다스리지 못한다 하여 군사를 일으켜 왕을 폐하려 하니 왕은 스스로 왕궁 안에서 방어하였다.

비담 등은 명활성(明活城: 경북 경주시 보문단지 남쪽 천군동과 보문동에 있는 산성)에 주둔하고, 왕의 군대는 월성(月城: 경북 경주시 인왕동에 있는 토성)에 머물고 있었다. 공격과 방어가 열흘이 지나도 결말이 나지 않았다. 한밤중에 큰 별이 월성에 떨어지니 비담 등은 사병들에게 말하였다.

"내가 듣건대 '별이 떨어진 아래에는 반드시 피흘림이 있다'고 하니, 이는 틀림없이 여왕이 패할 징조이다."

이에 병졸들이 지르는 환호성이 천지를 진동시켰다.

대왕이 그 소리를 듣고 두려워하여 어찌할 줄을 몰랐다. 유신이 왕을 뵙고 말하였다.

"길함과 불길함은 정해진 것이 아니라, 오로지 사람이 부르는 것입니다. 그러므로 (은나라) 주(紂)왕은 붉은 새[鳳凰]가 나타났어도 망하였고, 노나라는 기린(麒麟)을 얻었어도 쇠하였으며, (은나라) 고종은 장끼가 울었어도 중흥을 이루었고, 정공(鄭公)은 두 마리 용이 싸웠으나 창성하였습니다. 그러므로 덕이 요사한 것을 이긴다는 사실을 알 수 있습니다. 별이 떨어진 변괴는 족히 두려워할 것이 아닙니다. 청컨대 왕께서는 걱정 하지 마십시오."

이에 허수아비를 만들어 불을 붙인 다음 연에 실어 하늘로 올라가듯이 하고는 다음 날 사람을 시켜 길가는 사람에게 "어젯밤에 떨어진 별이 다시 올라갔다"는 소문을 퍼뜨려 반란군으로 하여금 의심을 품게 하였다. 그리고 흰 말을 잡아 별이 떨어진 곳에서 제사를 지내고 다음과 같이 빌었다.

"자연의 이치는 양은 강하고 음은 부드러우며, 사람의 도리는 임금은 높고 신하는 낮습니다. 만약 혹시 그 질서가 바뀌면 곧 큰 혼란이 옵니다. 지금 비담 등이 신하로서 군주를 해하려 하고 아랫사람이 윗사람을 침범하니 이는 이른바 난신적자(亂臣賊子)로 사람과 신이 함께 미워하고 천지가 용납할 수 없는 바입니다. 지금 하늘이 이에 무심한 듯하고 도리어 왕의 성안에 별이 떨어지는 변괴를 보이니 이는 제가 의심하고 깨달을 수 없는 바입니다. 생각건대 하늘의 위엄은 사람이 하고자 함에 따라 착한 이를 착하게 여기고 악한 이를 미워하시어 신령으로서 부끄러움을 짓지 말도록 하십시오!"

그리고 나서는 여러 장수와 병졸을 독려하여 힘껏 치게 하니, 비담 등이 패하여 달아나자 추격하여 목을 베고 구족(九族)을 죽였다.

품석 부부의 원한을 갚다

진덕왕 태화(太和) 원년 무신(648)에 춘추는 고구려의 청병을 이루지 못하자, 당나라에 들어가 군사를 청하였다. 이에 태종 황제가 말하였다.

"너희 나라 유신의 명성을 들었는데, 그 사람됨이 어떠한가?"

이에 대답하였다.

"유신은 비록 다소의 재주와 지략이 있으나 만약 황제의 위엄을 빌리지 않으면 어찌 쉽게 걱정거리인 이웃나라를 없앨 수 있겠습니까?"

황제는 "참으로 군자의 나라로구나!" 하고는 요청을 수락하였다. 그리고 장군 소정방에게 명하여 군대 20만을 거느리고 백제를 정벌하게 하였다.

그때 유신은 압량주 군주로 있었는데 마치 군사에 뜻이 없는 것처럼 술을 마시고, 노래를 부르고 놀며 몇 달을 보내니, 주(州)의 사람들이 유신을 용렬한 장수라고 생각하여 헐뜯어 말하였다.

"뭇 사람이 편안하게 지낸 지가 오래되어 남는 힘이 있어 한 번 전투를 해봄직한데 장군이 용렬하고 게으르니 어찌할 것인가."

유신이 이 말을 듣고 백성을 한 번 쓸 수 있음을 알고는 대왕에게 고하였다.

"이제 민심을 살펴보니 전쟁을 치를 수 있습니다. 청컨대 백제를 쳐서 대량주 전쟁에 대한 보복을 합시다!"

왕은 "작은 나라가 큰 나라를 건드렸다가 위험을 당하면 장차 어떻게 하겠소?" 하니, 유신은 다음과 같이 대답하였다.

"전쟁의 승부는 대소에 달린 것이 아니고 인심이 어떤가에 달려 있을 뿐입니다. 그러므로 주(紂)에게는 수많은 백성이 있었으나 마음과 덕이 떠나 주(周)나라 열 명의 신하가 마음과 덕을 합친 것만 같지 못 하였습니다. 이제 우리 백성은 뜻을 같이하여 생사를 함께 할 수 있는데, 저 백제는 두려워할 바가 아니 됩니다."

왕이 이에 허락하였다.

주의 군사를 선발하여 훈련시켜 적에게 나가게 하여 대량성(大梁城: 경남 합천)에 이르니 백제가 맞서 대항하였다. 거짓 패배하여 이기지 못하는 척하여 옥문곡까지 후퇴하니 백제 측에서 가볍게 보아 대군을 이끌고 왔으므로 복병이 그 앞뒤를 공격하여 크게 물리쳤다. 백제 장군 여덟 명을 사로잡고, 목베거나 포로로 잡은 수가 1,000명에 달하였다. 이에 사신을 백제 장군에 보내 말하였다.

"우리의 군주 품석과 그의 아내 김씨의 뼈가 너의 나라 옥중에 묻혀 있고, 지금 너희의 부장 여덟 명이 나에게 잡혀 엎드려 살려 달라고 하였다. 나는 여우나 표범도 죽을 때는 고향으로 머리를 돌린다는 말을 생각하여 차마 죽이지 못하고 있다. 이제 그대가 죽은 두 사람의 뼈를 보내 산 여덟 사람과 바꿀 수 있는가?"

백제의 좌평 중상(仲常)이 왕에게 아뢰었다.

"신라인의 해골을 남겨 두어도 이로울 바가 없으니 보내는 것이 좋을 듯합니다. 만약 신라인이 약속을 지키지 않아 우리의 여덟 명을 보내지 않는다면 잘못이 저쪽에 있고, 곧음이 우리 쪽에 있으니 어찌 걱정할 바가 있겠습니까?"

이에 품석 부부의 뼈를 파내어 관에 넣어 보냈다.

유신이 말하였다.

"한 잎이 떨어진다고 하여 무성한 수풀이 줄어들지 않으며, 한 티끌이 쌓인다고 하여 큰 산이 보태지는 법이 아니다."

그리고 여덟 사람이 살아 돌아가도록 허락하였다.

드디어 승리의 기세를 타고 백제의 영토에 들어가 악성(嶽城) 등 열두 성을 공격하여 함락시키고 2만여 명을 목베고, 9,000명을 사로잡았다. 공로를 논하여 이찬으로 승진시키고 상주(上州) 행군대총관에 임명하였다. 다시 적의 영토에 들어가 진례(進禮 : 충남 금산 일대) 등 아홉 성을 무찔러 9,000여 명을 목베고 600명을 포로로 잡았다.

백제 대신을 회유하다

영휘 6년 을묘(655) 가을 9월에 유신이 백제 땅에 들어가 도비천성(刀比川城 : 충북 영동군 양산면에 있는 성)을 공격하여 함락시켰다. 이 무렵 백제의 임금과 신하들은 심히 사치하고 지나치게 방탕하여 국사를 돌보지 않아 백성이 원망하고 신이 노하여 재앙과 괴변이 속출하였다.

유신이 왕에게 고하였다.

"백제는 무도하여 그 지은 죄가 걸주(桀紂)보다 심하니 이때는 진실로 하늘의 뜻을 따라 백성을 위로하고 죄인을 정벌하여야 할 때입니다."

이보다 앞서 급찬(級湌) 조미갑이 부산현령(夫山縣令)이 되었다가 백제에 포로로 잡혀 갔다. 조미갑은 좌평 임자(任子)의 종이 되어 일을 부지런히 하고 성실하게 하여 일찍이 조금도 게을리하지 않았다. 임자가 불쌍히 여기고 의심하지 않아 출입을 마음대로 하게 하였다. 이에 도망쳐 돌아와 백제의 사정을 유신에게 고하니 유신은 조미갑이 충직하여 쓸 수 있음을 알고 말하였다.

"내가 들으니 임자는 백제의 일을 오로지 하고 있어 그와 함께 도모하고자 하였는데, 길이 없었다. 자네가 나를 위하여 다시 돌아가 말해 다오!"

그가 답하였다.

"공께서 저를 어리석다고 생각하지 않으시고 지목하여 부리고자 하시니 비록 죽더라도 후회가 없습니다."

드디어 그가 다시 백제에 들어가 임자에게 아뢰었다.

"제가 스스로 생각하기를 이미 이 나라의 백성이 되었으니 마땅히 나라의 풍속을 알아야 하므로 집을 나가 수십 일간 놀면서 돌아오지 않았습니다. 그러나 개나 말이 주인을 그리워하는 것 같은 정을 이기지 못하여 돌아왔습니다."

임자는 이 말을 믿고 나무라지 않았다. 조미갑이 틈을 타서 보고하였다.

"저번에는 죄를 두려워하여 감히 솔직하게 말씀드리지 못했습니다. 사실은 신라에 갔다가 돌아왔습니다. 유신이 저를 타일러 님께 가 아뢰도록 하기를 '나라의 흥망은 미리 알 수 없는 법이니 만약 그대의 나라가 망하면 그대는 우리나라에 의지하고, 우리나라가 망하면 나는 그대의 나라에 의지하겠다' 고 합니다."

임자가 듣고는 묵묵히 아무 말을 하시 않았나. 조미갑은 두려워하며 물러가 처벌을 기다렸다. 수개월 후 임자가 불러 물었다.

"네가 저번에 말한 유신의 말이 무엇이었느냐?"

이에 조미갑이 놀라고 두려워하면서 전에 말한 바와 같이 대답하였다. 임자가 말하였다.

"네가 전한 바를 내가 이미 상세히 알고 있었다. 돌아가서 아뢰어도 좋다."

조미갑은 드디어 돌아와서 김유신에게 보고하였다. 겸하여 백제의 국내외의 일을 말하여 주었는데 정말 상세하였다. 이에 더욱 백제를 병합할 모의를 급하게 하였다.

백제를 멸하고 소정방의 회유책을 거절하다

태종대왕 7년 경신(660) 여름 6월에 대왕은 태자 법민과 더불어 백제를 치기 위하여 대군을 동원하여 남천(南川: 경기 이천시)에 와서 주둔하고 있었다. 그때 당에 들어가 군사를 청한 파진찬 김인문이 당나라 대장군 소정방, 유백영(劉伯英)과 함께 13만 군사를 거느리고 바다를 건너 덕물도에 도착하였고, 부하 문천(文泉)을 보내 알려 왔다.

왕은 태자와 장군 유신·진주·천존 등에게 명하여 큰 배 100척으로 군사를 싣고 만나게 하였다. 태자가 장군 소정방을 만나니 정방이 태자에게 말하였다.

"나는 바닷길로, 태자는 육로로 가서 7월 10일에 백제의 서울 사비성에서 만나자."

태자가 와서 대왕에게 고하니 대왕은 장수와 병사를 거느리고 행군하여 사라(沙羅)의 정(停)에 이르렀다.

장군 소정방과 김인문 등은 바다를 따라 기벌포로 들어갔는데 해안이 진흙이어서 빠져나갈 수 없었다. 이에 버들로 엮은 자리를 깔아 군사를 진군시켜 당군과 신라군이 합동으로 백제를 쳐서 멸하였다.

이 전쟁에서 유신의 공이 많았으므로 당나라 황제가 이를 듣고 사신을 보내 포상하고 칭찬하였다. 장군 정방이 유신·인문·양도(良圖) 세 사람에게 말하였다.

덕적도 660년 신라가 당나라에 군사를 요청하자 소정방이 대군을 이끌고 소야도에 들어왔다. 무열왕은 세자 김법민과 김유신으로 하여금 덕적도로 나가 소정방을 맞이하게 하였다. 경기 옹진군 덕적면에 있다.

"나는 황제의 명으로 현지의 일을 적절하게 처리하도록 되어 있다. 지금 얻은 백제의 땅을 그대들에게 나누어 주어 식읍으로 삼게 하여 그 공로에 보답하고자 하니 그대들 생각은 어떤가?"

유신이 대답하였다.

"대장군께서 황제의 군사를 이끌고 와서 우리 임금의 희망에 따라 우리나라의 원수를 갚아 우리 임금과 온 나라의 백성이 기뻐하기에 바쁜데 우리들만 홀로 내려 줌을 받아 스스로 이익을 챙기는 것은 의리상 할 수 없다."

그리고 받지 않았다.

당나라 군대를 물리치다

당나라 사람들이 이미 백제를 멸하고, 사비(泗沘)의 언덕에 주둔하면서 몰래 신라를 칠 계획을 세우고 있었다. 우리 왕이 이를 알아차리고 군신을 불러 대책을 물었다.

다미공(多美公)이 나아가 말하였다.

"우리 백성으로 하여금 거짓으로 백제 사람인 것처럼 그 옷을 입혀 만약 반역하게 하면 당나라 군대가 반드시 칠 것이니 이로 인하여 싸우면 뜻을 이룰 수 있을 것입니다."

유신이 이 말은 취할 만하니 이를 따를 것을 청하였다.

왕이 말하였다.

"당나라 군사가 우리를 위하여 적을 멸하였는데 도리어 그들과 싸운다면 하늘이 우리를 도와주겠는가?"

유신이 말하였다.

"개는 주인을 두려워하지만 주인이 그 다리를 밟으면 무는 법인데 어찌 어려움을 당하여 스스로를 구하지 않을 수 있습니까? 청컨대 대왕께서는 허락하여 주십시오!"

당나라 사람이 우리에게 대비함이 있음을 염탐하여 알고는 백제 왕과 신료 93명, 병사 1만 명을 포로로 잡아 9월 3일 사비에서 배를 타고 (당나라로) 돌아가고 낭장 유인원 등을 남겨 지키도록 하였다. 정방이 포로를 황제에게 바치니 천자가 위로하면서 물었다.

"어찌 내친 김에 신라를 치지 않았는가?"

정방이 말하였다.

"신라는 그 임금이 어질어 백성을 사랑하고, 그 신하들은 충성으로 나라를 섬기어 아랫사람이 윗사람을 부형처럼 섬기니 비록 작은 나라이지만 공격할 수가 없었습니다."

용삭(龍朔) 원년(661) 봄에 왕이 말하였다.

"백제의 남은 세력이 아직 없어지지 않았기 때문에 이를 멸하지 않을 수 없다."

이에 왕은 이찬 품일과 소판 문왕(文王: 태종무열왕의 셋째아들), 대아찬 양도 등을 장군으로 삼아 가서 치게 하였으나 이기지 못하였다.

계족산성 김유신이 백제 부흥 세력을 물리쳤던 옹산성으로 추정된다. 대전 대덕구 회덕동에 있다.

　다시 김유신의 동생 이찬 흠순과 진흠(眞欽), 천존과 죽지 등을 보내 군사를 인솔하게 하였다. 고구려와 말갈이 신라의 정예 군사가 모두 백제 땅에 가 있어, 나라 안이 비어 있으므로 칠 수 있을 것이라 생각하고 군대를 동원하여 수륙으로 진군시켜 북한산성(北漢山城)을 포위하였다. 고구려는 그 서쪽에, 말갈은 그 동쪽에 주둔하여 공격이 수십 일에 이르니 성안 사람들이 두려워하고 있었다.
　갑자기 큰 별이 적의 진지에 떨어지고 천둥과 벼락이 치며 비가 오니 적들이 의심하고 두려워하여 포위를 풀고 달아났다. 이전에 유신은 적이 성을 포위하였다는 소식을 듣고는 말하였다.
　"사람의 힘을 다하였으니 이제 신령의 도움을 받을 수밖에 없다."

그리고 절에 나아가 제단을 마련하고 기도를 드렸더니 마침 하늘의 변괴가 있었다. 모든 사람이 지극한 지성이 감동시킨 바라고 말하였다.

고구려 첩자를 알아내다

유신이 일찍이 한가위 날 밤에 자제를 거느리고 대문 밖에 서 있는데, 문득 서쪽에서 오는 사람이 있었다. 유신은 그가 고구려 첩자임을 알고 불러 앞에 세우고 말하였다.

"너희 나라에 무슨 일이 있는가?"

그 사람은 얼굴을 숙이고 감히 대답하지 못하였다.

유신이 말하였다.

"두려워하지 말고 단지 사실대로 말하라!"

그래도 말을 하지 않았다.

유신이 말하였다.

"우리나라 임금님은 위로는 하늘의 뜻을 어기지 않고 아래로는 백성의 마음을 잃지 않아서 백성이 즐겁게 모두 자기 일을 즐기고 있음을 지금 네가 보았으니 가서 너희 나라 사람들에게 알려 주어라!"

그리고 그 사람을 위로하여 돌려보냈다. 고구려 사람들이 이 말을 듣고 말하였다.

"신라는 비록 작은 나라이지만 유신이 재상을 하고 있는 한 가벼이 할 수가 없다."

소정방에게 군량미를 전달하다

문무왕 원년 6월에 당나라 고종 황제가 장군 소정방 등을 보내 고구려를 정벌하려 할 때 당나라에 들어가 숙위하고 있던 김인문이 명을 받고 돌아와 출병일을 알리고, 겸하여 출병하여 함께 치기를 권유하였다.

이에 문무대왕은 유신·인문·문훈 등을 인솔하여 많은 병사를 출동시켜 고구려로 향하였다. 행군이 남천주에 이르렀을 때, 그곳에는 사비에서 배를 타고 혜포(鞋浦)에 상륙하여 남천주로 온 유인원의 군사가 주둔하고 있었다. 그때 담당 관청이 보고하였다.

"앞길에 백제의 잔적이 옹산성(甕山城: 대전 대덕구 계족산성)에 모여 있어 길을 막고 있으니 곧바로 전진할 수 없습니다."

이에 유신이 군사를 진격시켜 성을 포위하고 사람을 시켜 성 아래에 가까이 가게 하여 적장에게 말하였다.

"너희 나라가 공손하지 못하여 대국(大國)의 토벌을 당하였다. 명을 따르는 자는 상을 주겠고 명을 따르지 않는 자는 죽이겠다. 지금 너희들은 홀로 외로운 성을 지켜 어찌하고자 함인가? 끝내 반드시 패망할 것이니 성에서 나와 항복하여 생명을 구할 수 있을 뿐만 아니라 부귀를 기약함보다 더 좋은 방책이 없을 것이다."

적들이 큰 소리로 외쳤다.

"비록 조그만 성이지만 군사와 식량이 모두 족하며, 장수와 병졸이 의롭고 용기가 있으니 차라리 죽도록 싸울지언정 맹세코 살아 항복하지는 않겠다."

이에 유신이 웃으며 말하였다.

"궁지에 몰린 새와 짐승은 오히려 스스로를 구할 줄 안다고 하는데 이 경우를 두고 말함이라!"

그리고는 깃발을 흔들고 북을 쳐 공격하였다.

대왕은 높은 곳에 올라 싸우는 군사를 보고 눈물을 흘리며 격려하니, 병사들이 모두 분발하여 공격하여 창끝과 칼날을 겁내지 않았다. 9월 27일에 성을 함락하자 적의 장수를 잡아 처형하고, 그 백성은 놓아 주었다.

공을 논하여 장수와 병사에게 상을 주었고 유인원도 비단을 차등 있게 나누어 주었다. 이에 군사에게 잔치를 베풀고 말을 먹인 후 당나라 군사가 와 있는 곳에 가서 이와 합치려 하였다. 대왕은 앞서 대감(大監: 장군직 아래의 무관직) 문천을 보내 소(蘇)장군에게 서신을 보냈던바, 이 무렵 돌아와 보고하였다.

"내가 명을 받아 만 리나 되는 푸른 바다를 건너 적을 치려 배로 해안에 이른 지가 벌써 한 달이 지났는데 대왕의 군사가 이르지 않으니 식량을 이을 길이 없어 위태로움이 심합니다. 왕께서는 조처하여 주십시오!"

대왕이 뭇 신하에게 "어찌하면 좋을꼬?" 하고 물었다.

다같이 말하기를 "적의 경계 내에 깊이 들어가 식량을 수송하는 것은 형편상 이룰 수가 없다"라고 하였다.

대왕은 걱정하면서 한숨을 쉬었다.

유신이 앞에 나아가 대답하였다.

"신이 지나치게 은혜로운 대우를 받았고, 무거운 책임을 맡았으니 국가의 일을 비록 죽는 한이 있더라도 피하지 않겠습니다. 오늘이 이 늙은 신하가 절의를 다하여야 할 때입니다. 마땅히 적국에 가서 소 장군의 뜻에 부응하겠습니다."

대왕이 자리 앞에 나아가 그 손을 잡고 눈물을 흘리면서 말하였다.

"공의 어진 보필을 얻었으니 걱정이 없습니다. 만약 이번 일이 뜻한 대로 어긋남이 없으면 공의 공덕을 어느 날인들 잊을 수 있겠습니까?"

유신이 이미 명을 받고 현고잠(懸鼓岑)의 동굴 안 절에 가서 재계하였다. 곧바로 영실(靈室: 부처를 봉안한 불당)에 들어가 문을 닫고 홀로 앉아 분향하여 여러 날 밤을 지내고 나와서 사사로이 홀로 즐거워하며 말하였다.

"나는 이번 걸음에서 죽지 않을 것이다."

장차 떠나려 하니 왕이 손수 쓴 글을 유신에게 주었는데 "국경을 벗어난 후 상벌을 마음대로 하여도 좋다"고 하였다.

12월 10일에 부장군 인문(仁問)·진복(眞服)·양도 등 아홉 장군과 더불어 병사를 인솔하고 식량을 실어 고구려의 경계 안으로 들어갔다.

임술년(662) 정월 23일 칠중하(七重河: 경기 파주시 적성 부근의 임진강)에 이르렀는데, 사람들이 두려워하여 감히 먼저 배에 오르지 않자 유신이 말하였다.

"그대들이 이처럼 죽음을 두려워한다면 어찌 이 곳에 왔는가?"

그리고 스스로 먼저 배에 올라 건너니 여러 장군과 병졸이 따라 강을 건너 고구려 강역 안에 들어갔다. 고구려인이 큰 길에서 지킬 것을 염려하여 험하고 좁은 길로 행군하여 산양에 이르렀다. 유신이 여러 장수들에게 말하였다.

"고구려와 백제 두 나라가 우리 강역을 침범하여 우리 백성을 죽이고 젊은이를 포로로 잡아가 목을 베었으며, 혹은 어린아이를 잡아다가 종으로 부린 지가 오래되었으니 통탄할 일이 아닌가? 내가 지금 죽음을 두려워하지 않고 어려움에 나가는 것은 대국의 힘에 의지하여 두 나라 수도성을 함락시켜 나라의 원수를 갚고자 함이다. 마음속으로 맹세하고 하늘에 고하여 신령의 도움을 기대하나 여러분의 마음이 어떤지 몰라 말한다. 적을 가벼이 보는 자는 반드시 성공하여 돌아갈 것이나, 적을 두려워하면 어찌 포로로 잡힘을 면할 수 있겠는가? 마땅히 한마음으로 협력하면 한 사람이 백 사람을 당해 내지 못함이 없을 것이니 이것이 여러분에게 바라는 바이다."

그러자 여러 장졸들이 모두 말하였다.

"원컨대 장군님의 명을 받들겠으며 감히 살겠다는 마음을 가지지 않겠습니다."

이에 북을 치며 평양으로 향하였다. 길에서 적병을 만나면 역습하여 이기니 얻은 무기가 매우 많았다. 장새(獐塞: 황해 수안)의 험한 곳에 이르렀을 때 마침 날씨가 매우 추웠고 사람과 말이 지치고 피곤하여 쓰러짐이 많았다. 유신이 어깨를 드러내고 채찍을 잡아 말을 몰아 앞에 나가니 뭇 사람이 이를 보고 힘을 다하여 달려 땀이 나자 감히 춥다고 하는 자가 없었다. 드디어 험한 곳을 지나니 평양이 멀지 않았다.

유신이 말하였다.

"당나라 군대의 식량 부족이 심할 터이니 마땅히 먼저 알려야겠다."

그리고 보기감(步騎監: 보기당의 군관) 열기(裂起)를 불러 말하였다.

"내가 젊어서 그대와 놀 때 너의 뜻과 절의를 알았다. 지금 소 장군에게 소식을 전해야겠는데 적당한 사람을 찾기가 어렵다. 네가 가지 않겠는가?"

열기가 말하였다.

"내 비록 어리석으나 외람되이 중군(中軍)직을 맡았고, 하물며 장군님이 시키신다면 비록 죽는 날도 살아 있는 때와 같다고 여기겠습니다."

드디어 힘센 군사 구근(仇近) 등 열다섯 명을 데리고 평양으로 가서 소 장군을 만나 말하였다.

"유신 등이 군사를 이끌고 식량을 가지고 가까운 곳에 이르렀다."

이에 정방이 기뻐서 글로 감사하다고 썼다.

유신 등이 양오에 다다라 한 노인을 만나 물었더니 적국의 소식을 상세히 말해 주었다. 베와 비단을 주었더니 사양하여 받지 않고 가 버렸다. 유신이 양오에 진을 치고 중국말을 할 줄 아는 인문, 양도, 그리고 그 아들 군승(軍勝) 등을 보내 당나라 군영에 가서 왕의 명으로 군량을 보냈음을 알렸다.

정방은 식량이 떨어지고 군사가 피곤하였으므로 힘껏 싸울 수 없어 식량을 얻고는 돌연히 당으로 돌아갔다. 양도는 군사 800명을 거느리고 바다로 귀국하였다.

그때 고구려인이 군사를 매복시켰다가 우리 군대가 돌아오는 길에서 공격하고자 하였다. 유신이 북과 북채를 모든 소의 허리와 꼬리에 매달아 뛸 적마다 소리를 내게 하였고, 또 땔나무를 쌓아 놓고 태워 연기와 불이 끊이지 않게 해 놓고 밤중에 표하(瓢河: 임진강의 한 지류)에 이르러 나루를 건너 강가에서 군사를 쉬게 하였다. 고구려인이 이를 알고 추격해 왔다. 유신이 만노(萬弩)를 일제히 발사하니 고구려 군대가 물러나므로 여러 부대의 장병을 독려하여 나누어 출발하게 하고 역습하여 패퇴시켰다. 장군 한 사람을 사로잡았고, 1만여 명을 목베었다. 왕이 소식을 듣고 사신을 보내 위로하였고 돌아오자 상을 내려 식읍을 내리고 벼슬을 차등 있게 하였다.

백제를 구원하러 온 왜병을 격파하다

용삭(龍朔) 3년 계해(663)에 백제의 여러 성이 몰래 부흥을 꾀하여 그 장수들이 두솔성(豆率城)에 근거하며 왜에 군사를 청하여 후원을 삼았다.* 이에 대왕이 친히 장군 유신·인문·천존·죽지 등을 인솔하고 7월 17일에 정벌에 나서 웅진주(熊津州: 충남 공주시 일대)에 이르러 주둔하고 있던 유인원과 군사를 합쳐 8월 13일에 두솔성에 이르렀다. 백제인과 왜인이 진영에서 나오자 아군이 힘껏 싸워 크게 이겼다. 백제와 왜인이 모두 항복하였다. 대왕이 왜인들에게 말하였다.

"우리나라와 너희 나라는 바다를 사이에 두고 강역이 나뉘어 있어 일찍이 전쟁한 일이 없고 단지 우호관계를 맺어 사신을 서로 교환하여 왔는데, 무슨 까닭으로 금일 백제와 죄악을 함께 하여 우리나라를 침략하는가? 지금 너희 군졸은 나의 손아귀에 들어 있으나 차마 죽이지 않겠다. 너희는 돌아가 너희의 국왕에게 전하라! 그리고 너희는 가고 싶은 대로 가라!"

군대를 나누어 치니 모든 성이 항복하였으나 오직 임존성(任存城)만은 지세가 험하고 성이 견고하며 또한 식량이 많아 30일을 공격하여도 함락시키지 못하였다. 군사가 피곤하여 싸움을 싫어하였으므로 대왕

---

* 왜에 관한 기사: 왜병에 대한 기록은 『삼국사기』 권6 신라 본기에는 전혀 보이지 않으나 『삼국사기』 권28 백제 본기 의자왕 21년조의 부흥 관련 기사에는 왜인이 네 차례 전투에서 패배하고 400척의 병선이 불탄 것으로 기록되어 있다.

이 말하였다.

"지금 비록 한 성을 함락시키지 않아도 다른 모든 성이 항복하였으니 공이 없다고 할 수 없다."

그리고 군사를 거두어 돌아왔다. 겨울 11월 20일에 서울에 와서 유신에게 토지 500결을 내려 주고 다른 장병에게 상을 차등 있게 내려 주었다.

고구려 원정에 출정하지 못하다

총장(總章) 원년 무진(668)에 당나라 고종 황제가 영국공(英國公) 이적(李勣)을 시켜 군사를 일으켜 고구려를 치게 할 때, 우리에게도 군사를 징발케 했다. 문무대왕이 군사를 내어 호응하려고 하여 흠순, 인문에게 명하여 장군을 삼았다.

흠순이 왕에게 고하였다.

"만일 유신과 함께 가지 않으면 후회가 있을까 합니다."

왕이 말하였다.

"공들 세 신하(유신·흠순·인문)는 나라의 보배이다. 만약 다 함께 적지로 나갔다가 혹 뜻하지 않은 일이 생겨 돌아오지 못한다면 나라가 어찌될 것인가? 그러므로 유신을 머물러 나라를 지키게 하면 흔연히 장성(長城)과 같아 끝내 근심이 없을 것이다."

흠순은 유신의 아우이고, 인문은 유신의 생질이므로, (유신을) 높이 섬기고 감히 거역하지 못하였다. 이때 이르러 유신에게 고하였다.

"우리들이 부족한 자질로 지금 대왕을 따라 어떤 일이 일어날지 예측할 수 없는 땅으로 가게 되었으니 어찌하여야 좋을지를 원컨대 지시해 주기를 바랍니다!"

(유신이) 대답하였다.

"대저 장수된 자는 나라의 간성(干城)과 임금의 조아(爪牙)가 되어 승부를 싸움터에서 결판내야 하는 것이니, 반드시 위로는 하늘의 도를 얻고 아래로는 땅의 이치를 얻으며, 중간으로는 인심(人心)을 얻은 후에야 성공할 수 있다. 지금 우리나라는 충성과 신의로 존재하고 있으며, 백제는 오만으로 망하였고, 고구려는 교만함으로 위태롭게 되었다. 지금 우리의 곧음으로 저편의 잘못을 친다면 뜻을 이룰 수 있거늘, 하물며 큰 나라 밝은 천자(天子)의 위엄을 의지하고 있어서랴! 가서 힘써 자네들 일에 그르침이 없게 하라."

두 공(公)이 절하며 말하였다.

"받들어 잘 행동하여 감히 실패함이 없게 하겠습니다."

통일에 바친 공로를 포상하다

문무대왕이 이미 영공(英公: 영국공 이적)과 함께 평양을 격파한 다음, 남한주(南漢州: 경기 하남시)로 돌아와 여러 신하들에게 말하였다.

"옛날 백제의 명농왕(성왕)이 고리산(古利山: 충북 옥천의 환산)에 있으면서 우리나라를 치려고 꾀하였을 때, 유신의 조부(祖父) 각간 무력이 장수가 되어 맞아 쳐 승세를 타서 그 왕 및 재상 네 사람과 사졸들을 사로잡아 그 침입을 좌절시켰다. 또 그의 아버지 서현은 양주(良州: 경남 양산시) 총관이 되어 여러 번 백제와 싸워 그 예봉을 꺾어 변경을 침범하지 못하게 하였다. 이에 변방의 백성들은 편안히 농사짓고 누에를 쳤으며, 군신이 국가의 일에 골몰하는 근심을 없게 하였다. 지금 유신이 할아버지, 아버지의 일을 계승하여 사직을 지키는 신하가 되었고, 나가서는 장수가 되고 들어와서는 재상이 되어 그 공적이 많았다. 만일 공의 힌 집안에 의지하지 않았다라면 나라의 흥망이 이렇게 되었을지 알 수 없다. 그의 직(職)과 상(賞)을 어떻게 하면 좋겠는가?"

여러 신하들이 "참으로 대왕의 생각하심과 같습니다"라고 하였다.

이에 태대서발한(太大舒發翰)의 직위와 식읍 500호를 주었으며, 이어 수레와 지팡이를 하사하고 대궐을 드나듦에 몸을 굽히지 않도록 하였다. 그의 모든 보좌관들에게도 각각 위계 한 등급씩을 올려 주었다.

견마의 공을 다하다

함령(咸寧) 4년 계유(673)는 문무대왕 13년인데, 봄에 요상한 별이 나타나고 지진이 있어 대왕이 걱정하니 유신이 나아가 아뢰었다.

"지금의 변이는 재앙이 노신에게 있음을 알리는 것이지, 국가의 재앙을 알리는 것은 아닙니다. 왕은 근심하지 마옵소서!"

대왕이 말하였다.

"이와 같다면 과인이 더욱 근심하는 바이다."

이에 담당 관서에 명하여 기도하여 물리치게 하였다.

여름 6월에 군복을 입고 무기를 가진 수십 명이 유신의 집에서 울며 떠나가는 것을 사람들이 보았는데, 조금 있다가 아무도 보이지 않았다. 유신이 이 소식을 듣고 말하였다.

"이들은 나를 보호하던 음병(陰兵: 신병(神兵)을 말함)이었는데 나의 복이 다한 것을 보았기 때문에 떠나간 것이니, 나는 죽게 될 것이다."

그 후 십여 일이 지나 병으로 누우니, 대왕이 친히 가서 위문하였다.

유신이 말하였다.

"신이 온 힘을 다하여 어른을 받들고자 바랐는데, 견마(犬馬: 신하 자신을 칭한 겸사)의 병이 이에 이르니 금일 후에는 다시 용안을 뵈옵지 못하겠습니다."

대왕이 눈물을 흘리며 물었다.

"과인에게 경이 있음은 고기에게 물이 있음과 같은 일이다. 만일 피하지 못할 일이 생긴다면 백성들을 어떻게 하며, 사직을 어떻게 하여야 좋을까?"

유신이 대답하였다.

김유신의 묘 고기와 물처럼 김유신과 관계가 돈독했던 문무왕은 김유신이 죽었을 때 최고의 예우를 베풀었는데, 그 무덤 또한 왕릉과 다름없었다. 경북 경주시 충효동에 있다.

"신이 어리석고 못났으나 어찌 국가에 유익했다고 할 수 있겠습니까? 다행히도 밝으신 성상께서 등용하여 의심치 아니하시고 일을 맡김에 의심치 않으셨기 때문에 대왕의 밝으신 덕에 매달려 조그마한 공을 이루게 된 것입니다. 지금 삼한이 한집안이 되고, 백성이 두 마음을 가지지 아니하니, 비록 태평에는 이르지 못하였다 하더라도 적이 편안하여졌다고 하겠습니다. 신이 보면 예부터 대통(大統)을 잇는 임금이 처음에는 정치를 잘하지 않는 이가 없지 않지만 끝까지 잘 마치는 이는 드물었습니다. 그래서 여러 대의 공적이 하루아침에 무너져 없어지니 매우 통탄할 일입니다.

바라옵건대, 전하께서는 성공이 쉽지 않음을 아시고 수성(守成)이 또한 어려움을 생각하시어, 소인을 멀리하고 군자를 가까이하시어, 위로는 조정이 화목하고 아래로는 백성과 만물이 편안하여 화란이 일어나지 않고 국가의 기반이 무궁하게 된다면 신은 죽어도 유감이 없겠습니다."

왕이 울면서 이를 받아들였다.

가을 7월 1일에 유신이 자기 집의 자기 방에서 죽으니 향년 79세였다. 대왕이 부음을 듣고 크게 슬퍼하여 부의(賻儀)로 문채를 놓은 비단 1,000필과 조(租) 2,000섬을 주어 장사에 쓰게 하였으며, 군악(軍樂)의 고취수(鼓吹手) 100인을 주어 금산원(金山原)에 장사지내게 하고, 담당 관서에 명하여 비를 세워 공적을 기록하게 하였다. 또 민호(民戶)를 고정 배치하여 묘를 지키게 하였다.

—『삼국사기』권41~43, 열전 1~3

[역사 상식]

김해김씨의 시조 수로왕

김유신의 12대조인 수로왕(首露王 : ?~199)은 가락국(또는 금관가야)의 시조이다. 그의 탄생과 치적에 대하여는 『삼국유사』 권2 기이편 가락국기조에 전해지고 있는데, 그 내용은 다음과 같다.

아직도 나라가 없던 시절에 가락 지역에서는 사람들이 각 촌락별로 나뉘어 생활하고 있었다. 그런데 3월 어느 날 하늘의 명을 받아 구간(九干 : 아홉 명의 족장) 이하 수백 명이 구지봉(龜旨峰)에 올라가 하늘에 제사지내고 춤추고 노래하자 하늘에서 붉은 보자기에 싸여진 금빛 그릇이 내려왔다. 그 속에는 태양처럼 둥근 황금색의 알이 여섯 개 있었는데, 12일 후 이 알에서 남자 아이가 차례로 태어났다. 그중 제일 먼저 나왔기 때문에 이름을 수로라 하였다고 한다. 주민들은 수로를 가락국의 왕으로 모셨다. 이때가 42년(후한 건무 18)이었다고 한다.

수로는 즉위 후 관직을 정비하고 도읍을 정하여 국가의 기틀을 확립하였다. 그리고 천신의 명을 받아 아유타국(阿踰陁國)의 왕녀인 허황옥(許黃玉)을 왕비로 맞이하였고 157년을 재위하다가 죽었다. 수로왕릉은 경남 김해시 서상동에 있다.

욕을 보느니 차라리 죽는 게 낫다
계백

계백(階伯)은 백제인이다. 벼슬하여 달솔(達率)이 되었다.

당나라의 현경(顯慶) 5년 경신(660: 백제 의자왕 20년)에 고종이 소정방을 신구도행군대총관으로 삼아 군대를 이끌고 바다를 건너 신라와

황산성 계백의 결사대는 황산벌에 먼저 이르러 험한 곳을 차지하여 세 진영으로 나눈 후 신라군에 대항하였다. 당시의 격전지 중 하나로 알려진 황산성은 충남 논산시 연산면 표정리에 있다.

더불어 백제를 칠 때 계백은 장군이 되어 결사대 5,000명을 뽑아 대항하기에 앞서 말하였다.

"일국의 사람이 당나라와 신라의 대군을 당해 내야 하니 국가의 존망을 알 수 없다. 내 처와 자식들이 포로로 잡혀 노비가 될지 모르는데, 살아서 욕을 보는 것보다는 차라리 쾌히 죽는 것이 낫다."

그리고 가족을 모두 죽였다. 황산의 벌에 이르러 세 진영을 설치하고 신라의 군사를 맞아 싸울 때 뭇 사람에게 맹세하였다.

"옛날 구천(句踐)은 5,000명으로 오나라 70만 군사를 격파하였다. 오늘은 마땅히 각자 용기를 다하여 싸워 이겨 국은에 보답하자."

드디어 힘을 다하여 싸우니 한 사람이 1,000사람을 당해 냈다. 신라 군사가 이에 물러났다. 이처럼 진퇴를 네 번이나 하였다. 그러나 마침내 힘이 다하여 죽었다.

— 『삼국사기』 권47, 열전 7

[역사 상식]

관창을 살려 보낸 계백

계백은 백제의 귀족 장군으로 백제의 최후를 지켰던 맹장이다. 황산벌의 네 차례 전투에서 신라의 군대의 전진을 막아 신라군이 전의를 상실하게 하였다. 관창이 홀로 달려오자 잡아 투구를 벗겨 보니 어린 소년이기에 돌려보냈다. 관창이 다시 달려와 도전하자 계백은 목을 베어 말에 실어 보냈다. 그 결과 신라군이 분격하여 계백은 황산벌 전투에서 패배하고 사망하였다. 그의 묘소는 현재 충남 논산군 부적면 충곡리에 전하고 있다.

고대인의 사생관

신라의 화랑들이나 장수들, 그리고 백제 계백의 사생관은 고대적이라 할 수 있다. 전쟁에서 죽음을 바치는 것은 세계의 어느 전쟁에서나 볼 수 있는 일이다. 그러나 신라인이나 백제인들이 이처럼 전쟁에서 생명을 바친 이유를 어떻게 설명하여야 할까?

신라인들의 사생관이 원광법사의 세속오계 중 임전무퇴라고 하는 사상에 연유한다고만 볼 수 없다. 진흥왕 이후 지속적으로 시행된 신라의 정책 중 전사한 사람에 대한 우대정책이 유효하였다고 할 수 있다. 예컨대 추증, 유기족에 대한 보상 조치, 죽은 영혼에 대한 팔관회 등의 진혼 등이 그것이다. 그뿐만 아니라 신라의 존립을 위해 전쟁에서의 승리를 최우선 과제로 삼은 이데올로기에 불교가 기여한 점도 결코 무시할 수 없다. 이런 이데올로기는 화랑도라는 또래 집단의 교육을 통하여 의식화되었다.

그렇다면 백제의 계백이 결사대를 조직하고 출전에 앞서 가족을 죽인 행위를 어떻게 이해하여야 할 것인가? 조선 초기의 유학자였던 권근은 그가 편찬한 『동국사략』에서 이는 인륜을 배반한 행위라고 혹평을 하였다. 『동국통감』 찬자들의 사론은 국가 유지라는 점을 강조하여 이를 긍정적으로 평가하였다.

 계백은 그 전쟁을 도저히 막을 수 없는 것으로 단정한 것일까? 그렇다면 무슨 희망을 가지고 전투에 임하였을까? 아니면 이를 단순히 배수진을 치고 싸우듯이 비장한 각오의 결단이라고 할 것인가? 만약 백제가 성공적으로 이 전투에서 승리하였다면 이후 계백은 가족에 대한 속죄를 어떻게 하려고 한 것일까?

 남의 종이 되는 것을 죽음보다 더 치욕적인 것으로 생각하였다는 사실은 의심의 여지가 없다. 이는 품석도 자기의 처자를 자기 손으로 죽였던 것에서 알 수 있다. 한국 고대인들은 이처럼 잔인하였던가? 아니면 사생관이 오늘과 크게 달랐던 것일까? 죽음과 관련된 고대인들의 행동은 우리들에게 많은 의문점을 던져 주고 있다.

어찌 사사로이 병사를 때리겠는가
흑치상지

흑치상지(黑齒常之)는 백제 서부(西部) 사람으로 키가 7척이 넘었고 날쌔고 용감하며 지략이 있었다.

백제의 달솔(백제 16관등 중 2품 관등)이 되어 풍달군(風達郡 : 전남 나주시로 비정) 군장(郡將)을 겸하였다. 군장은 당나라의 자사(刺史)와 같다고 한다.

소정방이 백제를 평정할 때 상지가 거느린 무리와 함께 항복하였다. 그런데 정방이 늙은 의자왕을 가두고 군사를 풀어 크게 노략질하자 상지가 두려워하여 좌우 우두머리 십여 인과 함께 달아나, 잡혔다가 도망한 사람들을 모아 임존산(任存山 : 충남 예산군 대흥면 상중리의 봉수산)에 의지하여 스스로 굳게 지키매, 열흘이 채 지나지 않아 합세하는 사람이 3만이나 되었다. 정방이 군사들을 독려하여 공격하였으나 이기지 못하니, 상지가 드디어 200여 성을 회복하였다. 용삭(龍朔) 연간에 고종이 사신을 보내 항복을 권유하자, 이에 상지는 유인궤에게 나가 항복하였다.

그는 당나라로 가 좌령군(左領軍) 원외장군(員外將軍) 양주자사(洋州刺史)가 되었으며, 여러 번 정벌에 종군하여 많은 공을 세워 벼슬과 상을 특별하게 받았다. 오랜 후에 연연도대총관(燕然道大摠管)이 되어 이

대흥 임존성 봉수산 마루에 있는 이 성은 흑치상지가 백제 부흥운동을 했던 곳으로 알려져 있다. 충남 예산군 대흥면 상중리에 있다.

다조(李多祚) 등과 함께 돌궐을 쳐서 격파하였다.

좌감문위(左監門衛) 중랑장(中郞將) 찬보벽(爨寶璧)이 끝까지 돌궐을 추격하여 공을 세우려 하자 조서를 내려 상지와 함께 치게 하였다. 그러나 찬보벽은 혼자 진격하다가 오랑캐에 패하였다. 보벽은 옥리(獄吏)에게 넘겨져 목을 베였고, 상지도 연루되어 공이 없어지게 되었다. 게다가 주흥(周興) 등이 그가 응양장군(鷹揚將軍) 조회절(趙懷節)의 반란에 참여하였다고 모함하여, 그는 옥에 잡혀 갇혔다가 교수형을 당하였다.

상지는 아랫사람을 부리는 데 은혜가 있었다. 그가 타던 말이 병사들에게 매질을 당하였을 때, 어떤 사람이 그 자에게 죄주기를 청하니 대답하였다.

"어찌 사사로운 말로 인하여 관병을 때리겠느냐."

그는 여러 차례 받은 상품을 부하들에게 나누어 주어 남긴 재물이 없었다. 그가 죽자 사람들이 모두 그의 억울함을 슬퍼하였다.

—『삼국사기』권44, 열전 4

[역사 상식]

억울하게 죽은 흑치상지

흑치상지(630~689)의 자는 항원(恒元), 성은 부여씨이다. 증조부부터 아버지까지 대대로 달솔의 관등을 가졌다. 당나라에서 군공을 세워 흑치에 봉해졌으므로 흑치씨로 성을 바꾸었다. 백제의 서부 출신으로 백제가 멸망하자 부흥운동을 일으킨 장수다.

소정방이 의자왕과 태자를 포로로 잡자 그는 백제인 십여 명을 데리고 서부로 돌아가 임존성에 책을 세우고 부흥군을 맞아들였다. 그러자 열흘 만에 3만 명이 모여들었다. 소정방과 싸움에 승리하여 200여 성을 회복하였다. 664년에 당나라의 회유에 넘어가 절충도위(折衝都尉)에 임명되어 웅진성을 진수하였고 백제의 연고지를 관장하는 이름만의 관직을 받고 있었다.

당나라로 가 7년간 군공을 세워 684년 중앙의 좌무위대장군(左武衛大將軍)에 임명되었다. 그 후 돌궐의 공략, 토번의 공략에 군공을 세워 연국공(燕國公)에 봉하여졌고, 688년 신무도경략대사(神武道經略大使), 회원군경략대사(懷遠軍經略大使)가 되었으나, 반란에 가담하였다는 모함을 받아 옥중에서 교수형을 당했다.

『삼국사기』의 열전은 신·구『당서』의 열전을 절충하여 작성되었다.

개는 주인이 아닌 사람에게 짖는 법이다
김양

김양(金陽)은 자가 위흔(魏昕)이고, 태종대왕의 9세손이다. 증조할아버지는 이찬 주원(周元: 태종 무열왕의 6세손), 할아버지는 소판 종기(宗基), 아버지는 파진찬 정여(貞茹)였으니 세력 있는 집안으로 모두 장수와 재상이 되었다.

균정을 왕으로 받들다
김양은 태어나면서부터 영특하고 걸출하였다. 태화(太和) 2년(828), 흥덕왕 3년에 고성군(固城郡: 경남 고성군) 태수가 되었고, 곧바로 중원(中原: 충북 충주시) 대윤(大尹)에 임명되었다가 조금 후에 무주도독(武州都督)으로 옮겼는데, 맡는 곳마다 정무(政務)를 잘 다스려 명성이 높았다.

개성(開成) 원년 병진(836)에 흥덕왕이 돌아가고 적자(嫡子)가 없어, 왕의 사촌동생 균정(均貞)과 사촌동생의 아들 제륭(悌隆)이 왕위를 다투었다. 김양이 균정의 아들인 아찬 우징(祐徵)과 균정의 매서(妹壻)인 예징(禮徵)과 함께 균정을 받들어 왕으로 삼고, 적판궁(積板宮)에 들어가 족병(族兵)으로 숙위하였다.

제륭의 무리인 김명(金明)과 이홍 등이 와서 포위하자 양이 군사를 궁문에 배치하여 막으면서 말하였다.

"새 임금이 여기에 있는데 너희들이 어찌 감히 흉악한 반역을 할 수 있느냐."

이어 활을 당겨 십여 명을 쏘아 죽였다. 제륭의 부하 배훤백(裵萱伯)이 김양에게 활을 쏘아 다리를 맞혔다. 균정이 말하였다.

"저편은 수가 많고 우리는 적으니 형세를 막아 낼 수가 없다. 공은 짐짓 패한 척 물러가 뒷일을 계획하라."

김양이 이에 포위망을 뚫고 나가 한기(韓歧)*─또는 한지(漢祇)로도 썼다─의 시장에 이르렀을 때 균정은 난병(亂兵)들에게 죽었다. 김양이 하늘을 부르며 통곡하고 밝은 해를 가리켜 맹세하며, 아무도 모르게 산야에 숨어 때가 오기를 기다렸다.

균정의 원수를 갚고 우징을 왕으로 삼다

개성(開成) 2년(837) 8월에 이르러 전 시중 우징이 남은 군사를 거두어 청해진(淸海鎭: 전남 완도에 장보고가 설치한 군진)으로 들어가 대사(大使) 궁복(弓福: 장보고의 이름, 궁파라고도 한다)과 결탁하여 하늘을 함께 이고 살 수 없는 원수를 갚으려 하였다.

김양이 소식을 듣고 모사(謀士)와 병졸을 모집하여, (개성) 3년 2월에 바다를 건너 섬으로 들어가 우징을 만나보고 함께 거사할 것을 모의하였다. 3월에 강한 군사 5,000명으로 무주(武州: 광주)를 습격하여 성 아래에 이르니 주의 사람들이 모두 항복하였다. 다시 진격하여 남원(南原)에 이르러 신라군과 마주 싸워 이겼으나, 우징은 군사들이 피로하였으므로 다시 청해진으로 돌아가 병마를 휴양시키었다.

겨울에 혜성이 사방에 나타났는데, 광채 나는 꼬리가 동쪽을 가리키

---

* 한기: 신라 육부의 하나인 한기부를 지칭한다. 현재 경주시 북천 북쪽 백율사 부근 일대로 보는 견해도 있다.

니 여러 사람들이 하례하기를 "이것은 옛 것을 제거하고 새 것을 펴며, 원수를 갚고 수치를 씻을 상서이다"라고 하였다.

김양은 평동장군(平東將軍)이라 일컫고, 12월에 다시 출동하였다. 김양순(金亮詢)—양순(亮詢)이라 쓰기도 한다—이 무주(鵡洲) 군사를 데리고 와서 합치고, 우징은 또 날래고 용맹한 염장(閻長)·장변(張弁)·정년(鄭年)·낙금(駱金)·장건영(張建榮)·이순행(李順行) 등 여섯 장수를 보내 병사를 통솔케 하니 군대의 위용이 대단하였다.

북을 치며 행진하여 무주 철야현(鐵冶縣: 전남 나주시 봉황면 철천리) 북천(北川)에 이르니 신라의 대감 김민주(金敏周)가 군사를 이끌고 역습하였다. 장군 낙금과 이순행이 기병 3,000으로 저쪽 군중을 돌격해 들어가 거의 다 살상하였다.

(개성) 4년(839) 정월 19일에 군사가 대구에 이르니, 민애왕이 항거하므로 이를 역습하여 이기니 왕의 군사가 패하여 달아나고 생포하고 죽인 자의 수를 능히 셀 수 없었다. 이때 왕이 허겁지겁 이궁(離宮)으로 도망갔는데, 군사들이 찾아 살해하였다. 김양이 이에 좌우 장군에게 명하여 기병을 거느리고 돌면서 말하였다.

"본래 원수를 갚으려 한 것이므로 지금 그 괴수가 죽었으니 귀족 남녀와 백성들은 마땅히 각각 편안히 거처하여 망동하지 말라!"

드디어 왕성을 수복하니 인민들이 안심하였다.

김양이 훤백을 불러 말하였다.

"개는 제각기 주인 아닌 사람에게 짖는 법이다. 너는 네 주인을 위하여 나를 쏘았으니 의사(義士)다. 내가 따지지 않겠으니, 너는 안심하고 두려워하지 말라!"

여러 사람들이 이 말을 듣고 "훤백을 저렇게 처리하니, 다른 사람들이야 무엇을 근심하리오"라고 말하면서 감동하고 기뻐하지 않는 사람이 없었다.

4월에 궁궐을 청소하고, 시중 우징을 맞아 즉위케 하니, 이가 신무왕

김양의 묘 경북 경주시 서악동 태종무열왕릉 전면 약 15미터 지점에 있는 고분을 김양의 묘로 추정하고 있다.

이다. 7월 23일에 대왕이 죽고 태자가 왕위를 이으니, 이가 문성왕이다. 김양의 공을 추록하여 소판 겸 창부령(倉部令)을 제수하였고, 곧 시중 겸 병부령으로 전보하였다. 당나라에서 사신을 보내 문안하고 겸하여 공에게 검교위위경(檢校衛尉卿)을 제수하였다.

대중(大中) 11년(857) 8월 13일에 김양이 자기 집에서 죽으니 향년 50세였다. 부음이 알려지자 대왕은 애통해하며 서발한(舒發翰)을 추증하고 부의(賻儀)와 장례를 모두 김유신의 구례(舊禮)에 따라 하게 하고, 그해 12월 8일에 태종대왕릉에 배장하였다.

『삼국사기』권44, 열전 4

해상왕국을 건설하다
장보고

장보고(張保皐) — 신라 본기에는 궁복으로 썼다 — 와 정년(鄭年) — 연(年)은 연(連)으로 쓰기도 하였다 — 은 모두 신라 사람인데, 그들의 고향과 아버지, 할아버지를 알 수 없다.

완도에서 도적들을 소탕하다
두 사람 모두 싸움을 잘하였는데, 정년은 특히 바다에서 50리를 헤엄쳐도 숨이 막히지 않았다. 그 용맹과 씩씩함을 비교하면, 장보고가 정년에게 조금 뒤졌으나, 정년이 장보고를 형으로 불렀다. 장보고는 연령으로, 정년은 기예로 항상 서로 맞서 서로 아래에 들지 않으려 하였다.

두 사람이 당나라에 가서 무령군 소장(武寧軍小將)이 되어 말을 타고 창을 쓰는데, 대적할 자가 없었다. 후에 장보고가 귀국하여 대왕(흥덕왕)을 뵙고 아뢰었다.

"중국을 두루 돌아보니 우리나라 사람들을 노비로 삼고 있습니다. 바라건대 청해(淸海)에 진영을 설치하여 도적들이 사람을 붙잡아 서쪽으로 데려가지 못하도록 하시기 바랍니다."

청해는 신라 해로의 요충지로서 지금(고려) 완도라 부르는 곳이다. 대왕이 장보고에게 군사 1만 명을 주었다. 그 후 해상에서 우리나라 사람을 파는 자가 없었다.

장도 전경 장보고가 해적들의 인신매매를 근절하기 위해 진을 설치한 곳이다. 전남 완도군 완도읍 장좌리에 있다.

장보고가 이미 귀하게 되었을 때에 정년은 당나라에서 관직에서 떨어져 굶주림과 추위에 시달리며 사수(泗水)의 연수현(漣水縣)에 살고 있었다. 어느 날 수비하는 장수 풍원규(馮元規)에게 말하였다.

"내가 동으로 돌아가서 장보고에게 걸식하려 한다."

이에 원규가 말하였다.

"그대와 장보고의 사이가 어떠한가? 어찌하여 가서 그 손에 죽으려 하는가?"

정년은 말하였다.

"추위와 굶주림으로 죽는 것은 전쟁에서 깨끗하게 죽느니만 못하다. 하물며 고향에 가서 죽는 것에 비하랴?"

마침내 그 곳을 떠나 장보고를 찾아뵈니 술을 대접하며 극히 환대하였다. 술자리가 끝나기 전에 왕이 시해되어 나라가 어지럽고 임금의 자리가 비었다는 소식이 들려왔다.

장보고가 군사를 나누어 5,000명을 정년에게 주며, 정년의 손을 잡고 눈물을 흘리면서 말하였다.

"그대가 아니면 환난을 평정할 수 없다."

정년이 왕경에 들어가 반역자를 죽이고 왕을 세웠다. 왕이 장보고를 불러 재상으로 삼고 정년으로 대신 청해를 지키게 하였다.

—『삼국사기』 권44, 열전 4

또 다른 장보고의 전기

흥덕왕 3년(828) 여름 4월에 청해대사(淸海大使) 궁복은 성이 장씨(張氏)인데, 일명 보고(保皐)라고도 하였다. 당나라 서주(徐州)에 들어가 군중소장(軍中小將)이 되었다가 후에 본국으로 돌아와 왕을 찾아뵙고 군사 1만 명으로 청해(淸海)를 지켰다. 청해는 지금(고려)의 완도이다.

민애왕 2년(837) 아찬 우징은 그의 아버지 균정이 해를 입은 것에 대하여 원망하는 말을 했는데, 김명과 이홍 등이 이를 못마땅하게 여겼다. 5월에 우징이 화가 미칠까 두려워 그의 처, 자식과 함께 황산진(黃山津) 어귀로 달아나, 배를 타고 청해진 대사 궁복에게 가서 의탁하였다. 6월에 균정의 매부 아찬 예징이 아찬 양순과 함께 도망하여 우징에게 의지하였다.

민애왕 원년 2월에 김양이 군사를 모아 청해진에 들어가 우징을 만났다. 아찬 우징은 청해진에 있으면서 김명이 왕위를 빼앗았다는 소문을 듣고 청해진 대사 궁복에게 말하였다.

"김명은 임금을 죽이고 스스로 왕이 되었고, 이홍은 임금과 아버지를 억울하게 죽였으니 같은 하늘 아래 함께 살 수 없는 자들이다. 바라건대 장군의 군사를 빌려서 임금과 아버지의 원수를 갚게 해 주시오."

궁복이 말하였다.

"옛사람의 말에 의로움을 보고도 실행하지 않는 자는 용기가 없는 사람이라 하였으니, 내 비록 재주가 남보다 못하지만 명령대로 따르겠습니다."

방도의 방책(왼쪽) 장도에는 지금도 장보고가 설치했다는 청해진 유적이 남아 있다.
장보고 사당(오른쪽)

　드디어 군사 5,000명을 나누어 그의 친구 정년에게 주면서 "그대가 아니고서는 이 화란(禍亂)을 평정할 수 없다"고 하였다.

　겨울 12월에 김양이 평동장군이 되어 염장, 장변, 정년, 낙금, 장건영, 이순행과 함께 군사를 거느리고 무주(武州) 철야현에 도착하였다. 왕은 대감 김민주로 하여금 군사를 내어 맞서 싸우게 하였는데, (김양이) 낙금과 이순행을 보내 기병 3,000명으로 돌격하여 거의 다 죽이거나 상하게 하였다.

　신무왕(神武王)이 왕위에 올랐다. 이름은 우징으로, 원성대왕의 손자 상대등 균정의 아들이고 희강왕의 사촌동생이다. 예징 등이 궁중을 깨끗이 하고 예를 갖추어 그를 맞아 왕위에 오르게 하였다. 청해진 대사 궁복을 감의군사(感義軍使)로 봉하고 식읍 2,000호를 주었다.

　문성왕(文聖王)이 왕위에 올랐다. 이름은 경응(慶膺)이고 신무왕의 태자이며 어머니는 정계부인(貞繼夫人)이다. 또는 정종태후(定宗太后)라고도 하였다.

　원년 8월에 (죄수들을) 크게 사면하였다. 교(敎)를 내려 말하였다.

　"청해진 대사 궁복은 일찍이 군사로 돌아가신 나의 아버지를 도와 앞

조정의 큰 적을 없앴으니 그 공적을 잊을 수 있겠는가?"

그리고는 (궁복을) 진해장군(鎭海將軍)으로 삼고, 아울러 비단 관복을 내려 주었다.

문성왕 7년(845) 봄 3월에 청해진 대사 궁복의 딸을 아내로 맞이하여 둘째 왕비로 삼으려 하였다. 그때 조정의 신하들이 간(諫)하여 말하였다.

"부부의 도리는 사람의 큰 윤리입니다. 그러므로 하(夏)나라는 도산씨(塗山氏)로 인하여 흥하였고 은(殷)나라는 신씨(侁氏)로 인하여 번창하였으며, 주(周)나라는 포사(褒姒) 때문에 망하였고 진(晉)나라는 여희(驪姬) 때문에 어지러워졌습니다. 그러한즉, 나라의 존망은 여기에 있는 것이니 신중해야 할 일이 아니겠습니까? 지금 궁복은 섬사람인데, 그의 딸이 어찌 왕실의 배우자가 될 수 있겠습니까?"

이에 왕이 그 말에 따랐다.

8년(846) 봄에 청해진 대사 궁복이, 왕이 자기의 딸을 맞아들이지 않은 것을 원망하여 청해진을 근거지로 하여 반란을 일으켰다. 조정에서는 그를 토벌하자니 뜻하지 않을 우환이 있을까 두렵고 그냥 방치해 두자니 그 죄를 용서할 수 없었으므로, 근심하고 염려하여 어떻게 해야 할 바를 알지 못하였다.

무주(武州) 사람 염장은 용감하고 굳세기로 당시에 소문이 나 있었는데, (그가) 와서 아뢰었다.

"조정에서 다행히 저의 말을 들어 준다면, 저는 한 명의 병졸도 수고롭게 하지 않고 맨주먹을 가지고서 궁복의 목을 베어 바치겠습니다."

왕이 그에 따랐다. 염장은 거짓으로 나라를 배반한 것처럼 꾸며 청해진에 투항했는데, 궁복은 장사(壯士)를 아꼈으므로 의심하지 않고 불러들여 높은 손님으로 삼고 그와 더불어 술을 마시면서 매우 즐거워하였다. 궁복이 술에 취하자 (염장이) 궁복의 칼을 빼앗아 목을 벤 후, 그 무리들을 불러 달래니 엎드려 감히 움직이지 못하였다(이는『삼국사기』권 10, 신라 본기 10에 인용된『삼국사』의 전기 자료를 모은 것이다).

[역사 상식]

해상 무역을 주관한 장보고

장보고(?~846)의 처음 이름은 궁파, 또는 궁복이다. 전남 완도 출신으로 20세를 전후하여 당에 들어가 서주 무령군(武寧軍) 소장(少將)으로 근무하였다. 이때 마침 당나라의 감군정책이 시행되자, 군직을 버리고 무역업에 종사하였다. 그 후 고국에 돌아와 해적들이 신라인을 잡아다가 노비로 매매하는 것을 막기 위하여 흥덕왕 3년(828) 왕의 승인을 얻어 군사 1만 명으로 완도에 청해진을 설치하여 당과 일본, 신라의 해상 무역을 주관하였다.

흥덕왕이 죽은 후 균정과 제륭의 왕위쟁탈전이 벌어졌다. 균정의 아들 김우징은 왕위에 즉위하는 과정에서 장보고에게 많은 군대를 지원받았다. 그 공로로 청해진 대사였던 장보고는 신무왕에 의해 감의군사로 봉해지고 문성왕 2년(840)에는 진해장군이라는 직을 받았다. 후에 반란을 꾀하였다가 846년 염장에게 피살되었다.

군사가 적을 때는 지켜야 한다
명림답부

명림답부(明臨荅夫)는 고구려 사람이다. 신대왕(新大王: 재위 165~179) 때에 명림답부는 국상(國相)이 되었다.

당시 후한의 현도군 태수 경림(耿臨)이 대군을 일으켜 우리를 침공하려 하였다. 왕이 여러 신하들에게 싸우는 것과 지키는 것 중 어느 쪽이 좋은가를 물었다. 여러 사람들은 의논하여 다음과 같이 아뢰었다.
"한나라 군사는 수가 많은 것을 믿고 우리를 깔보니, 만일 나가 싸우지 않으면 우리를 겁쟁이로 여겨 자주 쳐들어올 것입니다. 또 우리나라는 산이 험하고 길이 좁으니, 이는 이른바 한 사람이 관(關)을 지키면 만 명도 이를 당해 내지 못한다는 것입니다. 한나라 군사가 비록 많다 하더라도 우리를 어찌하지 못할 것입니다. 군사를 출동시켜 방어하기를 청합니다."
명림답부가 말하였다.
"그렇지 않습니다. 한나라는 국토가 크고 백성이 많은데다가 지금 강한 군대가 멀리 와서 싸우니 그 기세를 당해 낼 수 없습니다. 또 군사가 많은 경우에는 마땅히 싸워야 하고 군사가 적은 경우에는 지켜야 하는 것이 병가(兵家)의 상식입니다. 지금 한인(韓人)들은 천리 밖에서 군량을 실어 왔으므로 오래 버티지 못할 것입니다. 만약 우리가 참호를 깊이 파고 성루를 높이 쌓으며, 들판의 농작물을 치우고 기다리면 저들은 반드시 열흘이나 한 달이 지나지 못하여 굶주리고 피곤해서 돌아갈 것입니다. 그때 우리가 날랜 군사로 몰아치면 뜻을 이룰 수 있습니다."

왕이 그렇게 여겨 성문을 닫고 굳게 지키니, 한인들이 공격하였으나 이기지 못하고 군사들이 굶주리자 군대를 이끌고 돌아갔다. 명림답부가 기병 수천 명을 거느리고 추격하여 좌원(坐原)에서 싸우니, 한나라 군대가 대패하여 한 필의 말도 돌아가지 못하였다. 왕이 크게 기뻐하여 명림답부에게 좌원과 질산(質山)을 내려 주어 식읍을 삼게 하였다.

신대왕 15년(179) 가을 9월에 죽으니 나이 113세였다. 왕이 친히 빈소에 가서 애통해하고, 7일간 조회를 파하였으며, 예를 갖추어 질산에 장사지내고 수묘인(守墓人) 20가(家)를 두었다.

—『삼국사기』권45, 열전 5

[역사 상식]

명림답부 열전의 사료적 성격

이 열전은 『삼국사기』 권16 고구려 본기 신대왕 8년(172) 및 15년(179)조의 기사를 옮겨 실은 것이지만, 2세기 중엽 고구려의 정치·경제를 이해하는데 소중한 자료이다.

후한의 현도태수 경림의 고구려 침공 기사는 『삼국사기』 권16 신대왕 8년(172) 11월조에 실려 있다. 여기에는 다만 한(漢)이 대병으로 쳐들어왔다고 하였을 뿐 현도군 태수 경림의 이름은 보이지 않는다.

경림의 고구려 침입 기사는 동왕 4년(168)조에 보이며, 한편 그 이듬해(169)의 본기 기사에는 고구려 군대가 현도태수 공손도를 도와 부산적(富山賊)을 토벌했다고 되어 있다.

그런데 『삼국지』와 『후한서』 고구려전이나 『자치통감』 권56에는 169년에 현도태수 경림이 침입한 것으로 되어 있어 『삼국사기』 고구려 본기 기사와도 일치하지 않는다.

고대의 수묘인제도

수묘인은 왕릉이나 귀족의 묘를 수호하고 청소하며 순찰하고 보호하는 묘지기를 말한다. 명림답부 묘의 수묘인제도는 그 후 광개토왕릉비를 통하여 더욱 발전된 모습을 확인할 수 있다. 즉 광개토왕릉을 수호하기 위한 수묘인 330가를 마련하였음을 보여 주고 있다. 수묘인 연호(煙戶)는 국연(國煙)과 간연(看煙)으로 나누어지고 새로이 포로로 잡아온 사람으로 편성하고 있다.

선왕들의 묘소에 능비를 세우고 그 수묘인의 명단을 기록하게 하고 이들을 전매하면 판 사람(賣者)에게는 형벌을 내리고 산 사람(買者)은 수묘케 한다고 하고 있다.

  이로 미루어 고구려의 수묘제는 상당히 체계화되었음을 알 수 있다. 신라의 경우 김유신의 묘에 수묘인을 두었다. 또한 고려시대에는 왕릉에 군대를 배치하였으며, 조선시대에는 왕릉을 지키는 승려를 두었다.

위기에서 나라를 구하다
밀우와 유유

밀우가 결사대로 왕을 구하다

동천왕 20년(246)에 위나라 유주자사(幽州刺史) 관구검(毌丘儉)*이 군사를 거느리고 침입해 왔다. 그들이 환도성(丸都城)을 함락하니, 왕은 피하여 달아났다. 위나라 장수 왕기(王頎)가 추격하자, 왕은 남옥저(南沃沮)로 달아나려 하여 죽령(竹嶺: 지금 함흥 서북쪽에 있는 황초령 또는 중령)에 이르니, 군사가 거의 다 흩어졌다. 오직 동부(東部: 고구려 수도의 5부 중의 하나)의 밀우가 혼자 곁에 남아 있어 왕에게 말하였다.

"지금 추격해 오는 군사가 매우 가까이 오니 형세를 벗어날 수 없습니다. 신이 죽기로 결심하고 막겠사오니, 왕께서는 도망가십시오!"

(그는) 결사대를 모집하여 함께 적진으로 달려가 힘껏 싸웠다. 왕은 그 사이 겨우 벗어나 산골짜기에 의지하여 흩어진 군사들을 모아 스스로 호위하면서 말하였다.

"만약 밀우를 데려오는 자가 있으면 상을 후하게 주겠다."

---

* 관구검: 중국 삼국시대 위(魏)의 무장. 유주자사에 임명되어 요동 방면의 경영을 담당하였다. 관구검의 제1차 침입은 고구려 동천왕 18년(244)에 있었고, 제2차 침입은 그 다음 해인 동천왕 19년(245)에 있었는데, 이때 관구검은 환도를 함락한 후 군사를 돌이키고 별장인 현도태수 왕기를 보내어 왕의 뒤를 추격하게 하였다. 고구려 정벌 후 좌장군에 올랐으며, 254년에 야심을 가지고 반란을 일으켰다가 피살되었다.

동천왕 때 위나라의 관구검의 침입 사실을 알려 주는 관구검기공비의 탁본 중국 길림성 집안현에서 도로 공사 중 발견되었다고 한다.

하부(下部)의 유옥구(劉屋句)가 나와 말하였다.
"신이 가 보겠습니다."
마침내 싸움터에서 밀우가 땅에 엎어져 있는 것을 보고는 업어 왔다. 왕이 자기 무릎을 베어 주고 있었더니 한참 만에 깨어났다.

유유가 거짓 항복으로 위나라 장수를 죽이다

왕이 샛길로 이리저리 헤매어 남옥저에 이르렀는데, 위나라 군대는 추격을 멈추지 않았다. 왕은 이제 계책이 없고 기세가 꺾이어 어찌할 바를 몰랐다. 동부인(東部人) 유유(紐由)가 왕의 앞에 나와 말하였다.

"형세가 매우 위급하니 그냥 죽을 수 없습니다. 신에게 어리석은 계책이 하나 있습니다. 청컨대 음식을 가지고 가 위나라 군사에게 먹이다가 틈을 보아 저들의 장수를 찔러 죽이겠습니다. 만약 신의 계책이 성공한다면 왕은 힘껏 쳐서 승부를 결정하소서!"

왕이 "좋다"고 하였다. 유유가 위나라 군대에 거짓 항복하며 말하였다. "우리 임금이 대국에 죄를 짓고 도망쳐 바닷가에 이르렀으나 몸둘 곳이 없습니다. 장차 군대 앞에 나와 항복하여 법관(法官)에게 처벌받으러 갈 것이므로, 먼저 저를 보내 변변치 못한 물건이나마 종군하는 자들의 찬거리로 드리고자 합니다."

위나라 장수가 이 말을 듣고 장차 항복을 받으려 하였다. 유유가 식기 속에 칼을 숨겨 가지고 앞으로 가서 칼을 뽑아 위나라 장수의 가슴을 찌르고 함께 죽으니 위나라 군사가 어지러워졌다. 왕이 군사를 세 길로 나누어 급히 공격하자, 위나라 군사가 동요하여 대오를 갖추지 못하고 드디어 낙랑에서 물러갔다.

왕이 나라를 회복하고 공을 논하였는데 밀우와 유유를 제일로 삼았다. 밀우에게 거곡(巨谷)과 청목곡(靑木谷)을 내리고, 옥구에게 압록강의 두눌하원(豆訥河原)을 내려 식읍으로 삼게 하였다. 그리고 유유에게는 벼슬을 추증하여 구사자(九使者)로 삼고 또 아들 다우(多優)를 대사자(大使者)로 삼았다.

—『삼국사기』 권45, 열전 5

간하지 않는 것은 충성이 아니다
창조리

창조리(倉助利)는 고구려 사람이다. 봉상왕(烽上王) 때 국상(國相)이 되었다.

당시의 모용외(慕容廆: 선비족의 추장. 그의 아들은 연왕(燕王)이라 자칭하여 5호 16국의 하나가 되었다)는 변경의 걱정거리였다.

왕이 여러 신하에게 말하였다.

"모용씨의 군사가 강하여 여러 차례 우리 강역을 침범하니 어찌하면 좋겠소?"

창조리가 대답하였다.

"북부의 대형(大兄) 고노자(高奴子)는 어질고 용감합니다. 대왕께서 침략을 막아 백성을 편안하게 하고자 하신다면 고노자가 아니고는 쓸 만한 사람이 없습니다."

왕이 그를 신성(新城) 태수로 삼았다. 그 후로 모용외가 다시 침범하지 않았다.

9년(292) 가을 8월에 왕이 국내의 나이 15세 이상의 장정을 동원하여 궁실을 수리하였는데 백성들이 식량 부족과 부역에 시달려 이로 인해 원성이 높자 창조리가 간하였다.

"하늘의 재앙이 거듭 닥치고 흉년이 들어 백성이 살 길을 잃어 젊은 이들은 사방으로 흩어져 떠나고 어린아이와 늙은이는 구렁텅이에 뒹구니 지금은 실로 하늘을 두려워하고 백성을 걱정하여 두려운 마음으로 반성할 때입니다. 대왕께서 일찍이 이를 생각하지 않고 굶주린 백성을 몰아 토목 공사에 시달리게 하니 백성의 부모라는 뜻에 매우 어긋납니다. 하물며 이웃에는 강한 적이 있어 우리의 피폐함을 틈타 쳐들어온다면 국가와 백성을 어떻게 하려고 합니까? 원컨대 대왕께서는 깊이 헤아리십시오!"

왕이 성을 내면서 말하였다.

"임금이란 백성이 우러러 바라보는 자리인데, 궁궐이 웅장하고 화려하지 않으면 무엇으로 위엄의 중함을 보여 주겠는가? 지금 상국(相國)이 아마 과인을 비방하여 백성의 칭송을 구하고자 하는 것이다."

창조리가 말하기를 "임금이 백성을 불쌍히 여기지 않는다면 이는 어진 것이 아니며, 신하가 임금에게 간하지 않는다면 이는 충성이 아닙니다. 신이 이미 국상의 자리를 이어받았으니 감히 말을 할 수 없을 뿐이지 어찌 감히 칭찬을 구하겠습니까?"

왕이 웃으면서 말하였다.

"국상은 백성을 위하여 죽고자 합니까? 바라건대 다시는 말을 하지 마시오!"

창조리가 왕이 잘못을 뉘우치지 않을 것을 알고 물러나 여러 신하들과 폐위할 것을 모의하니, 왕이 면할 수 없음을 알고는 스스로 목매어 죽었다.

—『삼국사기』권49, 열전 9

명을 받아 적국으로 들어가다
박제상

박제상(朴堤上)—또는 모말(毛末)이라고도 하였다—은 시조 혁거세의 후손이며, 파사 이사금의 5세손이다. 할아버지는 아도(阿道) 갈문왕(葛文王)*이요, 아버지는 파진찬 물품(勿品)이다. 제상은 벼슬길에 나가 삽량주간(歃良州干: 간은 우두머리라는 뜻으로 지방 관직이다. 삽량주는 지금의 경남 양산시)이 되었다.

외교로 왕의 동생을 구하다
이보다 앞서 실성왕 원년 임인(402)에 왜국과 강화하였는데, 왜왕이 나물왕의 아들 미사흔(未斯欣)을 볼모로 삼기를 청하였다. 왕은 일찍이 나물왕이 자기를 고구려에 볼모로 보낸 것을 원망하여, 그 아들에게 유감을 풀고자 하였기 때문에 왜왕의 청을 거절하지 않고 볼모로 보냈다.

* 갈문왕: 신라의 진골 귀족. 박제상의 할아버지. 신라 제7대 일성 이사금 대(134~154)를 전후하여 생존하였다. 그는 일성 이사금 15년(148)에 갈문왕에 봉하여졌다. 갈문왕은 왕의 친인척에게 봉하여진 것이며 생전에도 봉하여졌음이 이미 밝혀졌다. 한편으로 일성 이사금의 아버지로 추정하는 견해도 있다. 박아도의 생존 연대는 그대로 믿을 수 없는 것이라 하더라도, 그의 손으로 되어 있는 박제상이 활약하던 제19대 눌지 마립간시대(417~458)와는 너무도 큰 시간적 차이를 보이고 있다. 따라서 박제상의 할아버지가 아문 갈문왕이었다는 기록은 신빙성이 희박하다고 보는 견해도 있다. 그러나 할아버지는 아버지의 아버지만이 아니라 윗대 증조, 고조 이상도 할아버지라고 칭하였다고 해석하면 이 연대에 대한 문제는 풀어진다.

또 11년 임자(412)에는 고구려에서도 또한 미사흔의 형 복호(卜好)를 볼모로 삼고자 하였으므로 대왕은 또 그를 보냈다.

눌지왕이 즉위하자 말을 잘하는 사람을 구하여 가서 두 아우를 맞이해 올 것을 생각하고 있던 바, 수주촌간(水酒村干: 경북 예천군) 벌보말(伐寶靺)과 일리촌간(一利村干: 경북 고령군 성산면) 구리내(仇里迺), 이이촌간(利伊村干: 경북 영주지방) 파로(波老) 등 세 사람이 현명하고 지혜가 있다는 말을 듣고 불러 물었다.

"나의 동생 두 사람이 왜와 고구려 두 나라에 볼모가 되어 여러 해가 되었어도 돌아오지 못하고 있소. 형제의 정이라서 그리운 생각을 억제할 수 없구려. 제발 살아서 돌아오게 하여야겠는데, 어찌하면 좋겠는가?"

세 사람이 똑같이 대답하였다.

"신들은 삽량주간 제상이 성격이 강직하고 용감하며 꾀가 있다고 들었습니다. 그 사람만이 전하의 근심을 풀어 드릴 수 있을 것입니다."

이에 제상을 불러 앞으로 나오게 하여 세 신하의 말을 하며 가 주기를 청하였다.

제상이 대답하였다.

"신이 비록 어리석고 변변치 못하오나 감히 명을 받들지 않을 수 있겠습니까!"

드디어 사신의 예로 고구려에 들어가 왕에게 말하였다.

"신이 듣건대 이웃나라와 교제하는 도는 성실과 신의뿐이라고 합니다. 만일 볼모를 서로 보낸다면 오패(五覇)에도 미치지 못하는 것이니 참으로 말세의 일입니다. 지금 우리 임금의 사랑하는 아우가 여기에 있은 지 거의 십 년이나 되니, 우리 임금이 형제가 어려움을 당하면 서로 돕는 뜻을 가지고 오랜 회포를 버리지 못하고 있습니다. 만약 대왕께서 은혜로이 돌려보내 주신다면 소 아홉 마리에서 털 하나가 떨어지는 정도와 같아서 별 손해가 없으며, 우리 임금은 대왕을 덕스럽게 생각함이 한량이 없을 것입니다. 왕은 이 점을 유념해 주소서!"

고구려 왕은 "좋다" 하고, 함께 돌아가는 것을 허락하였다.

죽기를 결심하고 왜로 가다

(제상이) 귀국하자, 대왕이 기뻐하며 위로하여 말하였다.

"내가 두 아우를 좌우의 팔과 같이 생각하였는데, 지금 단지 한 쪽 팔만을 얻었으니 어찌하면 좋을까?"

제상이 대답하였다.

"신은 비록 열등한 재목이오나 이미 몸을 나라에 바쳤으니 끝내 임금님의 명을 욕되게 할 수 없습니다. 그러나 고구려는 큰 나라요, 왕도 또한 어진 임금이므로 신이 한 마디의 말로 깨우치게 할 수 있었지만, 왜인의 경우는 입과 혀로 달랠 수는 없으니 마땅히 거짓 꾀를 써서 왕자를 돌아오게 하겠습니다. 신이 저 곳에 가거든 청컨대 나라를 배반한 죄로 논하여, 저들로 하여금 이 소식을 듣도록 하소서!"

이에 죽기를 맹세하고 처자도 보지 않고 율포(栗浦 : 울산 울주구 강동면 지역의 포구)에 다다라 배를 띄워 왜로 향하였다. 그 아내가 이 소식을 듣고 포구로 달려가서 배를 바라다보며 대성통곡하면서 말하였다.

"잘 다녀오시오."

제상이 돌아다보며 말하였다.

"내가 명을 받아 적국으로 들어가니 그대는 다시 볼 것이라고 기대하지 말라!"

곧바로 왜국으로 들어가 마치 배반하여 온 자와 같이 하였으나 왜왕이 의심하였다. 전에 왜에 들어간 백제인이 신라가 고구려와 더불어 왕의 나라를 침입하려 한다고 참소하였으므로, 왜가 드디어 군사를 보내 신라 국경 밖에서 정찰케 하였다. 마침 고구려가 쳐들어와 왜의 순라군(巡邏軍)을 사로잡아 죽였으므로, 왜왕은 이에 백제인의 말을 사실로

2장 시대가 낳은 명장과 충신 263

치술령 망부석 박제상이 왜왕에게 잡혀 죽음을 당하자, 그의 부인이 세 딸을 데리고 치술령에서 슬픔과 그리움에 겨워 통곡하였다는 이야기가 전한다.

여기었다. 또한 신라 왕이 미사흔과 제상의 가족을 옥에 가두었다는 말을 듣고 제상을 정말로 신라를 배반하고 온 자로 여기었다.

이에 왜왕은 군사를 보내 장차 신라를 습격하려 하였는데, 겸하여 제상과 미사흔을 장수로 임명하는 한편, 향도(嚮導)로 삼아 해중(海中) 산도(山島 : 대마도)에 이르렀다. 왜의 여러 장수들이 몰래 의논하기를, 신라를 멸한 후에 제상과 미사흔의 처자를 잡아 데려오자고 하였다. 제상이 그것을 알고 미사흔과 함께 배를 타고 놀며 고기와 오리를 잡는 척하자, 왜인이 이를 보고 딴 마음이 없다고 여겨 기뻐하였다.

이에 제상은 미사흔에게 슬그머니 혼자 도망쳐 본국으로 돌아갈 것을 권하니 미사흔이 말하였다.

"제가 장군을 아버지처럼 받들었는데, 어떻게 혼자서 돌아가겠습니까?"

제상이 말하였다.

"만약 두 사람이 함께 떠나면 계획이 이루어지지 못할까 염려합니다."

미사흔이 제상의 목을 껴안고 울며 하직하고 귀국하였다.

다음 날 제상은 방안에서 혼자 자다가 늦게야 일어나니, 미사흔을 멀리 갈 수 있게 하려 함이었다.

여러 사람이 "장군은 어찌 이처럼 늦게 일어납니까?" 하고 제상에게 물었다. 제상이 "어제 배를 타서 몸이 노곤하여 일찍 일어날 수 없다"라고 대답하였다.

제상이 밖으로 나오자, 미사흔이 도망한 것을 알고 드디어 제상을 결박하고 배를 달려 추격하였으나, 마침 안개가 연기처럼 자욱하고 어둡게 끼어 멀리 바라볼 수가 없었다. 제상을 왜왕의 처소로 보냈더니, 그를 목도(木島)로 유배보냈다가 곧 사람을 시켜 섶에 불을 질러 전신을 불태운 후에 목베었다

대왕이 이 소식을 듣고 애통해하고 대아찬을 추증하였으며, 그 가족에게 후히 물품을 내리었다. 그리고 미사흔으로 하여금 제상의 둘째 딸을 맞아 아내로 삼게 하여 보답하였다. 이전에 미사흔이 돌아올 때 왕은 경주 6부에 명하여 멀리까지 나가 맞이하게 하였고, 만나게 되자 손을 잡고 서로 울었다. 마침 형제들이 술자리를 마련하고 마음껏 즐길 때 왕은 노래와 춤을 스스로 지어 자신의 뜻을 나타냈는데, 지금 향악의 「우식곡(憂息曲)」이 그것이다.

―『삼국사기』 권45, 열전 5

무덤 속에서도 간언하다
김후직

김후직(金后稷)은 지증왕의 증손(曾孫)이다. 진평대왕을 섬겨 이찬이 되었다가 병부령에 전임되었다.

대왕이 자못 사냥을 좋아하므로 후직이 간하였다.
"옛날의 임금은 반드시 하루라도 나라의 모든 정사를 보살펴 깊이 생각하고 멀리 염려하였으며, 좌우에 있는 바른 선비들의 직간(直諫)을 받아들이면서 부지런하여 감히 편안하게 놀이를 즐기지 않았습니다. 그런 후에야 덕스러운 정치가 깨끗하고 아름다워져 국가를 보전할 수 있었습니다. 그런데 지금 전하께서는 날마다 미친 사냥꾼과 더불어 매와 개를 풀어 꿩과 토끼들을 쫓아 산과 들을 뛰어다니시며 이를 그치시지 못합니다. 『노자(老子)』는 '말 달리며 사냥하는 것은 사람의 마음을 미치게 한다' 하였고, 『서경(書經)』에는 '안으로 여색에 빠지고 밖으로 사냥을 일삼으면, (또한) 그중의 한 가지라도 하면 망하지 않는 사람이 없다'고 하였습니다. 이로써 본다면, 안으로 마음을 방탕하게 하실 것이고 밖으로 나라를 망하게 하실 것이니, 반드시 반성하셔야 합니다. 전하께서는 이것을 생각하십시오."
왕이 따르지 않았으므로, 또 간절히 간하였으나 받아들이지 아니하였다. 그 후에 후직이 병들어 죽을 즈음에 이르러 그의 세 아들에게 말

김후직의 묘 경주에는 고분이 많은데, 대부분 왕족의 고분으로 알려졌을 뿐 무덤의 주인이 전하는 예는 드물다. 따라서 왕도 아닌 신하의 무덤이 전해진다는 것은 그가 얼마나 존경받았는지를 짐작하게 한다. 경북 경주시 황오동에 있다.

하였다.

"내가 남의 신하가 되어 능히 임금의 나쁜 행동을 바로잡지 못하였다. 아마 대왕이 놀이를 그치지 아니하면 나라가 망함에 이를까 염려된다. 이것이 내가 근심하는 바이다. 내가 비록 죽더라도 반드시 임금을 깨닫도록 해야 할 것이니, 내 뼈를 대왕이 사냥을 다니는 길가에 꼭 묻도록 하라!"

아들들이 그대로 따랐다.

뒷날 왕이 사냥하러 나가 중도에 이르렀을 때 먼 데서 "가지 마시오!" 하는 소리가 들리는 것 같았다. 왕이 돌아보며 물었다.

"소리가 어디서 나는가?"

시종하던 사람이 고하였다.

"이찬 후직의 무덤입니다."

그제야 후직이 죽을 때 한 말을 얘기했다.

대왕이 눈물을 줄줄 흘리며 말하였다.

"그대가 죽어서도 나를 잊지 않고 충성스러운 마음으로 간언을 하니, 나를 사랑함이 깊구나! 만일 내가 끝내 고치지 않는다면 살아서나 죽어서나 무슨 낯을 들겠는가?"

그리고는 세상을 마칠 때까지 다시는 사냥을 하지 않았다.

―『삼국사기』 권45, 열전 5

[역사 상식]

유교사상이 담긴 김후직 열전

김후직은 신라 진평왕 때의 충신이다. 지증왕의 증손으로 관등은 이찬에 오르고 진평왕 2년(580)에 병부령이 되었다. 그가 왕의 사냥을 간함에 『노자』나 『서경』의 글을 인용하여 왕의 덕을 요구하였다. 이는 고대국가의 기반이 확립되어 신라 관제의 태반이 성립되었던 진평왕 대에 유교정치사상에 대한 이해가 확대되었다고 해석할 수도 있다. 그러나 이는 김부식이 써넣은 부분이 아닐까 한다.

그가 죽은 뒤 무덤 속에서까지 왕에게 했던 그의 충간을 사람들은 '묘간(墓諫)'이라 부르며 칭송하였다. 경주역에서 포항으로 가는 국도 곁에 그의 묘로 전하는 분묘가 있다. 『신증동국여지승람』 고적조에 실려 있다.

김후직이 죽어서까지 왕에게 간언을 했다는 기록은 신라 본기에 보이지 않는다. 이 내용은 당시 민간에서 전해오는 것을 채록하였거나, 아니면 신라 본기와 다른 성격의 사료를 가지고 기록된 것 같다. 대체로 신라인의 열전은 신라 본기와는 다른 내용을 전하고 있기 때문에 본기를 보충하는 면이 많다.

나당연합군을 조직한 신라의 왕자
김인문

김인문(金仁問)은 자는 인수(仁壽)이고 태종대왕의 둘째아들이다. 어려서 학문을 시작하여 유가(儒家)의 책을 많이 읽었고, 겸하여 『장자』, 『노자』, 불교의 책도 읽었다. 또한 예서와 활쏘기 · 말타기 · 향악(鄕樂)*을 잘하였는데, 행동의 법도가 수수하고 세련되었으며 식견과 도량이 넓어 당시 사람들이 추앙하였다.

백제, 고구려 싸움에 참전하다

영휘(永徽) 2년(651), 인문의 나이 23세에 왕명을 받아 당나라에 들어가 숙위하였다. (당나라) 고종이 "바다를 건너와 조회한 충성이 가상하다"고 하여 특히 좌령군 위장군(左領軍衛將軍)의 직을 제수하였다.

영휘 4년(653) 황제의 허가를 받고 귀국하여 부모를 찾아뵈니 태종대왕은 그에게 압독주(押督州 : 경북 경산시) 총관을 제수하였다. 이에 그가 장산성(獐山城 : 경북 경산시 소재)을 쌓아 요새를 설치하니, 태종이 그 공을 포상하여 식읍 300호를 주었다.

신라가 여러 차례 백제의 침공을 받자, 당나라 군대의 원조를 얻어

---

* 향악: 우리나라 음악을 중국 음악에 기준하여 칭한 이름. 통일신라의 음악 문화는 신라악 위에 백제악과 고구려악을 수용하여 향악의 전성기를 이루었다.

그 수치를 씻으려고 숙위하러 가는 인문을 통하여 군사를 청하게 하였다. 마침 고종이 소정방을 신구도대총관으로 임명하여 군사를 거느리고 백제를 치게 하였다. 황제가 인문을 불러 도로의 험하고 평탄한 곳과 가는 길이 어디가 좋은가를 묻자, 인문이 매우 자세히 대답하니 황제가 기뻐하여 제서(制書: 황제의 글)를 내리어 인문을 신구도부대총관(神丘道副大摠管)에 임명하고 군중(軍中)에 나아갈 것을 명하였다.

드디어 소정방과 함께 바다를 건너 덕물도에 이르렀는데 왕이 태자와 장군 유신·진주·천존 등에게 명하여 큰 배 100척에 군사를 싣고 맞이하게 하였다.

당나라 군대가 웅진구(熊津口: 금강 어귀)에 이르니, 적군이 강가에 군사를 배치하고 있었다. 이와 싸워서 이기고 승세를 타서 그 도성에 들어가 멸하였다. 소정방이 의자왕과 태자 효, 왕자 태 등을 포로로 잡고 당나라로 돌아갔다. 대왕이 인문의 이룬 공을 가상히 여겨 파진찬을 제수하였다가 다시 각간으로 높여 주었다. 그 후 곧 인문은 당에 들어가 전과 같이 숙위하였다.

용삭(龍朔) 원년(661)에 (당나라) 고종이 인문을 불러서 말하였다.

"내가 이미 백제를 멸하여 너희 나라의 우환을 제거하였는데, 지금 고구려가 견고함을 믿고 예맥(穢貊: 당시 고구려에 예속된 말갈족)과 더불어 악한 짓을 함께 하여 사대의 예를 어기고 선린(善隣)의 의를 저버리고 있다. 내가 군사를 보내 치려 하니, 너는 돌아가 국왕에게 고하여 군사를 출동케 하여 함께 쳐서 망해 가는 오랑캐를 섬멸토록 하라."

인문이 곧 귀국하여 황제의 명을 진하니, 국왕이 인문으로 하여금 유신 등과 더불어 군사를 훈련하여 대비하게 하였다. 황제가 형국공(邢國公) 소정방을 요동도행군대총관(遼東道行軍大摠管)으로 삼아 6군으로 만 리 길을 달려가게 하였는데, 고구려군을 패강(浿江: 대동강)에서 만나 격파하고 드디어 평양을 포위하였다. 고구려 사람들이 굳게 지키기 때문에 이를 이기지 못하고, 도리어 군사와 말이 많이 죽고 부상을 당했으며

서악리 귀부 경북 경주시 서악동 태종무열왕릉 남쪽에 있는데, "서울 서쪽 언덕에 묻었다"는 『삼국사기』의 기록으로 미루어 보아 김인문의 묘비로 추정된다.

식량을 조달하는 길도 끊겼다.

인문이 웅진에 주둔하고 있던 유인원과 함께 군사를 거느리고, 쌀 4,000섬과 조 2만여 섬을 싣고 다다르니, 당나라 사람들은 식량을 얻었으나 큰 눈이 내렸기 때문에 포위를 풀고 돌아갔다. 신라군이 돌아오려 하자 고구려가 이를 도중에서 요격하려고 도모하였다. 인문이 유신과 함께 속이는 꾀를 내어 밤중에 몰래 도망하였다. 고구려인이 이튿날에야 깨닫고 뒤를 쫓아왔다. 인문 등이 돌아서 반격하여 이를 크게 파하고 1만여 명의 머리를 베고, 5,000여 명을 포로로 잡아 돌아왔다.

인문은 다시 당에 들어가 건봉(乾封) 원년(666)에 황제의 수레를 따라 태산(泰山: 중국 산동성에 있는 명산으로 황제가 제천행사를 하는 곳)에 올라가 봉선(封禪) 의식에 참여하여 우효위(右驍衛: 당나라 16위의 하나인 좌우효위의 한 부대) 대장군으로 승격 임명되었고, 식읍 400여 호를 받았다.

총장(總章) 원년 무진(668)에 고종 황제가 영국공 이적을 보내 군사를 거느리고 고구려를 치게 하고, 또 인문을 보내 우리에게도 군사를 징발하게 하였다.

문무대왕이 인문과 함께 군사 20만을 출동하여 북한산성(北漢山城)에 이르러, 왕은 여기에 머무르고 인문 등을 먼저 보내 군사를 거느리고 당나라 군대와 회합하여 평양성을 공격하게 하였다. 한 달 이상이 지나 고구려 왕 장(臧: 보장왕의 이름. 이름을 쓴 것은 폄하한 것이다)을 사로잡아 인문이 왕으로 하여금 영공 앞에 꿇어앉게 하고 그 죄를 세니, 왕이 재배하고 영공이 예로 답하였다. 영공은 곧 왕과 남산(男産), 남건

(男建), 남생(男生) 등을 데리고 돌아갔다.

일곱 번이나 당에 들어가다

　문무대왕은 인문의 영특한 재략과 용감한 공로가 남보다 특이하였으므로 죽은 대각간(大角干) 박뉴(朴紐)의 식읍 500호를 내리고 고종도 인문에게 수차의 전공(戰功)이 있음을 듣고 제서를 내렸는데, 이렇게 이르렀다.
　"용맹스런 장수이며 훌륭한 장수요, 문무에 뛰어난 재사이다. 작(爵)을 제정하고 봉읍을 주고 그 위에 아름다운 명을 내림이 마땅하겠다."
　이에 작위를 더하고 식읍 2,000호를 더했다. 그 후로 당의 궁궐에서 시위(侍衛)하기를 여러 해 동안 하였다.
　상원(上元) 원년(673)에 문무왕이 고구려의 반란한 무리를 받아들이고 또 백제의 옛 땅을 차지하니, 당나라 황제가 크게 노하여 유인궤(劉仁軌)를 계림도대총관(鷄林道大摠管)으로 삼아 군사를 일으키고, 조서(詔書)로 문무왕의 관작을 삭탈하였다.
　이때 인문은 우효위(右驍衛) 원외대장군(員外大將軍) 임해군공(臨海郡公)으로 당나라 수도에 있었는데 당나라는 그를 신라 왕으로 삼고 귀국시켜 형을 대신케 하고자 계림주대도독(鷄林州大都督) 개부의동삼사(開府儀同三司)에 봉하였다. 인문이 간곡히 사절하였으나 들어주지 아니하여 드디어 귀국의 길에 올랐다.
　그런데 마침 왕이 사절을 보내 공물을 바치며 또 사죄하니 황제가 용서하고 왕의 관작을 회복하였다. 인문도 중도에서 당나라로 돌아가 전의 관직을 다시 맡게 되었다.
　조로(調露) 원년(679)에 진군대장군(鎭軍大將軍) 행우무위위(行右武威衛) 대장군에 보임되고, 재초(載初) 원년(690)에는 보국대장군(輔國大將軍) 상주국(上柱國) 임해군개국공(臨海郡開國公) 좌우림군장군(左羽

김인문의 묘(왼쪽) 경북 경주시 서악동에 있다.

林軍將軍)에 제수되었다. 연재(延載) 원년(694) 4월 29일에 병으로 누워 당나라 서울(長安)에서 죽으니, 향년이 66세였다.

　부음을 듣고 황제가 매우 슬퍼하며 수의를 주고 관등을 더하였으며, 조산대부(朝散大夫) 행사례시(行司禮寺) 대의서령(大醫署令) 육원경(陸元景)과 판관(判官) 조산랑(朝散郎) 직사례시(直司禮寺) 모(某) 등을 명하여 영구(靈柩)를 호송하게 하였다.

　효소대왕(孝昭大王)은 그에게 태대각간(太大角干: 태각간 위의 특별 관등급)을 추증하고 담당 관서에 명하여 연재(延載) 2년(695) 10월 27일, 서울 서쪽 언덕에 묻었다.* 인문이 일곱 번 당에 들어가 그 조정에 숙위한 월일을 계산하면 무릇 22년이나 된다. 이때 해찬 양도(良圖)도 여섯 번 당나라에 들어갔고 서경(西京: 당나라 수도 장안)에서 죽었는데, 그 행적의 시말은 전해지지 않는다.

—『삼국사기』 권44, 열전 4

---

* 김인문의 묘: 경주 서악 아래로 1931년에 지금 서악서원 구내에서 김인문의 묘비 일부가 발견되었다. 그 분묘도 본래 그 구내에 있었는데, 세월이 오래되어 형체가 없어지고 비석도 매몰되었다. 비석편은 현재 국립경주박물관에 보관되어 있다.

[역사 상식]

우리나라 성씨는 어떻게 만들어졌을까?

중국의 주(周) 대에 구분된 성과 씨는 한(漢) 대 이후 그 구분이 없어졌다. 우리나라의 경우, 자손만대 바뀌지 않는 성이 언제 형성되었는가에 대한 견해는 다양하지만 삼국시대 이후 씨는 소멸되고 성만이 남았다. 고구려에는 초기부터 해·고 등과 같은 성을 사용하였으며, 백제에도 초기부터 진·해 등과 같은 성을 사용하였다. 특히 백제의 왕족은 부여라는 성을 백제의 멸망까지 사용하였다. 신라의 경우 박·석·김의 세 성이 왕위를 이었다고 『삼국사기』에 기술되어 있지만 진평왕 대까지는 성을 사용하지 않은 듯하다. 신라 상고의 금석문에 성이 전혀 보이지 않기 때문이다. 한 글자의 성이 출현한 것은 중국문화의 유입과 관련이 있다고 생각한다. 중국식의 외자 성이 사용된 기록 중 최초로 보이는 것은 『수서』에 기록된 '김진평'이다. 고려의 경우, 태조가 군현에 사성을 하여 귀족들만이 성을 가졌을 뿐 향리와 일반 백성들은 성을 아직 갖지 못했다. 향리 계층은 중앙관료로 발탁되면서 성을 가지게 되었다. 일반 백성들은 조선 초 호적을 작성하면서부터 성을 갖게 되었다. 노비 신분은 19세기 말까지 성이 없는 경우가 많았다. 모든 사람이 성을 갖게 된 것은 1894년이다.

일본의 경우 씨의 유습이 지금까지 남아 있어 성을 바꾸어 칭하는 관례가 있음은 특이한 예이다. 한국의 성을 일본식으로 창씨개명하는 일본의 식민정책은 한국민족의 역사성을 없애기 위한 조치로 1936년경에 전국적으로 실시되었다. 각 집안의 제적 등본에는 창씨개명한 흔적이 남아 있다. 그런데 일반인이 이를 잘 모르는 것은 1946년 군정청 명으로 성씨가 일시에 자동적으로 환원되었기 때문이다.

다섯 개의 칼을 차고 다니다
연개소문

개소문(蓋蘇文)—또는 개쇠(蓋金: 개금이라고도 읽는다)라고도 하였 다—은 성은 연(淵)씨인데 스스로 말하기를 물 속에서 태어났다고 하여 대중을 현혹시켰다. 생김새가 씩씩하고 뛰어났으며, 의지와 기개가 커 서 작은 것에 얽매이지 않았다.

왕을 죽이고 막리지가 되다

그 아버지는 동부대인(東部大人)—또는 서부(西部)라고도 하였다— 대대로(大對盧: 국정을 총괄하는 고구려의 수상직)로 죽으니 개소문이 마 땅히 계승하여야 하였으나 나라 사람들이 그의 성격이 잔인하고 포악 하다 하여 미워하였으므로 그 자리에 오를 수 없었다.

개소문이 머리를 숙이고 뭇 사람에게 사죄하여 그 직을 임시로 맡기 를 청하였다. 그리고 만약 옳지 못함이 생기면 비록 버려져도 후회하지 않을 것이라 하니, 뭇 사람이 불쌍히 여겨 드디어 관직의 계승을 허락 하였다.

(개소문은) 흉악하고 잔인함이 이루 말할 수 없을 정도여서 여러 대인 이 왕과 더불어 그를 죽이기로 몰래 의논하였다. 그러나 그 일이 누설 되었다. 개소문이 자기 부(部)의 군사를 모두 소집하여 장차 열병할 것 처럼 하여 술과 음식을 성의 남쪽에 성대히 차려 놓고 여러 대신을 불러

함께 보자고 하였다. 손들이 이르자 모두 죽이니 무릇 그 수가 백여 명에 달하였다.

이어서 궁궐로 달려가 영류왕을 죽여(642) 여러 토막으로 잘라 도랑에 버리고 왕의 동생의 아들 장(臧)을 왕으로 세우고 스스로 막리지(莫離支)가 되었다. 그 관직은 당나라의 병부상서 겸 중서령의 관직과 같았다.

이에 원근에 호령하여 나랏일을 마음대로 하였는데 매우 위엄이 있었다. 몸에 다섯 개의 칼을 차고 다녔으며, 좌우에서 감히 쳐다보지 못하였다. 매양 말을 타거나 내릴 때마다 항상 귀족의 장수로 하여금 땅에 엎드리게 하여 그 등을 밟고 디뎠으며, 나가 다닐 때에는 반드시 군대를 풀어 앞에 인도하는 자가 긴 소리로 외치면 사람들이 모두 달아나 도망치는데 구덩이나 골짜기를 가리지 않았다. 그러므로 나라 사람들이 대단히 고통스럽게 여겼다.

당나라 태종은 '연개소문이 임금을 죽이고 나라를 오로지 한다' 는 소리를 듣고 치고자 하니 장손무기(長孫無忌)가 말하였다.

"연개소문이 자기의 죄가 큰 것을 알고 대국이 칠 것을 두려워하여 그 지킬 준비를 하였을 것입니다. 폐하께서는 짐짓 참아서 자기가 스스로 안전하다고 여겨 더욱 그 악을 저지른 후에 나라를 빼앗아도 늦지 않을 것입니다."

황제가 이에 따랐다.

연개소문이 왕에게 아뢰었다.

"듣건대 중국에서는 삼교(유교·불교·도교)가 나란히 함께 행해지고 있는데 우리나라에서는 아직 도교가 행하여지지 않으니 청컨대 당나라에 사신을 보내 이를 구하십시오!"

왕이 표를 올려 청하니 당나라에서 도사(道士) 숙달(叔達) 등 여덟 명을 보내고 아울러 도덕경을 보내 주었다. 이에 불교의 절을 빼앗아 거주하게 하였다.

마침 그때 신라인이 당나라에 들어가서 아뢰었다.

"백제가 공격하여 40여 성을 빼앗아 갔고 다시 고구려와 군대를 합쳐 입조하는 길을 막으려 하므로, 소국이 어쩔 수 없이 군대를 출병시켰으니 엎드려 빌건대 당나라 군사의 구원을 바랍니다."

이에 태종은 사농승(司農丞) 상리현장(相里玄奬)에게 명하여 황제의 옥새를 찍은 글을 가지고 고구려에 와서 왕에게 명하였다.

"신라는 우리에게 예물로 경의를 표하며 조공을 한 해도 거르지 않고 계속하고 있는데, 너희와 백제는 마땅히 군사를 거둬라! 만약 다시 공격한다면 내년에 군대를 내어 너희 나라를 치겠다."

이보다 앞서 당나라의 상리현장이 고구려 경내에 들어왔을 때 연개소문은 이미 군사를 거느리고 신라를 공격하고 있었다. 왕이 사람을 시켜 연개소문을 불러 이에 돌아왔다.

상리현장이 황제의 명을 전하자 연개소문이 말하였다.

"지난번 수나라 사람들이 우리를 침입하였을 때 신라가 그 틈을 타서 우리의 성읍 500리를 빼앗아 갔다. 이로부터 원한과 틈이 이미 오래되었으니 만약 우리에게 침략한 땅을 돌려주지 않으면 전쟁을 그만둘 수 없다."

상리현장이 말하였다.

"이미 지나간 일을 어찌 말하리요? 지금 요동은 본래 모두가 중국의 군현이었는데, 중국에서는 오히려 이를 문제 삼지 않는데 고구려가 어찌 옛 땅을 반드시 찾으려 하오?"

그러나 연개소문은 이 말을 따르지 않았다.

현장이 돌아가 이 말을 모두 보고하니, 태종이 말하였다.

"연개소문이 자기 임금을 시해하고 그 대신들을 죽이고 자기 백성을 잔학하게 대하였으며, 지금 또 나의 명령을 어기니 치지 않을 수 없다."

또 사신 장엄(蔣儼)을 보내 타일렀으나 연개소문이 끝내 조칙을 받들지 않고 이에 군사로 사신을 위협하였다. (사신이) 굽히지 않자 굴 안에 가두었다. 이에 태종이 군사를 크게 징발하여 친히 정벌하였다. 이 일은 고구려 본기에 상세히 실었다.

연개소문이 건봉(乾封) 원년(666)에 죽었다.

연개소문 아들들의 불화

아들 남생(男生)은 자가 원덕(元德)이었다. 아홉 살 때 아버지의 직임(職任)으로 인하여 선인(先人)이 되었고 중리소형(中裏小兄)으로 옮겼는데, 이는 당나라 알자(謁者)와 같은 관직이다. 또 중리대형(中裏大兄)이 되어 국정을 맡았다. 무릇 모든 사령(辭令)을 남생이 맡았다. 중리위두대형(中裏位頭大兄)에 승진하여 오래 있다가 막리지가 되었고, 삼군대장군을 겸하여 대막리지라는 관직이 더하여졌다.

지방의 여러 부(部)를 살피러 가자, 동생 남건(男建)과 남산(男産)이 나랏일을 맡았는데, 어느 사람이 말하였다.

"남생은 그대들이 자기를 핍박하는 것을 미워하여 장차 제거하려 합니다."

하지만 남건과 남산이 믿지 않았다.

또 남생에게 말하기를 "장차 그대를 받아들이려 하지 않는다"고 하였다. 이에 남생이 첩자를 보내었다가, 남건이 이를 체포하게 되었다. 곧 왕명을 거짓으로 만들어 부르니, 남생이 두려워하여 감히 들어오지 않았다.

남건이 형의 아들 헌충(獻忠)을 살해하니 남생은 달아나 국내성에 기대 의지하였다. 그 후 그 무리와 거란·말갈 병을 이끌고 당나라에 항복했다. 아들 헌성(獻誠)을 보내 호소하니 고종은 헌성을 우무위장군(右武衛將軍)에 임명하고 타는 수레와 말, 좋은 비단, 보석이 박힌 칼을 내려 주며 글필하력(契苾何力)에게 명하여 군대를 인솔하고 가서 구원해 주도록 하였다. 남생이 이에 화를 면할 수 있었다.

평양 대동문 고구려 후기의 수도인 평양성은 내부의 권력투쟁으로 668년 함락되고, 형 남생에 대항하던 남건과 남산 형제는 당군의 포로가 되어 장안으로 압송된다.

그리고 그에게 평양도행군대총관(平壤道行軍大摠管) 겸 지절안무대사(持節安撫大使)의 벼슬을 주자 가물성(哥勿城), 남소성(南蘇城), 창암성(倉巖城) 등의 성을 들어 항복하였다. 황제가 또 서대사인(西臺舍人) 이건역(李虔繹)에게 명하여 그 군대에 가서 위로하게 하고 도포, 띠, 금그릇 및 일곱 가지 물건*을 내려 주었다. 그 다음 해에 불러 입조하니 요동대도독 현도군공으로 승진시키고 서울의 집 한 채를 주었다.

조칙을 받고 군대로 돌아가 이적과 함께 평양을 공격하여 들어가 왕을 사로잡았다. 황제가 명하여 그 아들을 요수에 보내 위로하고 선물을 내렸으며, 돌아오매 우위대장군(右衛大將軍) 변국공(卞國公)으로 승진시켰다. 나이 46세에 죽었다.

* 일곱 가지 물건: 당나라 시대에 군중의 필수 휴대품. 긴칼(佩刀), 단검(刀子), 숫돌(勵石), 환약(契苾眞), 궐(厥), 침통, 부싯돌 등이다.

남생은 인물됨이 순진하고 후덕하였으며 예의가 있었다. 아뢰고 대답함에 민첩하고 말을 잘하였으며, 활을 잘 쏘았다. 그가 처음 당나라에 이르러 머리를 자를 도끼와 허리를 자를 형틀에 엎드려 처벌을 기다렸다. 세상에서 이를 칭찬하였다.

헌성은 천수 연간에 당나라에서 우위대장군(右衛大將軍)으로 우림위대장군(羽林衛大將軍)을 겸하였다. 측천무후가 일찍이 황금 상을 내어 문무관 가운데 활 잘 쏘는 사람 다섯 명을 선발하여 맞추는 사람에게 주게 하였는데, 내사(內史) 장광보(張光輔)가 먼저 헌성에게 일등을 양보하였고, 헌성은 후에 우왕검위대장군(右王鈐衛大將軍) 설토마지(薛吐摩支)에게 양보하자 마지는 또 헌성에게 양보하였다. 조금 있다가 헌성이 아뢰었다.

"폐하가 활 잘 쏘는 사람을 택하였으나 이에는 중국 사람이 아닌 사람이 많이 뽑혔으니 중국 관리들이 활쏘기를 수치로 여길까 두려우니 이를 파하는 것이 좋겠습니다." 무후가 이를 흔쾌히 받아들였다.

내준신(來俊臣)이 일찍이 뇌물을 구하자 헌성이 대답을 하지 않았는데, 이에 반역을 모의한다고 거짓으로 모략하여 (헌성은) 처형을 당하였다. 무후가 후에 그 원통함을 알고는 우우림위대장군(右羽林衛大將軍)을 추증하고 예로써 다시 장사지내게 하였다.

—『삼국사기』 권49, 열전 9

[역사 상식]

당나라의 침입에 대비해 쌓은 천리장성

우리나라의 방어성은 주로 요새의 산에 쌓는 산성이었다. 그러나 산성으로는 기병의 침입을 막을 수 없으므로 이를 막기 위해 중요한 곳에 목책을 설치하였다. 하지만 목책은 부식이 심하여 장기 대책의 방어선이 아니었다. 그래서 석성을 연이어 쌓아 기병의 공격을 막으려는 것이 장성이다.

우리나라 최초의 장성은 고구려에서 16년이란 세월을 걸려 북쪽 부여성에서 남쪽 발해만의 대련까지 쌓은 천리장성이다. 이는 중국 당나라의 침략을 대비하기 위한 것이었다. 그리고 826년 신라가 북변을 지키기 약 300여 리에 이르는 장성을 쌓았다. 이 장성은 패강진 북쪽의 정방산성에서 재령강 변의 배포에 이르렀던 석성으로 추정되고 있다. 고려 덕종 2년(1033) 거란족과 여진족의 침입을 막아내기 위하여 압록강 어귀에서 도련포에 이르는 천리장성을 쌓았다. 높이와 폭은 각각 25척이었다. 이처럼 세 차례의 장성 축조가 있었으나 영토 한계선에 차이가 있으므로 동일한 곳에 쌓은 것은 아니었다.

3장 지식인과 예술인

강수
원효대사
의상대사
설총
최치원
백결선생
솔거
김생
구진천

사해에 문명을 떨치다
강수

강수(强首)는 중원경(中原京 : 충북 충주) 사량(沙梁) 사람이다. 아버지는 나마 석체(昔諦)이다.

기이한 골상

그 어머니가 꿈에 뿔이 달린 사람을 보고 임신하여 낳았더니 머리 뒤편에 불쑥 나온 뼈가 있었다. 아버지가 아이를 데리고 당시 어질다고 하는 사람을 찾아가 물었다.

"이 아이의 머리뼈가 이러하니 어떻습니까?"

그가 대답하였다.

"내가 들으니, 복희(伏羲)는 호랑이의 모습이고, 여와(女媧)는 뱀의 몸이며, 신농(神農)은 소의 머리 같고, 고요(皐陶)는 입이 말과 같았으니 성현은 모두 같은 부류로서 그 골상 또한 보통 사람과 다른 점이 있었다. 이 아이의 머리에 검은 사마귀가 난 것을 보니 골상법에 얼굴의 검은 사마귀는 불길한 조짐이지만 머리의 사마귀는 불길하지 않으니 이는 반드시 기이한 사람이 될 징조이다!"

아버지가 집에 돌아와 자기 아내에게 이르기를 "이 아들은 보통 아이가 아니니 잘 길러 앞으로 나라의 재목으로 만들자"고 하였다.

깊어진 유학의 도

강수는 나이 15세 무렵 저절로 책을 읽을 줄 알아 의리를 통달하였다. 그의 아버지가 그 포부를 알아보고자 하여 "너는 불교를 배우겠느냐? 유교를 배우겠느냐?" 하고 물었다. 이에 그는 대답하였다.

"제가 듣기로 불교는 세속을 도외시한 가르침입니다. 저는 인간 세상의 사람으로 어찌 부처의 가르침을 따르겠습니까? 유교의 도를 배우고 싶습니다."

아버지는 "네가 하고 싶은 대로 하라!"고 했다.

드디어 스승을 찾아가 『효경(孝經)』, 『곡례(曲禮)』, 『이아(爾雅)』, 『문선(文選)』 등을 읽었다. 비록 하찮은 것을 들을지라도 얻는 바는 높고 깊어서 우뚝한 인걸이 되었다. 드디어 관직에 나아가 여러 벼슬을 거쳐 당시 이름이 널리 알려진 사람이 되었다.

가난하던 시절의 아내는 버릴 수 없다

일찍이 강수가 부곡(釜谷: 충북 제천시의 부곡산으로 추정)의 대장장이 딸과 야합*하였는데 서로 사이가 무척이나 좋았다.

그의 나이 20세가 되었을 무렵 부모가 중매를 통하여 고을에서 용모와 덕행이 있는 여자와 결혼시키려 하였다. 그러나 강수는 사양하며 다시 장가들 수 없다고 하였다. 아버지가 화를 내며 말하였다.

"너는 이름난 사람이라 나라에서 모르는 사람이 없는데 미천한 여자를 배필로 삼는 것이 어찌 수치스럽지 않겠는가?"

이에 강수가 두 번 절을 하고 말하였다.

---

*야합: 정식 결혼에 의하지 않고 부부의 관계를 맺음. 그러나 강수와 대장장이 딸 사이의 야합을 역사적인 사실로 받아들이기는 어렵다. 강수의 재혼을 서술하기 위한 김부식의 임의적인 설정으로 파악하는 것이 합당할 것 같다.

"가난하고 천한 것은 부끄러운 일이 아닙니다. 도를 배우고 실행하지 않음이 실로 부끄러운 일입니다. 일찍이 옛사람의 말을 들으니 '조강지처는 뜰 아래로 내려오지 않게 하며, 가난하고 미천할 시절에 사귄 친구는 잊을 수 없다'고 했습니다. 그러니 미천한 아내이나마 버릴 수는 없습니다."

높은 학식과 뛰어난 문장

태종무열왕이 왕위에 올랐을 때 당나라 사신이 황제의 조서를 전하였다. 그 글 가운데 이해되지 않는 부분이 있어 왕이 그를 불러 물으니, 왕 앞에서 한 번 보고 조금도 막힘이 없이 유창하게 해석하였다. 왕이 크게 기뻐하여 서로 간의 뒤늦은 만남을 애석하게 여길 정도였다. 그 성명을 물으니 이렇게 대답하였다.

"신은 본래 임나가량(任那加良 : 금관가야국의 별칭) 사람으로 이름은 우두(牛頭)입니다."

왕이 말하기를 "그대의 두골(頭骨)을 보니 강수선생(强首先生)이라 불러야 하겠구나!" 하고는 강수로 하여금 당나라 황제의 조서에 감사하는 답서를 쓰게 하였다. 글이 잘되고 논리가 정연하였으므로 왕이 더욱 기이하게 여겨 이름을 부르지 않고 임생(任生)이라고만 하였다.

왕의 상을 거절한 아내

강수는 일찍이 생계를 도모하지 않아 집이 가난하였지만 항상 즐거워하였다. 태종무열왕이 담당 관청에 명하여 해마다 신성(新城)의 곡식 100섬을 주도록 하였다.

문무왕이 말하였다.

"강수는 문장을 잘 지어 능히 중국과 고구려와 백제 두 나라에 편지로 나의 마음을 모두 전하였으므로 우호를 성공적으로 맺을 수 있었다. 나의 선왕 태종께서 당나라에 군사를 청하여 고구려와 백제를 평정한 것은 비록 군사적 공로이지만 문장의 도움이 있었기 때문이기도 하다. 그래서 강수의 공로를 어찌 소홀하게 여길 수 있겠는가?"

이에 사찬*의 관등을 내리고 봉록을 매년 200섬으로 올려 주었다. 신문왕 때에 이르러 죽으니 장사지내는 비용을 관에서 지급하였다. 그리고 의복과 물품을 후하게 내렸으나 아내가 이를 사사로이 사용하지 않고 모두 불사(佛事)에 바쳤다.

그 아내는 양식이 바닥나서 고향으로 돌아가려 하였다. 대신이 이를 듣고 왕에게 청하여 곡식 100섬을 하사하자 그 아내가 사양하며 말하였다.

"저는 미천한 사람입니다. 입고 먹는 것은 남편을 따라 나라의 후한 은혜를 입었습니다. 지금 이미 홀로 된 처지에 어찌 감히 거듭 후하게 받을 수 있겠습니까?"

끝내 받지 않고 고향으로 돌아갔다.

-『삼국사기』 권46, 열전 6

---

* 사찬: 신라의 제8관등으로 6두품에게 부여되었다. 이는 당나라에 감금된 김인문의 석방을 위해 지은 「청방인문표(請放仁問表)」에 따른 포상이다. 당나라 고종은 강수의 표문에 감동하여 김인문을 석방하였다.

[역사 상식]

대장장이 딸과의 혼인

본 열전에서 강수의 아내는 대장장이의 딸로 매우 미천한 신분으로 묘사되어 있다. 하지만 원래 대장장이는 고대에는 상당한 경제력을 지닌 중상류의 계층이라 할 수 있다. 김부식이 대장장이를 하층민으로 파악한 것은 고대의 실상을 간과한 중세 인식의 반영으로 볼 수 있다.

대장장이 신분이 그리 미천하지 않았다고는 하지만, 골품제가 엄격하게 유지되던 당시 사회에서 대장장이 딸과의 혼인은 자신과 자식들의 사회적 진출에 지장을 초래하기 마련이었다. 이 점에서 강수의 태도는 사회적 통념을 초월하려는 실천적 지성인의 결단이라 할 수 있다. 또한 자신의 반려에 대한 결정권이 아버지보다 당사자 자신에게 있었음을 보여 주는 자료인데, 이는 설씨녀전, 온달전, 김유신의 아버지 서현과 어머니 만명 사이의 결혼과 더불어 한국 고대인의 결혼 습속을 이해하게 하는 자료이다.

참고로 강수의 조강지처에 대한 말은 『후한서』 권26 송홍전에 나온다. 여기에는 "빈천지지 불가망 조강지처 불하당(貧賤之知 不可忘 糟糠之妻 不下堂)"으로 기록되어 있다.

고대의 시민정책

본 열전에 나오는 임나가량은 김해의 금관가야를 지칭하는 말이다. 대가야의 귀족들이 충주로 이주한 점을 들어 이를 고령의 대가야로 보는 견해도 있다. 신라는 진흥왕 18년(557) 국원경(國原京)을 설치하여 귀족의 자제와 육부의 호민을 국원으로 이주시킨 일이 있었다. 강수는 금관가야의 왕족으로 이때 경주에서 충주로 이주했을 가능성이 크다.

원래 사민정책은 귀족의 토착적 기반을 약화시키기 위해 취해진 일종의 거주지 분산정책으로 신라가 삼국을 통일한 이후에도 지속적으로 유지되었다. 신라가 5소경을 설치한 것도 고구려와 백제의 귀족 세력을 약화시키기 위해서였다. 백제의 귀족 세력을 서원경으로 이주시키고, 고구려의 부흥운동을 주도했던 안승을 익산에서 남원으로 이주시킨 것은 그 구체적인 사례라 하겠다.

고대인의 정신세계를 지배했던 불교

강수의 아내가 관에서 지급한 의복과 물품을 강수를 위해 불사에 바쳤다는 기록은 얼핏 보면 강수의 생애와 배치되는 대목이라 할 수 있다. 왜냐하면 강수는 유학 공부를 스스로 택하는 한편 유학의 가르침을 몸소 실천하는 데 앞장선 인물이기 때문이다.

바로 여기서 우리는 고대사회에서 지니는 유학의 성격과 한계를 발견할 수 있다. 즉 비록 유학이 국가경영과 외교에 매우 유용한 학문일지 몰라도 고대인의 정신세계를 지배한 것은 역시 불교였다. 강수 아내의 행위는 유불을 엄격하게 구분할 수 없었던 당시 사람들의 의식세계를 반영하는 것이라 할 수 있다. 사실 이런 현상은 유교를 통치이념으로 표방했던 조선시대 왕실에서도 매우 흔하게 찾아볼 수 있다.

인류의 영원한 고민을 푼 세계적 사상가
원효대사

1,300여 년 전 신라 진평왕 39년(617) 경상북도 압량(押梁: 지금의 경산군 자인면 불지촌)의 밤나무 아래에서 한 아이가 태어났다. 어머니가 길을 가다가 갑자기 산기를 느껴 미처 집에 돌아가지 못하고 길가에 있는 밤나무 아래에서 원효를 낳고, 그 밤나무를 사라수로 불렀다고 한다. 또 다른 비문에 따르면, 원효의 어머니는 별이 품속으로 들어오는 태몽을 꾸고서 회임하였으며, 해산할 때 오색구름이 지붕을 덮었다고 한다. 그 아이는 어려서 새털—서당(誓幢) 혹은 신당(新幢)이라고 쓴다—이라 불렸고, 승려가 되어서는 스스로 원효(元曉)라 이름하였으며, 환속하여 거사(居士)로 처신할 때는 자기를 낮추는 뜻에서 소성(小性)이라 하였다.

마음의 밖에 달리 법이 없기늘

7세기 신라인들의 일상생활을 지배한 주된 원리는 두 가지였다. 하나는 혈연을 강조하는, 신라 특유의 신분제인 '골품제(骨品制)'였으며, 다른 하나는 삼국 간의 잦은 전쟁으로 만연해진 인간의 인간에 대한 폭력이었다. 원효가 태어날 당시 동북아시아의 정세는 매우 긴박하게 돌아가고 있었다. 7세기의 신라는 고구려와 백제의 협공으로 위기감이

경주시 구황동 분황사에 소장되어 있는 원효대사 영정
원효대사와 요석공주 사이에서 태어난 설총은 신라의
유학 발전에 기여하였다.

고조되고 있었다. 612년 고구려의 을지문덕이 살수에서 수나라 침략군을 궤멸시키자 당시 수나라를 응원한 신라는 더욱 곤경에 처하게 되었다. 지푸라기라도 잡고 싶은 심정이었을 때, 신라인들에게 마음의 의지처가 된 것이 불교였다.

원효는 상투를 틀고 관을 쓰게 된 나이에 출가했다고 하니, 대략 15세 전후였다. 그러나 출가한 나이, 동기, 사찰 등이 명확하지 않다. 출가 후 원효는 일정한 스승을 따르지 않고 두루 돌아다니며 수학하였다. '일정한 스승을 따르지 않는다 [學不從師]'는 재주 있는 학자들의 공통된 학습방식이다. 하나라도 배울 것이 있다면 기꺼이 몸을 굽히는 것이 학문의 도리이기 때문에 굳이 한 스승에 매이지 않았다. 그의 스승은 이름난 고승만이 아니었다. 아내도, 이웃집 아낙도, 거지도 그의 스승일 수 있었다. 이처럼 그는 보통 사람들이 가진 '스승'이라는 고정관념에서 벗어났다. 이 점에서 그는 소위 '달인'이라 할 수 있다. 그는 당시 중국에서 수입되고 있던 수많은 불교경전을 섭렵하여 계율과 선정과 지혜에 정통하기에 이르렀다. 마침내 신라인들은 그가 만인(萬人)을 대적할만하다고 여겼다.

원효는 국내에서 공부가 어느 수준에 이르자 그에 만족하지 않고 당나라 유학을 결심했다. 원효는 삼장법사 현장의 신학문을 배우기 위해 여덟 살 아래인 의상과 함께 당나라 유학을 시도했다. 원효는 지방 출신의 6두품 신분이었는데 비해 의상은 왕족인 진골에 속했다. 세속의 신분은 달랐으나 출가한 이후 둘은 절친한 사이였던 것으로 보인다. 원효와 의상은 당나라 유학을 두 번 시도했다. 육로로 가려고 한 처음의 시도가 고구려 군사에 잡혀 첩자로 오인되어 실패하자, 두 번째 시도는 바닷길을 선택했다.

유학을 떠나기 위해 배를 기다리던 원효 일행은 밤이 되자 하룻밤을 보낼 민가를 찾았다. 하지만 민가를 찾을 수 없어 어쩔 수 없이 근처의 동굴 속에서 하룻밤을 보내야만 했다. 한밤중에 갈증을 느낀 원효는 근처의 물을 벌컥벌컥 들이켰다. 물맛이 감로수처럼 달콤하였다. 아침이 되어 둘러보니 감로수와 같은 어제의 그 물은 해골에 담긴 썩은 물이었다. 그 순간 토할 것 같은 역겨움을 느꼈다. 같은 물인데 왜 감로수도 되고 구역질나는 물도 되는가? 이에 그는 큰 깨달음을 얻게 되었다. '마음이 생기면 온갖 법이 생기고, 마음이 사라지면 안방과 무덤이 둘이 아니며, 또한 이 세상은 오직 마음먹기 나름이요, 온갖 법은 오로지 인식하기 나름인 것을. 마음의 밖에 달리 법이 없거늘 어찌 밖에서 구하리오. 나는 당나라에 가지 않겠노라' 하고 당나라로 의상만을 보내고 자신은 유학의 길을 포기하였다.

'세상은 오직 마음먹기 나름[三界唯心]'이라든가, '온갖 법은 오로지 인식하기 나름[萬法唯識]'이라는 말처럼 '마음'은 모든 불교도가 추구히는 제일의 화두였다. 모든 인간을 숙명적인 고통에서 구원하는 것은 신, 폭력, 재물, 권력, 신분, 명예 같은 인간외적이고 세속적인 가치가 아니라 바로 인간 자신의 내면세계, 즉 마음이라는 것이다. 석가모니가 6년의 고행 끝에 35세의 나이로 보리수 아래에서 그것을 깨달았다면, 원효는 34세에 무덤 속에서 똑같은 진리를 체득하였다.

자루 없는 도끼를 빌려주소

　그는 저잣거리를 자주 떠돌아 다녔는데, 하루는 이런 노래를 지어서 불렀다. "누가 자루 없는 도끼를 빌려준다면, 내 하늘을 떠받들 기둥을 베어오련만." 사람들은 노랫말이 무슨 뜻인지 알아채지 못하였다. 그때 그 노래를 들은 태종무열왕이 "이 스님이 아마 귀한 부인을 얻어 어진 아들을 낳고 싶은 모양이다. 나라에 큰 현인이 있으면 이로움이 막대할 것이다"라고 하고는, 과부인 둘째 공주가 살고 있는 요석궁의 관리에게 명하여 원효를 찾아 데려오게 하였다. 자루 없는 도끼는 과부를 빗댄 것이며, 하늘을 떠받들 기둥은 임금을 보좌할 현인을 가리킨다.

　당시의 요석궁 앞 그러니까 후대의 월정교 남쪽에는 느릅나무로 만든 다리가 있었다. 관리가 원효를 찾으러 다리 이편에 들어섰을 때, 남산에서 내려온 원효도 어느새 다리 저편에 접어들었다. 다리가 그다지 좁지 않았지만, 관리를 만나자 원효는 일부러 물속에 빠져 옷을 적시고 말았다. 관리는 흠뻑 젖은 원효를 요석궁으로 인도하여 옷을 말리게 하였다. 원효가 옷을 말린다는 이유로 머무르게 되고, 공주는 임신하여 설총(薛聰)을 낳았다. 이때 원효의 나이는 40세 안팎으로 추정된다.

　골품제라는 강력한 신분제도가 있는 사회에서 신분이 다른 두 남녀의 결합은 그 자체만으로도 '사건'이다. 요석공주가 과부라는 약점이 있다 하더라도 그녀는 엄연히 진골신분이며 왕의 딸이었다. 이에 비하여 원효는 6두품 출신으로 출가한 승려였으며, 더욱이 일련의 파계행으로 당시 교단에서 비판받고 있던 터였다. 이러한 점들을 고려하면, 원효와 요석공주의 만남은 세상을 떠들썩하게 할 '사건'이었다. 그러나 태종무열왕이 적극 두 사람의 만남을 주선한 것으로 보아 두 사람의 만남이 우발적이 아니라 처음부터 계획되었음을 시사한다. 태종의 다섯 딸 가운데 한 명을 제외한 나머지 세 명이 삼국통일 전쟁기에 이름난 장수들에게 출가하였고, 특히 김춘추가 왕이 된 다음 해에 처남인 김유신에게 자신의 셋째 딸을 시집보낸 것은 의미심장하다. 따라서 태종무열왕이 자신의 딸 요석공주와 원효를 짝짓게 한 일은 중대 왕실의 출범과 관련하여 중요한 의미를 갖는다.

모두가 나무불을 염송하다

원효는 파계하여 설총을 낳은 뒤, 머리를 기르고 스스로를 소성거사(小性居士)라 칭하였다. 우연히 어떤 광대가 큰 바가지를 가지고 춤추고 희롱하는 것을 보니 그 형상이 너무도 빼어나고 기발하였다. 그 모양대로 도구를 만들어 대중을 교화할 때 사용하였다. 그는 『화엄경(華嚴經)』의 '모든 것에 거리낌이 없는 사람이어야 생사의 편함을 얻나리라' 라는 진리를 누구나 쉽게 알아들을 수 있는 노래 가락으로 불렀으니 이를 무애가(無㝵歌)라고 한다. 이것을 가지고 시골이나 장터에서 노래하고 춤추며 교화하여, 가난하고 무지몽매한 무리들까지도 모두 부처의 이름을 알게 되었고, 모두 부처님께 마음과 몸을 모두 바친다는 뜻의 '나무불[南無佛]'을 염송하게 되었다.

원효는 모든 것을 마음의 차원으로 귀일시켜 본래의 마음을 깨달음으로써, 정토(淨土)를 이 땅에서 실현하고자 하였다. 정토로 왕생할 수 있는 요건으로 그가 제시한 것은 '귀로 경전의 이름을 듣고 입으로 부처님의 이름을 외우는 것' 이 전부였다. 게다가 그는 서민들의 처지에 맞는 일상적이고 평범한 언어로 그들을 교화하였다. 화전민인 엄장에게 그가 늘 사용하는 삽을 소재로 한 방법을 가르쳐 주기도 한 것이 그예이다. 일찍이 혜공(惠空)과 대안(大安)이 각각 삼태기와 비리떼를 매개로 대중을 교화하였는데, 원효도 그러한 전통을 이어받아 대중의 수준에 맞춘 여러 가지 방법을 이용하여 불교의 교리를 전파하였다. 많은 사람들을 모으고 그들의 흥미를 유발시키기 위해 때로는 조롱박을 두드리면서 노래하고 춤추기도 하고, 어떤 때는 금빛 칼을 차거나 쇠지팡이를 짚기도 하고, 거문고를 타기도 했다. 원효의 익살과 웃음과 노래와 춤은 삶에 지친 사람들을 신나게 하였고, 때로는 잠자는 영혼을 흔들어 깨우는 생명수가 되기도 하였다. 원효가 대중들을 향해 극락으로 갈 수 있는 문호를 활짝 열어놓자마자, 일반인들은 너도나도 이 문으로 몰려들었다.

한국이 낳은 세계적인 사상가

원효는 당시 왕실 중심의 귀족화된 불교를 민중불교로 바꾸는 데 크게 공헌하였을 뿐만 아니라 학승(學僧)으로서도 단연 삼국시대 제1의 고승으로 인정받는다. 만년에는 수많은 저서를 집필하였다. 그의 저술은 240여 권에 달하였으나 현재는 그중에서 22권만이 전하고 있다. 그의 사상을 가장 잘 보여주는 저술은 『대승기론소(大乘起論疏)』와 『금강삼매론(金剛三昧論)』이다. 원효는 황룡사에서 왕과 왕비, 왕자와 공주, 그리고 많은 중신과 당시의 고승들이 자리를 꽉메운 법회에서 이를 강해하기 시작하였다. 그가 큰 강물처럼 도도하고 질서정연하면서도 아주 쉽고 재미있게 비유를 들어 강설하자 오만하게 앉아 있던 고승들의 입에서 찬탄의 소리가 저절로 터져 나왔다. 원효는 백 명의 승려가 참여하는 백고좌설법에는 끼지 못했으나 단연 최고의 학승이었음을 알리는 순간이었다. 인간은 누구나 자신의 마음이 있지만 이를 기초로[始覺] 모든 심식(心識)을 깊이 통찰하여 원래의 근원적인 참된 본각(本覺)으로 돌아가야 한다고 생각하였다. 참된 본각은 둘이 아니라 하나이며, 이는 하나이면서 많은 각자의 마음으로 나타나는 것이다. 이를 만법귀일(萬法歸一), 만행귀진(萬行歸眞)으로 요약할 수 있다. 이런 관점에서 그는 여래와 범부가 차이를 가지고 있지만 근본적으로 같은 존재라는 것을 굳게 믿고 있음을 알 수 있다. 또한 그는 종파주의적인 모습을 보이고 있던 불교이론을 고차원적인 입장에서 회통(會通)시키려 하였는데 그것을 오늘날 '원효의 화쟁사상(和諍思想)'이라 한다.

원효는 종파주의가 승려의 집착에 근원하다는 것을 이론적으로 설파하였다. 이것은 그의 일심사상(一心思想), 무애사상(無碍思想)과 함께 이른바 '원효사상'을 가장 특징적으로 나타낸 것으로 평가되고 있다. 그의 사상은 너무나 다양하여 헤아리기 어려우나 항상 '하나'라는 구심점을 향하였고, 그러면서도 다양한 존재를 인식하였다. 즉 그는 서양 철학자들이 고대에서 현대까지 그토록 고민했던 모순과 상충, 상이, 상반되는 것을 극복할 수 있는 길을 불교논리에서 터득하고 실천으로 옮긴 것이다.

원효는 한국이 낳은 최고의 세계적인 사상가라고 할 수 있다. 그의 사상은 그 후 한국과 중국, 일본의 고승들에 의하여 높이 평가되었다. 불교는 수입된 문화였지만, 원효는 이를 7세기 신라사회 속에 철저히 녹여 독자적인 문화로 재창조하고자 하였다. 그는 기성의 질서에 순응하기를 거부하고 새로운 질서를 세우고자 하였다. 새로운 질서를 확립한 사람을 성인이라 한다면, 원효가 바로 그런 사람이다.

원효는 고려 대각국사 의천에 의하여 크게 존숭되었고, 숙종 6년(1101)에는 의상과 함께 시호가 올려졌다. 그 시호는 대성(大聖) 화쟁국사(和諍國師)였다.

실천을 중시한 참된 구도자
의상대사

의상은 통일신라기의 변모하는 시대를 살았던 인물로 신라 화엄종을 성립시킨 인물이다. 한 치의 흐트러짐도 없이 구도자의 그리고 수행자의 삶을 살다간 의상의 삶의 자세는 우리가 바라는 진정한 사도의 모습이 아닐까 한다.

의상은 진평왕 47년(625)에 태어나 삼국의 통일기에 당나라에서 수학한 후 통일신라기에 활발한 활동을 보이다 성덕왕 원년(702)에 세상을 떠났다. 그런데 그의 전기를 전하는 여러 기록들에 연대 등 여러 사실이 서로 다르게 기록되어 있어 그것들을 종합하여 의상의 행적을 살펴보고자 한다.

당나라에서 유학하다

의상이 태어나던 시기는 삼국이 한강 유역을 중심으로 한반도의 패권을 다투던 시기로 원광(圓光)의 만년 활동기이며, 안함(安含)이 귀국하여 밀교활동을 시작한 때이고, 자장(慈藏)이 황룡사를 중심으로 호국사상을 펴던 때였다.

의상의 부친은 '한신(韓信)'으로 성은 김씨로 전해지는데 이로 미루어 진골에 속했던 것 같다. 그는 20세 미만의 나이에 출가했는데, 출가 사찰은 경주 황복사인 것으로 알려지고 있다. 중국에 유학을 가기 전 의상은 원효와 더불어 고구려에서 백제로 귀화한 보덕에게 열반경(涅槃經)과 유마경(維摩經) 등을 전수받았는데 이것은 그의 사상 형성에 영향을 주었다. 이후 인도에서 공부하고 중국 장안으로 돌아온 고승 현장에게 유심론을 배우기 위해 선배 원효와 함께 육로로 입당을 시도했으나 고구려군에 잡혀 첩자로 오인되어 고생하다가 되돌아온다. 661년 바닷길로 당나라에 건너간 의상은 한동안 산둥반도에 머물다가 이듬해(662)에 종남산의 고승 지엄(智儼)를 찾아갔다.

지엄은 의상이 오기 전날 밤 해동에서 난 큰나무의 가지와 잎이 널리 퍼져 중국까지 덮고, 그 나무의 위에 봉황의 집이 있는데 올라가서 보니 마니보주가 있어 그 빛이 멀리까지 비추는 꿈을 꾸었다. 다음날 의상이 찾아왔다. 지엄은 그를 특별한 예로 맞아 들였다고 한다. 의상은 이 종남산에서 10년 동안 지엄에게 섭론과 지론 등 교학의 기초를 배우고 이를 바탕으로 화엄경의 교리를 이해해 나갔다.

지엄은 중국 화엄종의 제2대 교조였다. 그의 제자 법장은 중국 화엄사상을 정리하는데 크게 기여하였다. 의상은 이 법장과 함께 수학하였는데 스승인 지엄은 이론적 체계화에 보다 출중했던 법장에게 문지(文持)라는 호를 주었고 이론의 본질적 이해에 더욱 뛰어났던 의상에게 의지(義持)라는 호를 주었다.

이 종남산에서 수학하던 시절에 계율사상을 선양하던 남산 율종의 창시자인 도선율사(道宣律師)와 교유를 가졌다고 전한다. 대표적인 불교사가이며 남산율종의 완성자인 도선은 계율 연구를 깊이 하였는데 의상은 그와의 교유를 통해 계율에 관해 많은 영향을 받았다. 또한 의정(義淨)과도 교류한 것으로 보이는데 그의 영향으로 의상은 물욕을 버리는 계율을 중시하였다. 그리하여 의상은 평생 동안 세 벌의 가사와 물병, 발우 이외에는 가진 물건이 없을 정도로 물욕을 떠난 깨끗한 실천 수행의 생활을 하였다.

　의상은 지엄의 문하에서 익힌 화엄학의 정수를 『일승법계도(一乘法界圖)』로 엮어 냈다. 내용상으로는 스승 지엄의 사상을 충실히 계승한 면이 많은데 여기에 더하여 지론(智論) 교학의 일면을 반영하고 자신의 독자적 사유를 진전시켜 이룬 독특한 사상을 간결하게 엮었다. 이중 핵심을 이루는 210자로 이루어진 시「법계도(法界圖)」는 당시에 유행하던 회문시(回文詩)의 형식을 수용하여 한가운데에서 처음 글자가 시작하여 소용돌이치듯 전체를 돌아 다시 끝 글자와 만나는 형식을 띠고 있다. 의상은 불교를 섬기겠다는 마음을 처음 갖는 그 순간에 정각(正覺)을 이루었다는 초발심시 편성정각(初發心時便成正覺)의 일승무애(一乘無碍)를 제창하는 화엄사상의 핵심을 상징적인 문자로 도안하고 이에 대한 자신의 해석을 붙여 『일승법계도』를 완성한 것이다.

　지엄은 승려가 밟아가는 단계인 법계를 만든 지 세 달 만에 입적하였다. 지엄은 입적하기 직전 청전사의 반야원에서 화엄교리를 십종(十種)의 총론과 별론으로 나누고 그것의 근본인 중도(中道)와 실상(實相)을 중시하려는 화엄법계관을 성립시켰다. 의상은 근본적인 '일(一)'을 중시하여 그것을 통해 전체를 이해하려는 사상을 가졌다[一卽多 多卽一]. 하나는 하나이면서도 그 안에 모든 수를 낳을 수 있는 가능성을 내포하고 있으며 수많은 수는 그 전체가 하나이다. 이를 인간에 비유하면 인간은 수십억의 사람이되, 한 인간 속에는 모든 인간의 요소가 모두 담겨 있는 것이다.

낙산사에서 관음을 친견하다

　의상은 문무왕 11년(671)에 갑자기 귀국하였는데 이는 당나라 고종이 신라를 치려하는 것을 알리기 위해서였다고 한다. 귀국 후 의상은 산천을 두루 돌아다니면서 명산을 구하여 도량을 구하고자 하였는데 이때 건립한 절이 영주의 부석사이다. 어느 날 거지 한 명이 주지인 의상을 만나기 위해 부석사로 왔는데, 의상은 이런저런 핑계를 대며 그를 만나주지 않았다. 그러자 그 거지는 "의상은 아직 멀었다"고 외치고 하늘로 날아갔다고 한다. 그 이야기를 들은 의상은 깊은 반성과 자책을 하였다.

그는 부석사를 떠나 동해안의 거센 파도가 밤낮으로 밀려드는 양양의 한 해변에 있는 절벽에 낙산사를 짓고 자신의 수행에 전념하였다. 이 시기의 전승된 설화가 '낙산 관음'이다. 의상은 동해의 낙산 굴 안에 관음 진신이 산다는 말을 듣고 그곳에서 관음을 직접 만나고자 하였다. 칠 일간 재계한 그는 천룡(千龍)의 인도로 굴 안에 들어가 수정염주와 여의보주를 받고 다시 칠 일간의 재계 후 관음 진신을 친견할 수 있었다. 관음 진신의 부탁으로 그가 앉았던 산꼭대기에서 쌍죽(雙竹)이 나는 곳을 찾아 금당을 짓고 흙으로 빚은 관음과 두 보주를 안치하였다는 설화가 전한다. 이 낙산 관음은 보타락가산에서 상주하여 설법하는 『화엄경』의 관음이 신라의 동해변에 실제로 머무르고 있음을 의미한다. 의상은 관음의 진신이 상주하여 불국토가 이루어진다는 믿음을 신라사회에 뿌리내리게 한 것이다.

이후 의상은 출가 본사이기도 한 황복사에 머물면서 불교행사를 주관하고 제자들을 이끌며 화엄교학을 강론했다. 문무왕 14년(674)에 표훈과 진정 등 십여 명의 제자들에게 법계도인을 가르쳤다.

이론의 실천을 중시한 의상

다양한 전교 활동을 벌이던 의상은 문무왕 16년(676)에 태백산에 화엄종의 본산으로 부석사를 창건하였다. 이 시기는 신라가 삼국을 통일하고 마지막으로 당과의 전쟁에서 주도권을 잡고 통일전쟁을 마무리하던 시점이었다. 고구려와 백제의 풍진이나 우마가 미치지 못하는 이곳을 진정한 전법륜 도량으로 꼽았으나 다른 종파의 승려 500인이 그 창건을 반대해 용이 신통력으로 돌을 운반하여 지었다는 설화가 『송고승전(宋高僧傳)』에 전하고 있다. 이는 국가의 지원을 받아서야 가능했던 부석사 창건의 어려움을 절의 이름과 연결지은 부석 설화에 담아 극화시킨 것으로 보인다. 이 부석사의 주존불은 무량수전에 모셔진 아미타불로 이곳이 아미타불이 상주하는 극락정토라는 관념으로 구조되었다. 이 부석사는 입구에서 무량수전에 이르기까지 사찰 전체가 크게 삼단으로 이루어져 있는데, 그 각각의 단은 다시 세 부분의 계단으로 이어져 있다. 이것은 중생의 부류를 정토에 왕생할 수 있는 아홉 단계로 나눈 구품왕생설(九品往生說)을 나타내는 것이다.

의상은 이러한 절의 배치가 스승인 지엄의 의견을 따라 화엄경설에 토대를 두었음을 밝혔다. 부석사 아미타신앙은 이미 현세 불국토적 성격이라는 확고한 터를 가지고 있던 관음신앙과 더불어 시방세계를 그 터전으로 삼은 데서 동질성을 보인다. 이렇듯이 미타·정토·관음신앙을 교단의 중심 신앙으로 확립한 것은 당시 신라 사회의 요구와 합치된 것이었다.

문무왕 21년(681) 왕이 수도에 새로이 성을 쌓는 것에 대해 의상에게 물었을 때 그는 "비록 들판의 띠집에 살아도 바른 도를 행하면 곧 복업이 길 것이요, 진실로 그렇지 않으면 비록 사람을 힘들게 하여 성을 만들지라도 이익되는 바가 없습니다"라고 답하여 왕으로 하여금 공사를 그만두게 하였다.

통일전쟁 이후 신라인들의 사회적 지위의 향상과 전쟁으로 지친 심적 고통에 대한 위안을 아울러 수용하면서 백제와 고구려계 유민들도 포용할 수 있는 이념으로 미타신앙이 크게 부각되었다. 이러한 관음신앙과 미타신앙은 골품제 신분사회의 제한적인 사회 분위기 속에서 현실적인 요구의 수용과 사후 안락의 기원이라는 신앙의 보편성 때문에 전 계층에 수용되고 있었다. 의상이 실천과 전파에 주력한 관음과 미타신앙은 통일기 신라사회가 지향하던 새로운 사회의 안정에 부응하는 것이었다.

이후 부석사를 중심으로 태백산과 소백산을 넘나들며 때로는 천연동굴에서 때로는 초로에서 제자들과 화엄사상을 연마해 나갔다. 의상는 그들에게 우선적으로 법계도사상을 익히게 하여 이의 체득에 대한 상징으로 법계도를 목판으로 찍어주기도 하고 법회를 열고 문답하기도 했다. 또한 소백산에 따로 도량을 열었으며 부석사에서는 돌아간 부모의 극락왕생을 위한 법회를 열기도 하였다. 의상은 또한 제자들을 지도하는 데 서두르지 않고 차분히 이끌어 주며 의심나는 것을 확실히 알게 하였으며 그들의 신변사까지 깊은 애정과 관심으로 보살폈다.

그는 사상을 이론으로만 이해하지 않고 그 이론을 실천하는 태도를 중시하였다. 또한 청정한 수도자의 자세를 일관되게 유지하였는데 그의 청정한 계의 실천주의는 그로 하여금 철저히 승려의 계율을 지키게 하였다. 그래서 국왕이 토지와 노비를 주려하자 불법은 평등하여 위아래 사람이 함께 나누어 쓰고 귀하고 천한 사람이 함께 지켜야 함을 강조하며 받지 않았다.

평등과 조화의 화엄사상

의상의 화엄사상의 중심은 중도(中道)사상에 바탕을 둔 법계연기설로 그 핵심은 일(하나)과 다(전체)의 상입상즉(相入相卽)을 밝힌 것이다. 하나하나의 개체는 각 개체 인에 일체의 요소를 긱기 가지고 있어 일과 일체는 서로를 포용하고 모든 개체는 상호 유기적인 관계를 가지며 존재하게 된다. 이렇듯이 일과 다가 서로 똑같은 단계에서 서로 상호의존적 관계에서만 상대를 인정하여 성립될 수 있다는 연기의 논리에서 개체간의 절대 평등의 의미를 유추할 수 있다. 일과 다의 관계는 동일한 이치의 세계와 다양한 현상세계를 이어주는 고리이며 모든 다양한 현상 자체가 곧 기초원리라는 의미를 부여하는 논리를 연상할 수 있다. 다시 말하여 전체 인류가 소중한 것은 한 개인이 소중하기 때문이라고 해석할 수 있다. 개체를 하나하나 버리고 나면 전체가 있을 수 없다. 이는 단순하면서도 참으로 값진 진리라 할 수 있다. 이러한 의미에서 상입상즉의 연기설은 전체 구성원의 평등과 조화를 상징하는 이론이 될 수 있다. 또한 의상사상의 특징인 중도사상은 모든 현상이 각자의 형식을 지니면서 그대로 중도임을 인정하는 중층적 구조를 가졌다.

의상이 제시하는 평등과 조화의 이론은 신라의 확고한 골품제사회 속에서 신분의 장벽을 뛰어넘는 사회적 평등으로 가기는 어려웠다. 그래서 의상은 자신이 영도하는 화엄종단 안에서만이라도 모든 문도들이 평등할 수 있도록 종단을 운영하고자 하였다. 이러한 의상의 평등과 조화의 정신은 평민 출신인 진정(眞定)이나 지통(智通)과 같은 뛰어난 제자들을 길러낼 수 있었으며, 또한 이들이 의상이 영도하는 화엄교단의 중심인물이 될 수 있도록 하였다.

그는 신라 말부터 해동화엄의 시조로 여겨질 뿐만 아니라 여래의 화신으로까지 숭앙되었다. 경주 흥륜사 금당의 동서 양쪽의 벽에 성인 열 명의 소상(塑像)을 빚어 모셨는데 여기에는 아도, 위촉(이차돈)과 같은 신라 불교를 일으킨 성자나 불교의 대중전파의 선구자 그리고 자장과 원효와 같은 당대 불교의 선도자와 함께 의상도 화엄 문도인 표훈(表訓)과 같이 봉안되어 있다. 이는 신라 후기의 불교계에서 의상이 차지하는 위치를 말해주는 것이다.

이처럼 돈독한 수행으로 교단을 이끌어 가던 그는 효소왕 11년(702)에 78세로 입적하였다. 의상의 저술은 그의 사상을 핵심적으로 요약한 소규모의 것뿐이다. 화엄사상의 요체를 문자의 그림으로 엮어내고 풀이한 『일승법계도』 한 권이 현존하고 있다. 『십문간법관(十門看法觀)』과 지엄의 『입법계품초(入法界品抄)』에 대한 주석이라 생각되는 『입법계품초기(入法界品抄記)』그리고 미타신앙의 사상적 토대였으리라 생각되는 『아미타경의기(阿彌陀經義記)』 등은 전해지지 않는다. 근자에 『화엄경문답(華嚴經問答)』이 의상의 저술로 알려졌다. 의상이 소백산 추동에서 90일간 한 화엄경 강의를 제자인 지통이 정리한 『추동기(錐洞記)』에는 의상의 후기사상이 많이 담겨 있다. 「백화도량발원문(白花道場發願文)」은 일찍부터 의상의 저술로 생각되어 왔으나 의상의 저술로 보기에는 의문점이 있다. 이렇듯이 의상의 저술은 그 양이 매우 적다. 이것은 실천행을 중시하던 그의 화엄사상 경향과 관계가 있다.

화엄사상은 한국 불교사상의 근간을 이룬다. 이러한 신라 화엄사상을 정립한 의상은 원효와 더불어 신라 불교철학의 확립과 신앙의 대중화를 이룬 시대의식을 이끌어간 선도자이다. 특히 의상의 화엄사상의 핵심을 이루는 조화와 평등의 원리는 갈등과 대립으로 점철된 오늘날에도 새삼 음미할 가치가 있다.

의상의 화엄사상은 고려 광종 대의 균여대사에 의하여 크게 숭앙되었다. 왕실의 권위를 높이면서도 일반 백성을 외면하지 않는 그의 사상은 널리 전파되었고, 고려 숙종 6년(1101)에 대성(大聖) 원교국사(圓敎國師)로 원효와 함께 추존되었다.

화왕 이야기로 임금에게 충언하다
설총

　설총(薛聰)은 자가 총지(聰智)이고 할아버지는 나마 담날(談捺)이며 아버지는 원효(元曉)이다. 원효는 처음에 승려가 되어 불경을 두루 통달하고 얼마 후에 환속하여 스스로 소성거사라 하였다.

　설총은 성품이 총명하고 예민하여 배우지 않고도 도술(道術)을 알았고, 방언(方言)*으로 구경(九經)**을 읽어 후생을 가르쳤으므로 지금(고려)까지 학자들이 그를 높이 받든다. 또 능히 글을 잘 지었으나 세상에 전해오는 것은 없다. 단지 지금 남쪽 지방에 더러 설총이 지은 비명(碑銘)이 있으나 글자가 마멸되고 떨어져 읽을 수 없으므로 끝내 그의 글이 어떠하였는지를 알 수 없다.
　신문대왕(神文大王 : 재위 681~691)이 한 여름에 높고 밝은 방에 거처하면서 설총을 돌아보며 말하였다.

---

* 방언 : 우리나라에서 사용한 말을 뜻한다. 종래 설총은 이두문을 창제한 것으로 해석되어 왔으나 이두는 설총 이전부터 사용되어 왔다. 따라서 이를 집대성하여 경전을 완전히 방언으로 풀어 가르쳤다고 해석해야 할 것이다.

** 구경 : 당나라 시대의 아홉 가지 유교 경전. 여기에 대해 몇 가지 견해가 있으나 그 중 신라의 독서삼품과의 시험 과목에 비추어 보아 여기서의 구경은 『시(詩)』, 『서(書)』, 『역(易)』, 『춘추(春秋)』, 『예기(禮記)』, 『의례(儀禮)』, 『주례(周禮)』, 『논어(論語)』, 『효경(孝經)』을 뜻한다고 생각된다.

"오늘은 오랫동안 내리던 비가 처음으로 그치고 향기로운 바람이 살랑살랑 부니 비록 좋은 반찬과 애처로운 음악이 있더라도 고상한 말과 좋은 웃음거리로 울적한 회포를 푸는 것만 같지 못하다. 그대는 틀림없이 기이한 이야기를 들은 것이 있을 것이니 나를 위해서 이야기해 주지 않겠는가?"

설총이 "예, 그렇게 하겠습니다" 하고는 이야기를 하였다.

"신이 들으니 옛날 화왕(花王: 모란을 지칭)이 처음 전래하였을 때 이를 향기로운 정원에 심고 비취색 장막을 둘러 보호하자 봄 내내 그 색깔의 고움을 발산하니 온갖 꽃을 능가하여 홀로 빼어났습니다. 이에 가까운 곳과 먼 곳에서 아름답고 고운 꽃들이 달려와 찾아뵙고 오직 자기가 뒤질까 걱정하지 않는 자가 없었습니다.

그런데 문득 한 아리따운 사람이 나타났는데 붉은 얼굴에 옥같이 하얀 이에, 얼굴을 곱게 단장하고 예쁜 옷을 입고 하늘거리며 와서 천천히 다가서며 말하였습니다. '첩은 눈처럼 흰 모래를 밟고 거울처럼 맑은 바다를 대하면서 봄비에 목욕하여 때를 벗기고 맑은 바람을 쏘이며 스스로 즐기는 장미인데, 왕의 아름다운 덕을 듣고 향기로운 휘장 속에서 잠자리를 모실까 하오니 왕께서는 저를 받아 주시겠습니까?'

또 한 대장부가 있어 베옷을 입고 가죽 띠를 둘렀으며, 흰 모자를 쓰고 지팡이를 짚고 노쇠하여 비틀거리며 굽어진 허리로 걸어와 다음과 같이 말하였습니다.

'저는 서울 성 밖의 큰길가에 살면서 아래로는 넓은 들의 경치를 바라보고, 위로는 뾰족이 높다란 산에 기대어 사는 백두옹(白頭翁: 할미꽃을 지칭)이라 합니다. 적이 생각하옵건대 좌우에서 공급하는 것이 비록 풍족하여 기름진 음식으로 배를 채우고 차와 술로 정신을 맑게 하고 옷장에 옷을 가득 저장하고 있더라도 반드시 좋은 약으로 기운을 북돋우고 아픈 침으로 독을 없애야 합니다. 그러므로 비록 실을 만드는 삼이 있더라도 띠를 버릴 수 없다고 합니다. 무릇 모든 군자는 어느 세대나

없지 않으니 모르겠습니다만 왕께서도 그러한 뜻이 있으신지요?'

그때 어느 사람이 말하기를 '두 사람이 왔는데 누구를 취하고 누구를 버리겠습니까?' 하였습니다.

화왕이 말하였습니다.

'장부의 말에도 합당한 것이 있으나 아름다운 사람은 얻기 어려운 것이니 이를 어떻게 함이 좋을까?'

대장부가 다가가 말하였습니다.

'저는 왕께서 총명하셔서 이치와 옳은 것을 알 것으로 생각하여 왔는데 이제 보니 그것이 아닙니다. 무릇 임금된 자가 사특하고 아첨하는 자를 친근히 하고 정직한 사람을 멀리하지 않음이 드뭅니다. 이런 까닭에 맹가(孟軻: 맹자)가 불우하게 몸을 마쳤고, 풍당(馮唐)*은 낮은 낭중(郎中) 벼슬에 묶여 늙었습니다. 예부터 이러하니 저인들 이를 어찌하겠습니까?'

화왕이 말하기를 '내가 잘못하였구나! 내가 잘못하였구나!' 하였답니다."

이에 왕이 슬픈 얼굴빛을 지으며 말하였다.

"그대의 우화의 말 속에는 실로 깊은 뜻이 있으니 청컨대 이를 써서 임금된 자의 교훈으로 삼도록 하라."

드디어 설총을 발탁하여 높은 벼슬을 주었다.

세상에 전하기는 일본국 진인(眞人)**이 신라 사신 설 판관(判官)에

---

* 풍당: 중국 한나라 때 사람. 문제(文帝) 때 중랑서장(中郎署長)이 되었다. 무제(武帝) 때 현량(賢良)으로 천거되었으나, 나이 이미 아흔 살이 넘었으므로 다시 벼슬길에 나오지 않았다.

** 진인: 일본의 씨성(氏姓)으로 천무(天武) 13년에 정해진 8성(姓) 중의 하나. 왕족에게 주어졌던 씨성으로 씨성 제일 위에 속한다. 그는 8세기 일본의 한문학의 대가로 알려진 담해진인삼선(淡海眞人三船)이다. 그는 천지천황(天智天皇)의 적장자였던 대우황자(大友皇子)의 증손이다. 출가하여 원개(元開)라고 칭하였고, 751년에 환속하여 담해진인(淡海眞人)이라는 성을 하사받았다. 따라서 그를 진인원개(眞人元開)라고도 한다.

게 준 시의 서문에 "일찍이 원효거사가 지은 『금강삼매론』을 읽고 그 사람을 보지 못한 것을 깊이 한탄하였는데, 신라국 사신 설씨가 거사의 손자라는 것을 듣고, 비록 그 할아버지를 보지는 못하였어도 그 손자를 만나니 기뻐서 이에 시를 지어 드린다"고 하였다.

그 시가 지금까지 전하는데 단지 그 자손의 이름을 알지 못할 뿐이다. (설총은) 우리 현종 재위 13년 천희(天禧) 5년 신유(1021)에 이르러 홍유후(弘儒侯)로 추증되었다. 어느 사람은 말하기를 설총이 일찍이 당나라에 가서 공부를 하였다고 하나 그런지 아닌지는 알 수 없다.

－『삼국사기』 권46, 열전 6

때를 만나지 못함을 가슴 아파하다
최치원

최치원(崔致遠)의 자는 고운(孤雲)—또는 해운(海雲)이라고도 하였다—이며, 서울 사량부(沙梁部) 사람이다. 기록의 전함이 없어져 그 세계(世系)를 알 수 없다.

당나라에서 급제하다

치원은 어려서부터 정밀하고 민첩하였으며, 학문을 좋아하였다. 나이 12세가 되어 장차 바다 배를 타고 당나라에 들어가 공부하려 할 때 그 아버지가 말하였다.

"십 년 안에 과거에 급제하지 못하면 내 아들이 아니니, 힘써 공부하라!"

치원이 당나라에 이르러 스승을 좇아 학문을 배우기를 게을리하지 않았다. 건부(乾符) 원년 갑오(874)에 예부시랑 배찬(裴瓚) 아래에서 한 번 시험을 치러 합격하여 선주(宣州) 율수현위(凓水縣尉)에 임명되었고 그 치적의 평가에 따라 승무랑(承務郞) 시어사내공봉(侍御史內供奉) 자금어대(紫金魚袋)를 하사받았다.

그 무렵 황소(黃巢)가 반란을 일으키자 고병(高騈)이 제도행영병마도통(諸道行營兵馬都統)이 되어 이를 토벌하였는데, 치원을 불러 종사관을 삼고 서기의 임무를 맡겼다. 그가 지은 표(表) · 장(狀) · 서(書) ·

계(啓)가 지금(고려)까지 전한다.

나이 28세에 이르러 귀국할 뜻을 가지자 희종(僖宗)이 이를 알고 광계(光啓) 원년(885)에 조칙을 가지고 사신으로 보내었다. 신라 왕이 붙들어 두려고 시독 겸 한림학사(侍讀兼翰林學士) 수병부시랑(守兵部侍郞) 지서서감사(知瑞書監事)로 삼았다.

치원이 스스로 생각하기를 서학(西學: 당나라 유학을 뜻함)하여 얻은 바가 많아 앞으로 자신의 뜻을 행하려 하였다. 그러나 왕조 말기여서 의심과 시기가 많아 용납되지 않고 태산군(太山郡: 전북 정읍시 칠보면) 태수로 나갔다.

태사 시중에게 보내는 편지

당나라 소종(昭宗) 경복(景福) 2년(893)에 납정절사(納旌節使) 병부시랑 김처회(金處誨)가 바다에서 익사하자 곧 혜성군(鵝城郡: 충남 당진군) 태수 김준(金峻)을 차출하여 고주사(告奏使)로 삼았다.

당시 치원은 부성군(富城郡: 충남 서산시) 태수로 있었는데, 불러 하정사(賀正使)로 삼았다. 그러나 해마다 흉년이 들어 기근에 시달렸고 그로 말미암아 도적이 횡행하여 길이 막혀 가지 못하였다. 그 후에 치원은 또한 사신으로 당나라에 갔으나 언제 갔는지 알 수 없다. 하지만 그 문집에 있는 태사(太師) 시중에게 올린 편지에서 다음과 같이 쓰고 있다.

"잎드려 듣건내 동쪽 바나 밖에 삼국이 있었으니 그 이름은 마한, 변한, 진한이었습니다. 마한은 고구려, 변한은 백제, 진한은 신라가 되었습니다. 고구려와 백제는 전성 시에 강한 군사가 100만이어서 남으로는 오(吳)와 월(越)을 침입하였고, 북으로는 유주(幽州)*의 연(燕)과 제(齊), 노(魯)나라를 휘어잡아 중국의 커다란 위협이 되었습니다.

수나라 황제가 통제하지 못하여 요동을 정벌하였고, 정관(貞觀) 연간에 우리 당나라 태종 황제가 몸소 여섯 개 부대를 거느리고 바다를 건너 토벌하니 고구려가 그 위세를 두려워하여 화친을 청하였으므로 문황(文皇)이 항복을 받고 돌아갔습니다. 이때 우리 무열대왕께서 지극한 정성으로 한 지방의 전난 평정에 도움을 청하여 당나라에 들어가 조회한 것이 이에서 시작되었습니다. 후에 고구려와 백제가 이전의 악을 계속 짓자 무열왕이 입조하여 그 길잡이가 되기를 청하였습니다.

고종 황제 현경(顯慶) 5년(660)에 이르러 소정방에게 명하여 10도의 강한 군사와 범선 만 척을 거느리고 백제를 대파하고 이어 그 땅에 부여도독부를 두고 유민을 불러 모아 중국 관리로 하여금 다스리게 하였는데 성향이 서로 달라 반란을 일으키므로 드디어 그 사람들을 하남(河南)으로 옮겼습니다. 총장(摠章) 원년(668) 영공(英公) 서적(徐勣)에게 명하여 고구려를 깨뜨리고 안동도독부를 두었다가 의봉(儀鳳) 3년(678)에 이르러 그 사람들을 하남과 농우(隴右) 지방으로 이주시켰습니다. 고구려의 유민이 모여 북으로 태백산 아래를 근거지로 하여 나라를 세워 발해(渤海)라 하였습니다.

발해는 개원(開元) 20년(732)에 중국을 원망하고 한스럽게 여겨 군사를 거느리고 등주(登州)를 갑자기 습격하여 자사(刺史) 위준(韋俊)을 살해하였습니다. 이에 명 황제(明皇帝)께서 크게 노하여 내사(內史)로서 높은 품계의 하행성(何行成)과 태복경(太僕卿) 김사란(金思蘭)에게 명하여 군사를 징발하여 바다를 건너 칠 때 저희 왕 김모(성덕왕)를 태위(太尉) 지절(持節) 충영해군사(充寧海軍事) 계림주대도독(鷄林州大都督)에 임명하여 참전하게 하였으나 깊은 겨울 눈이 많이 쌓이고 양국 군대가 추위에 시달리므로 회군을 명하셨습니다.

그 후 지금까지 삼백 년 동안 일방이 무사하고 평화로우니 이는 곧

*유주: 현재의 중국 북경시를 중심으로 한 서북지역. 백제가 유주지방을 장악했다는 최치원의 이 글에 의거하여 이른바 '백제의 요서경략설'이 주장되고 있다.

우리 무열왕의 공 때문입니다. 지금 저는 유학의 학문이 낮은 자이고 해외의 평범한 사람으로 외람되이 표(表)를 받들고 이 좋은 나라에 와서 조회하매, 무릇 간청이 있어 예에 맞게 모두 진술하고자 합니다.

엎드려 살펴보건대 원화(元和) 12년(817)에 본국의 왕자 김장렴(金張廉)*이 태풍을 만나 명주(明州) 해안에 다다랐을 때, 절동(浙東)의 어느 관리가 호송하여 서울에 들어갔고, 중화(中和) 2년(882)에 입조사(入朝使) 김직량(金直諒)은 중국에서 반란이 일어나 도로가 통하지 않아 마침내 초주(楚州) 해안에서 배를 내려 빙 돌아서 양주(楊州)에 이르러 황제가 촉(蜀)지방에 행차하신 것을 알았는데, 고태위(高太尉)가 도두(都頭) 장검(張儉)을 보내 서천(西川)에까지 호송하였으니, 이전의 사례가 분명합니다.

엎드려 바라옵건대 태사 시중께서는 굽어 큰 은혜를 내리시어 특별히 수륙의 통행증을 내려 주시고 지방 관서로 하여금 선박과 식사 및 원기리 여행에 필요한 밀과 사료를 공급하도록 하시고 아울러 상졸을 파

최치원의 글씨 역대 명가의 글씨를 탁본한 『해동명적』에 나와 있다.

---

* 김장렴: 헌덕왕(재위 809~826)의 아들이라 하나 가왕자(假王子)로 생각된다. 헌덕왕 9년(817) 10월에 조공사로 당나라에 파견되었는데 풍랑으로 인하여 표류하다가 명주(현재의 중국절강성 영파시) 해안에 도착하여 절동의 관리의 도움으로 당나라 서울까지 다녀왔다. 김장렴은 입당하여 당나라에서 신라인을 노비로 삼는 것을 금지시켜 줄 것을 요청하여 허락받았다.

경남 하동군에 있는 쌍계사 최치원이 때를 만나지 못한 것을 아쉬워하며 노닐던 곳 중의 하나이다. 최치원의 글씨를 새긴 진감선사대공탑비가 있다.

견하여 어전에 이르도록 하여 주십시오."

이 편지 중에서 태사 시중이라고 한 사람의 성명을 또한 알 수가 없다.

혼란한 세상에 발이 묶이다

치원은 서쪽에서 당나라를 섬기다가 동쪽의 고국에 돌아온 후부터 계속하여 혼란한 세상을 만나 발이 묶이고 걸핏하면 허물을 뒤집어쓰니 때를 만나지 못한 것을 스스로 가슴 아파하여 다시 관직에 나갈 뜻이 없었다.

방랑하면서 스스로 위로하였고, 산 아래와 강이나 바닷가에 정자를 짓고 소나무, 대나무를 심었으며, 책을 베개로 삼아 읽고 시를 읊조렸다. 예컨대 경주의 남산, 강주(剛州)의 빙산(氷山), 합주(陜州)의 청량사

(淸涼寺), 지리산의 쌍계사, 합포현(合浦縣: 경남 마산시)의 별장 등은 모두 그가 노닐던 곳이다. 최후에 가족을 이끌고 가야산 해인사에 숨어 살면서 친형인 승려 현준(賢俊) 및 정현사(定玄師)와 도우(道友)*를 맺고 조용히 살다가 늙어 죽었다.

처음 서쪽으로 유학하였을 때 강동의 시인 나은(羅隱)과 서로 알게 되었다. 나은은 재주를 믿고 자만하여 남을 쉽게 인정하지 않았는데 치원에게는 자기가 지은 시 다섯 두루마리를 보여 주었다. 또 같은 해에 과거에 함께 합격한 고운(顧雲)과 친하게 지냈는데, 귀국하려 하자 고운이 시를 지어 송별하였다. 그 시는 대략 다음과 같다.

> 내 들으니 바다에 금자라가 셋이 있어
> 금자라 머리에 이고 있는 산 높고도 높구나.
> 산 위에는 구슬과 보배와 황금으로 장식된 궁전이 있고
> 산 아래에는 천리만리의 큰 바다라.
> 가에 찍힌 한 점 계림이 푸른데
> 자라산 수재를 잉태하여 기특한 이 낳았네.
> 열두 살에 배를 타고 바다를 건너와
> 그 문장 중국을 감동시켰네!
> 열여덟 살에 글싸움하는 곳에 나아가
> 한 화살로 금문책(金門策)**을 깨었네.

『신당서』 예문시(藝文志)에 쓰기를 "최치원의 『사륙십(四六集)』 한 권, 『계원필경(桂苑筆耕)』 스무 권이 있다"고 하고 그 주(註)에 "최치원

---

* 도우: 도를 같이 닦는 벗이라는 뜻으로 도반(道伴)이라고도 한다. 여기서는 불교 수행을 함께 한다는 뜻으로 만년에 최치원이 불교에 귀의하였음을 알 수 있다.

** 금문책: 과녁. 합격을 뜻한다.

최치원의 영정을 봉안하고 있는 서산 부정사 진성왕 7년 최치원은 서산태수로 있었다. 사당의 명칭은 그가 태수를 지낸 곳인 부성군의 이름을 땄다.

은 고려 사람으로 빈공과에 급제하여 고병의 종사관이 되었다"고 하였으니 그 이름이 중국에 알려짐이 이와 같았다. 또 문집 30권이 세상에 전하고 있다.

전에 우리 태조가 일어날 때 치원은 (태조가) 비상한 사람으로 반드시 천명을 받아 나라를 열 것을 알고서 편지를 보내 문안드렸는데, 그 글 중에 "계림은 누런 잎이고 곡령(鵠嶺)은 푸른 소나무라"는 구절이 있었다.

그 제자들이 개국 초기에 높은 관직에 오른 자가 한둘이 아니었다. 현종이 왕위에 계실 때 치원이 조상의 왕업을 몰래 도왔으니 그 공을 잊을 수 없다고 하여 명을 내려 내사령(內史令)을 추증하였으며, 14년 태평(太平) 2년 임술(1022) 5월에 문창후(文昌侯)라는 시호를 추증하였다.

—『삼국사기』 권46, 열전 6

[역사 상식]

삼국이 삼한을 계승하였다는 견해

본 열전에서 보이는 삼한이 삼국으로 계승되었다고 보는 견해는 최치원에 의하여 최초로 제기되었다. 이후 조선 초기의 권근은 변한 고구려, 마한 백제, 진한 신라설을 제기하였다. 이를 가지고 삼한이 만주 지역에서 한강 이남으로 이동하였다는 해석이 있으나 그 타당성은 희박하다. 그러나 삼한을 삼국으로 보는 설은 고려시대에 크게 확장된 일반적 견해였다. 이는 후삼국의 통일을 삼한의 통일이라고 한 고려 태조의 말과 고려시대 최고 공신호의 명칭인 '삼한공신' 등에서 확인할 수 있다.

신라와 발해를 어떻게 볼 것인가?

신라와 발해는 서로 전쟁을 벌이지 않았다. 이에 신라는 676년 당나라 군대를 몰아내는 전쟁을 끝으로 대외적으로는 장기간의 평화 기간을 가졌다. 신라와 발해는 남국, 북국으로 칭한 점에서 비록 민족의식은 없었지만 같은 언어와 같은 종족이라는 의식을 가졌던 것으로 이해된다.

참고로 신라의 이동(李同)이 견당 유학생으로 헌강왕 원년(875)에 당 예부시랑 최항 아래에서 빈공과에 급제하였는데, 그때의 과거 시험에서 발해 유학생 오소도(烏昭度)에게 수석을 빼앗겨 신라는 수치로 여기기도 하였다. 당나라는 빈공과의 수석 합격자를 신라와 발해에 안배하여 통제하는 정책을 썼다.

조선시대의 역사서에는 발해사가 취급되지 않았다가 조선 후기에 이르러 유득공의 『발해고』에서 처음으로 이 시대를 남북국시기로 보았다. 그 후 1910년 대 황의돈과 장도빈에 의하여 '남북조시대' 라는 용어를 사용하고 1920년 대에 권덕규 등에 의하여 널리 사용되면서 민족주의 사학의 통설이 되었다. 그러나 일제시대 조선총독부의 조선사편수회에서 편찬한 『조선사』에서는 '신라통일기'로 이를 덮어 버렸고, '남북국시대'라는 용어는 1970년 대에 이우성 등에 의하여 통사에서 되살아났다. 앞으로 통일이 된 후 우리의 현대사를 다시 남북국으로 표현할지도 모르겠다.

시무란 무엇인가?

현실적으로 개혁이 가장 시급한 문제를 시무(時務)라 한다. 최치원이 올렸다는 시무십조는 그 내용을 구체적으로 알 수 없다. 단지 당시의 시대 상황과 최치원의 사상을 고려하여 시무책의 내용은 진골 중심의 골품제 타파, 전제 왕권 강화책, 호족 억압책, 인사 행정 개혁안, 조세제도 개혁안 등이 포함되었을 것으로 추측하기도 한다.

시무 상소로 역사상 가장 유명한 것은 고려 성종에게 올린 최승로의 시무이십팔조를 들 수 있다. 현재 28조 중 22조를 확인할 수 있다. 고려 성종에 의하여 그 내용이 상당 부분 실천에 옮겨졌다. 조선시대에는 시무상소를 올린 사람과 그 내용이 실록에 많이 전하고 있는데, 이이가 1583년에 올린 시무육조, 비록 시무라고 명칭을 달지 않았지만 선조에게 올린 만언봉사, 숙종 9년(1683) 산림이었던 박세채가 올린 시무만언봉사가 특히 유명하다.

거문고를 뜯어 아내의 마음을 달래다
백결선생

백결선생(百結先生)은 언제 어떤 사람인지를 알 수 없다.

낭산(狼山) 아래에 살았는데 집이 대단히 가난하여 옷을 백 번이나

음악을 연주하고 있는 신라인의 모습 토우장식 목긴항아리 부분.

기워 입어 마치 메추리를 거꾸로 매단 것처럼 너덜너덜하였다. 그래서 당시 사람들이 동리(東里)의 백결선생이라 불렀다. 일찍이 영계기(榮啓期)의 사람됨을 사모하여 거문고를 가지고 다니면서 무릇 기쁨과 성냄, 슬픔과 즐거움 그리고 마음에 편치 않은 일들을 모두 거문고 소리로 표현하였다.

어느 해 연말 이웃동네에서 곡식을 방아 찧었는데 그의 아내가 절구공이 소리를 듣고 말하였다.

"다른 사람들은 모두 곡식이 있어 방아질을 하는데 우리만이 곡식이 없으니 어떻게 해를 넘길까?"

선생이 하늘을 우러러보며 탄식하여 말하였다.

"대저 사람이 살고 죽는 것은 명이 있는 것이요, 부귀는 하늘에 달린 것이라! 오는 것은 거절할 수 없고, 가는 것은 따라 잡을 수 없는 것인데 그대는 어찌 마음 상해 하시오? 내 그대를 위하여 절구공이 소리를 지어서 위로해 주리다."

이에 거문고를 뜯어 절구공이 소리를 내었다. 세상에 전하여 그 이름을 '방아타령'이라고 하였다.

―『삼국사기』 권48, 열전 8

황룡사 벽에 그린 늙은 소나무
솔거

솔거(率居)는 신라 사람으로 출생이 한미하였으므로 그 씨족의 계보가 기록되어 있지 않다.

그는 선천적으로 그림을 잘 그렸다. 일찍이 황룡사 벽에 늙은 소나무를 그렸는데, 줄기에는 비늘처럼 터져 주름지었고 가지와 잎이 얼기설

황룡사지 전경 솔거가 황룡사 벽에 그렸다는 노송도에 관한 일화가 전한다. 경북 경주시 구황동에 있다.

기 서리어 까마귀, 솔개, 제비, 참새 등이 가끔 바라보고 날아들었다가 도달함에 미쳐 허둥거리다가 떨어지곤 하였다.

 그린 지가 오래되어 색이 바래지자 그 절의 중이 단청을 보수하였더니, 까마귀와 참새가 다시는 오지 않았다.

 또 경주의 분황사 관음보살상과 진주의 단속사 유마상(維摩像)은 모두 그의 필적이다. 세상에 전해져 신화(神畵)로 여겼다.

-『삼국사기』 권48, 열전 8

신묘한 글씨로 세상을 놀라게 하다
김생

　김생(金生)은 부모가 한미하여 그 가문의 계보를 알 수 없다. 경운(景雲) 2년(711)에 태어났다.
　어려서부터 글씨에 능하여 평생토록 다른 기능은 공부하지 않았다. 나이가 여든이 넘어서도 붓을 잡고 쉬지 않았다. 예서, 행서와 초서를 쓰매, 모두 입신의 경지였다. 지금(고려)까지도 흔히 그의 친필이 있어 학자들이 서로 전하여 보배스럽게 여긴다.

　숭녕 연간에 고려의 학사(學士) 홍관(洪灌)이 진봉사(進奉使)를 따라 송나라에 가 수도 변경(汴京)에 묵고 있었는데, 그때 송나라 한림(翰林) 대조(待詔) 양구(楊球)와 이혁(李革)이 황제의 조칙을 받들고 숙소에 와서 그림 족자에 글씨를 썼다.
　홍관이 김생의 행서와 초서 글씨를 보여 주자, 두 사람이 크게 놀라며 말하였다.
　"뜻하지 않게 오늘 왕우군(王右軍)의 친필을 볼 수 있게 되었구나!"
　이에 홍관이 말하였다.
　"그런 것이 아니라 이는 신라 사람 김생이 쓴 것이다."
　두 사람이 웃으면서 말하였다.
　"천하에 우군을 제외하고 어찌 이와 같이 신묘한 글씨를 쓸 수가 있겠는가?"

홍관이 여러 번 말하여도 끝내 믿지 않았다.

또 요극일(姚克一)이란 사람이 있었는데 벼슬이 시중 겸 시서학사(侍書學士)에 이르렀는데 글씨에 힘이 있었고 구양(歐陽)의 솔경법(率更法)을 터득하였다. 비록 글씨는 김생에 미치지 못하였으나 또한 뛰어난 솜씨였다.

-『삼국사기』 권48, 열전 8

[역사 상식]

해동 제일의 서예가 김생

　김생은 통일신라시대의 명필가이다. 부모가 한미하여 가문의 계보를 알 수 없다. 어려서부터 글씨를 잘 썼는데, 나이 여든이 넘도록 글씨에 몰두하여 예서, 행서와 초서가 모두 입신의 경지에 이르렀다. 『신증동국여지승람』 권14 충주목 불우조 김생사항에는 "김생이 두타행(頭陀行)을 닦으며 이 곳에 머물렀기에 김생사(金生寺)라 이름하였다"는 기록이 있다. 그의 글씨로 전해지는 작품들이 모두 사찰 또는 불교와 관련된 점으로 보아 '호불불취(好佛不娶)' 하였다는 그의 생을 짐작할 뿐이다.

　그는 특히 고려시대 문인들에 의하여 해동 제일의 서예가로 평가받았다. 이규보는 『동국이상국집(東國李相國集)』에서 그를 신품제일(神品第一)로 평하였다. 조선시대에는 그의 친필이 귀해 이광사(李匡師)는 『원교서결(圓嶠書訣)』에서 그의 친필은 절무하다고 하였다.

　그의 진면목을 살필 수 있는 필적으로 현재 경복궁에 있는 「태자사낭공대사백월서운탑비(太子寺朗空大師白月栖雲塔碑)」가 있다. 이 비의 비문 글씨는 고려 광종 5년(954)에 승려 단월(端月)이 김생의 행서를 집자한 것으로, 통일신라와 고려시대에 유행한 왕희지·구양순류의 단정히고 미려한 글씨와 달리 활동적인 운필로 서기의 개성을 잘 표출시키고 있다.

　그의 유일한 서첩으로 『전유암산가서(田遊巖山家序)』가 있으며, 『해동명적(海東名蹟)』과 『대동서법(大東書法)』에 몇 점이 실려 있다. 특히 「여산폭포시(廬山瀑布詩)」는 자유분방하면서 힘이 넘치는 필적이다. 이 밖에 「창림사비(昌林寺碑)」가 있는데, 현재 원비는 물론 탁본조차 전하지 않는다. 단지 원나라의 조맹부가 『동서당집고첩발(東書堂集古帖跋)』에서 "창림사비의 신라 김생의 글씨는 자획에 전형(典型)이 깊어 당인(唐人)의 명각(明刻)이라도 이를 능가하지 못한다"고 평가하였다.

군사기밀을 끝까지 지키다
구진천

신라에서 만든 활은 멀리 날아가는 것으로 유명하였다. 진흥왕 때에는 나마 신득이 활의 일종인 포노를 발명하였으며 이를 사용하여 성 위에서 돌을 쏘아 방어에 성공한 사례가 있다. 문무왕 때에는 활의 기술자 구진천이 유명하였다.

구진천(仇珍川)은 경주에서 태어났다. 그의 어머니는 '용이 끄는 작은 배를 타고 쏜살같이 서쪽으로 가서 웅장한 집에 당도하였을 때 아주 화려한 옷을 입은 귀한 분이 환대하여 융숭한 대접을 받고 돌아오는 꿈'을 꾸고 그를 잉태하였다고 한다. 그래서 아들의 이름을 보배처럼 귀하게 되리라는 태몽의 예시를 믿고 지었다. '구(仇)'는 원수라는 뜻도 있지만 좋은 짝이라는 뜻도 있다. 이는 한자의 뜻보다 음을 취하여 쓴 것으로 생각된다. '구(九)' 대신 '구(仇)'를 쓴 것은 아홉 번째 낳은 자식으로 사내아이기 때문에 사람 인(人) 변을 붙였다는 이야기가 있으나 그것이 사실인지는 확인할 길이 없다. 당시에는 중국적인 성은 왕족이나 6두품 이상의 일부 사람만이 가졌을 뿐이다. 그의 가문은 6두품 신분이었을 것으로 생각되지만 아직 중국의 성씨는 갖지 않았다.

활 만들기를 업으로 하다

그의 집안은 대대로 활을 만드는 직업을 가졌다(당시의 기술자는 사회적으로 상당한 대접을 받았다는 사실을 금석문 등을 통해 확인할 수 있다). 그가 태어나 대여섯 살 때부터 할아버지와 아버지, 형들이 활을 만드는 것을 어깨 너머로 구경을 하였고, 나이가 들어서는 활을 만드는 나무를 구하러 산으로 그들과 함께 다녔다. 당시 신라의 활은 고구려의 읍루(숙신)족에게 배운 기술을 더욱 개선하여 새로이 개발한 것이었다. 이 집안에서 만든 활은 1,000보(약 1,200미터)가 나가는 활로 성능이 아주 뛰어났다고 하나 이는 과장된 표현인 듯하다.

그의 아버지는 아들들에게 활 만드는 나무를 고르는 방법을 일러주었다. 이는 오랜 경험을 통해 얻은 기술정보였다. 활을 만드는 나무는 주로 산뽕나무로 경상남도 남해와 강원도의 강릉, 삼척, 울진, 정선 등지에서 구할 수 있었다. 재목의 질에 따라 9등급으로 나누어진 나무들 중 제일 등급의 것인 9품의 재목은 모두가 강원도의 높은 산간에서 나온 것들이었다. 재목을 고를 때에는 산세와 위치, 토양, 수령 등 여러 가지 조건이 고려되었다. 강인하면서도 탄력성이 좋은 나무를 골라야 했기 때문이다. 산 밑에서 자란 나무는 너무 잘 자라 탄력성이 약하며, 산 정상에서 자란 나무는 바람에 시달려 억세면서도 탄력성이 좋았다. 또한 나무의 뿌리를 파서 흙이 황토인지, 진흙인지, 바위인지, 모래와 자갈이 섞인 땅인지를 확인하여 재목을 등급화 하는데 적용하였다. 이는 비옥한 땅에서 자란 나무는 나이테가 크기 때문에 강인하지 못하고, 너무 척박한 땅이나 자갈 위에서 자란 나무는 너무 앙상하여 활에 가장 필요한 탄력이 적다는 이유였다.

그가 50여 세가 되었을 때 신라는 고구려, 백제와 전쟁을 가장 치열하게 할 때라 그의 집안 모든 식구는 매일 밤낮으로 활을 만들어야만 하였다. 활에 시위를 올리는 날에는 새벽에 반드시 목욕하고 천지의 신명에게 기도를 올렸다.

당나라 황제 앞에서 활을 만들다

문무왕 8년(668) 고구려를 격파하는 통일전쟁이 끝나고 평화의 시기가 오는가 하였다. 다음 해 전쟁에서 공을 세운 사람과 전사자에 대한 국가의 포상이 이었다. 구진천의 가문도 그 공을 인정받아 포상을 받았다. 어느 날 친구들과 개울에서 천렵을 즐기던 구진천은 급히 궁중에서 입궐하라는 전갈을 받았다. 황급히 달려가 보니 왕의 명이라 하여 당나라에 갈 채비를 하라는 것이었다. 그가 그 해 겨울에 온 당나라 사신을 따라 그 수도 장안성에 도착한 것은 이듬해인 670년 여름이었다.

그는 신라의 17관등 중 여덟 번째인 사찬이라는 관등급을 가지고 있었으니 6두품에 속하였다. 당시 당나라 수도인 장안성은 인구가 100만 명이 넘는 대도시였고, 세계문화가 모이는 국제도시였다. 도로는 반듯반듯하게 바둑판처럼 나 있고 몇 층으로 된 높은 집들이 즐비한 화려한 도시였다. 며칠 동안 황실에서 제공하는, 생전에 먹지 못했던 맛있고 진귀한 각종 음식들을 먹었으며 당나라 황제(고종)가 내려주는 비단 옷 한 벌도 선물로 받았다.

어느 날 황제는 그에게 활을 만들라고 하였다. 그의 주위에는 활 만드는 기술자들이 둘러서서 구경하였다. 그가 만들어 바친 활을 쏘아보니 30보밖에 나가지 않았다. 황제가 그에게 물었다. "너희 나라에서 네가 만든 활은 화살이 1,000보를 나갔다고 하는데 어찌된 일이냐?" 구진천은 대답했다. "활을 만드는 재목이 좋지 못해서 그렇다고 생각합니다. 만약 우리나라에서 나무를 가져온다면 그것을 만들 수 있습니다." 이에 황제는 사신을 다시 신라에 보내 활 만드는 나무를 구하였다. 당시에 당나라가 신라를 침략하기 위한 준비를 하고 있다는 소문이 있었다. 이 소식을 들은 의상대사는 671년 황급히 귀국하여 그 정보를 신라에 전했다.

이 무렵 황제는 신라에 사신을 보내 활 만드는 나무를 구하자, 신라는 대나마 복한(福漢)을 시켜 나무를 바쳤다. 일 년 후 신라에서 나무가 왔다. 그 나무로 활을 만들어 시험해 보니 겨우 60보 정도 나갔다. 황제는 실망하고 그 까닭을 물었다. 구진천은 다음과 같이 대답하였다. "신도 또한 그 까닭을 정확히 모르겠습니다. 제가 중국에 오는 동안 수십 일 바다를 건넜는데, 이 나무 역시 바다를 건넜으며 그 동안 나무에 습기가 스며들었기 때문인 것 같습니다." 황제는 그가 일부러 활을 제대로 만들지 않았다고 생각하고 무거운 벌을 내리겠다고 위협했다. 그때 그는 어머니에게 들은 자신의 태몽이야기를 생각했다. 자신을 죽이지는 않을 것이라는 확신을 가지고 있었다. 그는 끝까지 1,000보가 나가는 활을 만드는 비법을 온전히 알려주지 않았다.

세계적인 선진국이지만 기술도입을 끊임없이 시도한 당나라의 정책과 군사기밀을 끝까지 지켜낸 구진천의 이야기는 우리에게 많은 시사점을 주고 있다.

(구친천의 당나라 고종과의 대화내용 등이 『삼국사기』 문무왕 본기에 전하고 있고, 앞의 서술문은 경주에서 고노에게 들은 이야기를 중심으로 재정리한 것이다.)

4장 효와 정절, 충의를 드높인 사람들

향덕과 성각
실혜와 물계자
검군
설씨녀
도미의 아내
귀산과 추항
죽죽
관창
심나
김영윤

몸을 버려 부모를 봉양하다
향덕과 성각

어머니의 종기를 완쾌시킨 향덕

향덕(向德)은 웅천주(熊川州)의 판적향(板積鄕) 사람이다. 아버지 이름은 선(善)이고 자는 반길(潘吉)이었는데 천성이 온후하고 착해서 마을 사람들이 그의 행실을 칭찬하였으며, 어머니는 이름이 전하지 않는다.

향덕 정려비 향덕의 효행은 고려와 조선시대까지 알려져 1741년 영조 대 충청도 관찰사였던 조영국이 건립한 신라효자향덕정려비가 전해져온다. 충남 공주시 소학동에 있다.

4장 효와 정절, 충의를 드높인 사람들　333

조선시대에 쓰여진 『삼강행실도』. 성각이 어머니에게 다리 살을 베어 봉양했다는 이야기가 전해진다.

향덕 또한 효성스럽고 순하기로 당시에 소문이 났다. 천보(天寶) 14년 을미(755)에 흉년이 들어 백성이 굶주리고 더구나 전염병이 돌았다. 부모가 굶주리고 병이 났으며 어머니는 종기가 나서 거의 죽게 되었다. 향덕이 밤낮으로 옷을 벗지 않고 정성을 다하여 편안히 위로하였으나 봉양할 것이 없어 이에 자신의 넓적다리 살을 떼어 먹게 하고, 또 어머니의 종기를 입으로 빨아 모두 완쾌시켰다.

고을의 관청에서 주(州)에 보고하고 주에서 왕에게 보고하였다. 왕은 명을 내려 조(租) 300섬과 집 한 채, 구분전(口分田) 약간을 내리고, 담당 관청에 명해 비석을 세워 일을 기록하게 하여 드러내도록 하였다. 지금(고려)까지 사람들은 그 곳을 효가리(孝家里)라 부른다.

다리 살을 떼어 어머니를 봉양한 성각

성각(聖覺)은 청주(菁州: 경남 진주시) 사람이었다. 그의 씨족에 대한 기록이 전하지 않는다. 세상의 명예와 벼슬을 좋아하지 않아 스스로 거사라 칭하고 일리현(一利縣: 경남 고령군 성산면) 법정사(法定寺)에 머물다가 후에 집에 돌아가 늙고 병든 어머니를 봉양하였다. 어머니에게 채소만을 드릴 수 없었으므로 다리 살을 떼어 먹이었고 돌아가시매 지성으로 불공을 드려 천도하였다. 대신 각간 경신(敬信)과 이찬 주원(周元)

등이 이 소식을 국왕에게 아뢰니 웅천주의 향덕의 옛일에 따라 이웃 현에서 나오는 조 300섬을 상으로 주었다.

―『삼국사기』 권48, 열전 8

[역사 상식]

민간에서 채록한 향덕 열전

향덕은 신라 경덕왕 대에 공주지방에 살았던 효자이다. 『삼국유사』에도 그 내용이 수록되어 있는데, 이름을 향득(向得)으로 기록하고 있다. 『삼국유사』에 그의 관등은 사지(舍知)라 하였는데 이는 효자로 포상할 때 주어진 것이 아닐까 한다. 향덕 열전도 민간에서 전해져 오는 것을 채록한 것으로 보인다.

참고로 '향(向)' 자는 '상'과 '향' 두 가지 음이 있어 성의 경우에는 '상'으로 읽지만 이 무렵에는 아직 우리나라에 성이 보편화되지 못하고 오직 경주의 6두품 이상만이 성을 사용하였으므로 이를 성으로 볼 수가 없다.

왕위를 둘러싼 김경신과 김주원 이야기

본 열전에 나오는 각간 경신과 이찬 주원에 대해 왕위를 둘러싼 흥미로운 얘기가 전해진다. 경신은 신라 38대 원성왕(元聖王)의 이름으로 선덕왕(宣德王) 원년에 상대등이 되었다. 주원은 태종무열왕의 6세손으로 태종의 둘째 아들인 김인문의 5세손으로 알려졌으나 최근의 연구에 의하면 태종의 셋째 아들인 문왕(文王)의 5세손이라고 한다.

주원은 혜공왕 13년(777)에 시중에 올랐다. 선덕왕이 후사 없이 죽자 중신들이 왕의 세움을 논할 때 이찬 김주원이 가장 유력하였다. 그러나 그의 집이 알천 북쪽 이십여 리 떨어져 있었는데, 때마침 홍수가 나서 알천을 건너지 못하여 회의에 참석하지 못하였다. 이에 어느 사람이 이는 하늘의 뜻이라 하여 상대등 김경신을 왕으로 삼기로 하였다는 설화가 전한다(『삼국유사』).

설화상으로는 김주원이 김경신보다 왕위 계승에 유력하였던 것으로 보이나, 실제로는 김경신이 왕위에 오를 수 있는 보다 유력한 위치에 있었다. 그 이유는, 첫째, 김경신은 화백회의의 의장인 상대등이었고, 둘째, 김경신은 선덕왕의 동생으로 혈연적으로 족자(族子)인 김주원보다 가까웠다는 점, 셋째, 김경신은 박씨 세력, 김유신계의 김씨 세력, 6두품 세력과도 친밀한 관계를 가지고 있었다는 점을 들고 있다.

왕위 계승에 실패한 김주원은 자신의 장원이 있었던 명주(溟洲)로 가 살았다. 명주 지방에서 그는 독자적인 세력을 구축하여 자신을 명주군왕이라 칭하였고 신라 말까지도 명주도독은 그의 후손이 임명되었다. 헌덕왕 14년(822)에는 주원의 아들 김헌창(金憲昌)이 아버지가 왕이 되지 못한 것을 원한으로 여겨 반란을 일으켜 나라를 세웠는데, 나라 이름을 장안(長安), 연호를 경운(慶雲)이라 하였다. 그러나 곧바로 관군에 의하여 진압되었다.

공을 자랑함은 선비가 할 일이 아니다
실혜와 물계자

구차스럽게 변명하지 않은 실혜

실혜(實兮)는 대사(大舍) 순덕(純德)의 아들이다. 성격이 강직하여 의가 아닌 것에는 굽히지 않았다. 진평왕 때 상사인(上舍人)이 되었는데, 그때 동료 하사인(下舍人) 진제(珍堤)는 그 사람됨이 아첨을 잘하여 왕의 사랑을 받았다. 비록 실혜와 동료였으나 일을 하면서 서로 옳고 그름을 따질 때면 실혜는 정의를 지켜 구차스럽게 하지 않았다.

진제가 질투하고 원한을 품어 왕에게 여러 차례 참소하였다.

"실혜는 지혜가 없고 담력만 있어 기뻐하고 성냄이 급하여 비록 대왕의 말이라도 그 뜻에 맞지 않으면 분함을 누르지 못하니 만약 이를 징계하여 다스리지 않으면 장차 난을 일으킬 것입니다. 어찌 지방으로 좌천시키지 않습니까? 그가 굴복함을 기다려 후에 등용하여도 늦지 않을 것입니다."

왕이 그렇게 여겨 영림(寧林)의 관리로 좌천시켰다.

어느 사람이 실혜에게 말하였다.

"자네는 할아버지 때부터 충성과 재상이 될 만한 자질이 세상에 소문이 났는데 지금 아첨하는 신하의 참소와 훼방을 받아 죽령 밖 먼 벼슬로 후미진 시골에 가게 되었으니 또한 통탄할 일이 아닌가? 어찌 직언으로 스스로를 변명하지 않는가?"

실혜가 답하였다.

"옛날 굴원(屈原)은 외롭고 곧았으나 초나라에서 배척되어 쫓겨났으며, 이사(李斯)는 충성을 다하였으나 진(秦)나라에서 극형을 받았다. 아첨하는 신하가 임금을 미혹하게 하고 충성스러운 자가 배척을 받는 것은 옛날도 그랬다. 어찌 슬퍼할 것인가?"

드디어 말하지 않고 가면서 장가(長歌)를 지어서 자기의 뜻을 표하였다.

공을 내세우지 않은 물계자

물계자(勿稽子)는 나해 이사금 대의 사람이다. 집이 대대로 미미하였으나 사람됨이 기개가 커서 어려서부터 장대한 뜻을 가졌다.

그때 포상(浦上)의 여덟 나라*가 아라국(阿羅國 : 함안의 가야국)을 치기로 함께 꾀하자 아라국에서 사신을 보내와 구원을 청하였다. 이사금이 왕손 날음(捺音)으로 하여금 이웃의 군과 6부의 군사를 거느리고 가서 구해 주게 하여 드디어 여덟 나라의 군대를 패배시켰다. 이 싸움에서 물계자는 큰 공을 세웠으나 왕손에게 미움을 샀으므로 그 공은 기록되지 않았다.

어느 사람이 물계자에게 말하였다.

"자네의 공이 대단히 컸는데 기록되지 못하였으니 원망하는가?"

물계자가 대답하였다.

"어찌 원망하리요?"

어느 사람이 또 말하였다.

"어찌 왕에게 아뢰지 않는가?"

---

* 여덟 나라: 골포(骨浦), 칠포(柒浦), 고사포(古史浦) 등 삼국의 이름만 보이고 있다. 『삼국유사』에는 고성의 보라국(保羅國), 사천의 물사국(勿史國) 등을 여덟 나라로 서술하고 있다.

물계자가 말하였다.

"공을 자랑하고 이름을 구하는 것은 뜻있는 선비의 할 바가 아니다. 단지 마땅히 뜻을 힘써 연마하며 후일을 기다릴 뿐이다."

그 후 삼년이 지나 골포(骨浦), 칠포(柒浦), 고사포(古史浦)의 세 나라 사람이 갈화성(竭火城)*을 공격하여 오자 왕이 군사를 거느리고 가서 구하고 세 나라의 군사를 대패시켰다. 물계자는 수십 명을 목베었으나 공을 논할 때 또 얻는 바가 없었다. 이에 자기 부인에게 말하였다.

"일찍이 들으니 신하된 도리는 위험을 보면 목숨을 바치고, 어려움을 만나면 몸을 돌보지 않는 것이라 하였는데, 전날의 포상, 갈화의 싸움은 위험하고 어려운 것이었다. 그런데도 목숨을 바치지 못하고, 자신을 버리지 못한다고 사람에게 소문이 났으니 장차 무슨 면목으로 저자와 조정에 나가겠는가?"

드디어 머리를 풀고 거문고를 들고 사체산으로 들어가 돌아오지 않았다.

―『삼국사기』권48, 열전 8

---

* 갈화성: 『삼국유사』의 찬자는 이를 고려대의 울주(蔚州)인 굴불(屈弗)이 아닌가 하는 주를 붙이고 있다.

태산을 기러기 털보다 가벼이 보다
검군

검군(劍君)은 대사(大舍) 구문(仇文)의 아들로 사량궁(沙梁宮)의 사인(舍人: 궁중에서 일하는 근시직)이 되었다.

건복(建福) 44년 정해(627) 가을 8월에 서리가 내려 여러 농작물이 말려 죽었기에 다음 해 봄에서 여름까지 큰 기근이 들어 백성들이 자식을 팔아 끼니를 이었다.

이때 궁중의 여러 사인(舍人)들이 함께 모의하여 창예창(唱䂻倉)의 곡식을 훔쳐 나누었는데, 검군만이 홀로 받지 않았다. 여러 사인들이 말하였다.

"뭇 사람이 모두 받았는데 그대만이 홀로 물리치니 어떤 이유에서인가? 만약 양이 적다고 여긴다면 더 주겠네!"

검군이 웃으면서 말하였다.

"나는 근랑(近郞)의 문도(門徒)에 이름을 붙여 두고 화랑의 뜰*에서 수행하였다. 진실로 의로운 것이 아니면 비록 천금의 이익이라도 마음을 움직일 수 없다."

* 화랑의 뜰: 풍월지정(風月之庭). '풍월(風月)'은 화랑도의 별칭이므로 이 역시 화랑도가 뛰노는 곳이라는 뜻이다.

당시 이찬 대일(大日)의 아들이 화랑이 되어 근랑이라고 불렀으므로 그렇게 말하였다. 검군이 나와 근랑의 문 앞에 이르렀다. 사인들이 몰래 의논하였다.

"이 사람을 죽이지 않으면 반드시 말이 새어 나갈 것이다."

그래서 그를 불렀다. 검군이 자기를 모살할 계획을 알았으므로 근랑과 작별하며 말하였다.

"오늘 이후에는 서로 다시 만날 수 없습니다."

근랑이 그 이유를 물었으나 검군은 말하지 않았다.

두세 번 거듭 물으니 이에 그 이유를 대략 말하였다.

근랑이 말하였다.

"어찌 담당 관청에 알리지 않는가?"

검군이 대답하였다.

임신서기석 신라의 두 청년이 유교경전을 습득하고 실행할 것을 맹세한 것을 새긴 비석이다.

"자기의 죽음을 두려워하여 뭇 사람으로 하여금 죄에 빠지게 하는 것은 인정상 차마 할 수 없습니다."

"그렇다면 어찌 도망가지 않는가?"

"저들이 굽고 나는 곧은데 도리어 스스로 도망가는 것은 대장부가 할 일이 아닙니다."

그리고 드디어 모임 장소에 갔다. 여러 사인들이 술을 차려 놓고 사과하는 체하면서, 몰래 약을 음식에 섞었다. 검군이 이를 알고도 꿋꿋하게 먹고 죽었다.

군자가 말하였다.

"검군은 죽어야 할 바가 아닌데 죽었으니 태산(泰山)을 기러기 털보다 가벼이 본* 사람이라고 할 수 있다."

—『삼국사기』 권48, 열전 8

* 경태산어홍모(輕泰山於鴻毛): 이 구절은 사마천(司馬遷)의 「보임소경서(報任少卿書)」에서 "사혹중어태산 혹경어홍모(死或重於泰山 或輕於鴻毛)"라는 표현을 고쳐 쓴 것이다. 태산은 가장 무거운 것을 뜻하고 기러기 털은 가장 가벼운 물건을 비유하여 한 말이다.

언약을 천금보다 중시하다
설씨녀

설씨녀(薛氏女)는 경주 율리(栗里)의 평민 집의 여자였다. 비록 가난하고 외로운 집안이었으나 용모가 단정하고 뜻과 행실이 잘 닦아졌다. 보는 사람들마다 그 아름다움을 흠모하지 않는 이가 없었으나 감히 범접하지 못하였다.

애인의 아버지 대신 군대에 가는 가실

진평왕 때 설씨녀의 아버지는 나이가 많았으나 정곡(正谷)으로 국방을 지키는 수자리 당번을 가야 하였다. 그녀는 아버지가 병으로 쇠약해졌으므로 차마 멀리 보낼 수 없었고 또 자신은 여자의 몸이라 아버지 대신 갈 수도 없었으므로 근심과 고민 속에 싸여 있었다.

사량부 소년 가실(嘉實)은 비록 집이 대단히 가난하였으나 뜻을 키움이 곧은 남자였다. 일찍이 설씨를 좋아하였으나 감히 말을 하지 못하다가 아버지가 늙은 나이에 군대에 나가야 함을 설씨가 걱정하고 있다는 소식을 듣고 드디어 설씨에게 청하여 말하였다.

"저는 비록 나약한 사람이지만 일찍이 뜻과 기개를 자부하였습니다. 원컨대 이 몸으로 아버지의 일을 대신하게 하여 주시오!"

설씨가 대단히 기뻐하여 들어가 아버지에게 이를 고하니 아버지가 그를 불러 보고 말하였다.

"들건대 이 늙은이가 가야 할 일을 그대가 대신하여 주겠다 하니 기쁘면서도 두려움을 금할 수 없소! 보답할 바를 생각하여 보니, 만약 그대가 우리 딸이 어리석고 가난하다고 버리지 않는다면, 어린 딸자식을 주어 그대의 수발을 받들도록 하겠소."

가실이 두 번 절을 하고 말하였다.

"감히 바랄 수는 없지만 이는 저의 소원입니다."

이에 가실이 물러가 혼인날을 청하니 설씨가 말하였다.

"혼인은 인간의 큰일인데 갑작스럽게 할 수는 없습니다. 제가 이미 마음으로 허락하였으니 이는 죽어도 변함이 없을 것입니다. 바라건대 그대가 수자리에 나갔다가 교대하여 돌아온 후에 날을 잡아 예를 올려도 늦지 않을 것입니다."

이에 거울을 둘로 쪼개어 각각 한 쪽씩 갖고 말하였다.

"이는 신표로 삼는 것이니 후일 합쳐 봅시다!"

가실이 말 한 필을 가지고 있었는데, 설씨에게 말하였다.

"이는 천하의 좋은 말이니 후에 반드시 쓰임이 있을 것입니다. 지금 내가 떠나면 기를 사람이 없으니 청컨대 이를 길러 쓰시오!"

드디어 작별을 하고 떠났다. 그런데 마침 나라에 변고가 있어 다른 사람으로 교대를 시키지 못하여 어언 육 년이 지나도록 돌아오지 못하였다.

신의를 저버릴 수 없다

아버지가 딸에게 말하였다.

"처음에 삼 년으로 기약을 하였는데 지금 이미 그 기한이 넘었으니 다른 집에 시집을 보내야겠다."

설씨가 말하였다.

"전일에 아버지를 편안히 하여 드리기 위해 가실과 굳게 약속하였습니다. 가실이 이를 믿고 군대에 나가 몇 년 동안 굶주림과 추위에 고생이 심할 것이고, 더구나 적지에 가까이 근무하매 손에서 무기를 놓지 못하니 마치 호랑이 입 가까이 있는 것 같아 항상 물릴까 걱정할 것인데, 신의를 버리고 한 말을 지키지 않는다면 어찌 사람의 정리이겠습니까? 끝내 아버지 명을 따르지 못하겠사오니 청컨대 다시는 그런 말을 하지 마십시오."

그러나 그 아버지는 늙고 늙어 그 딸이 장성하였는데도 짝을 짓지 못하였다 하여 억지로 시집을 보내려고 동네 사람과 몰래 혼인을 약속하였다. 결혼날이 되자 그 사람을 끌어들이니 설씨가 굳게 거절하여 몰래 도망을 치려 하였으나 뜻을 이루지 못하였다. 마구간에 가서 가실이 남겨 두고 간 말을 쳐다보면서 크게 탄식하고 눈물을 흘리고 있었다.

그때 마침 가실이 교대되어 왔다. 모습이 마른 나무처럼 야위었고 옷이 남루하여 집안사람이 그를 알아보지 못하고 다른 사람이라고 하였다. 가실이 앞에 나아가 깨진 거울 한 쪽을 던지니 설씨가 이를 주워 들고 흐느껴 울었다. 아버지와 집안사람이 기뻐하여 어쩔 줄 몰랐다. 드디어 후일 서로 함께 결혼을 언약하여 해로하였다.

－『삼국사기』 권48, 열전 8

[역사 상식]

서민에게 가장 부담이 되었던 고대의 부역제도

설씨녀설화는 민간에 전승되는 자료를 채록한 것이라 할 수 있으며 내용 전개가 매우 문학적이다. 가실이 설씨녀의 아버지 군역을 대신하는 내용에서 볼 수 있듯이, 신라 중대의 군역제도를 이해함에 중요한 시사점을 주고 있는 자료이다.

『삼국사기』에는 초기부터 중국의 부세제도인 조용조가 실시되었던 것으로 서술되었으나 구체적으로 어떤 방식으로 수취하였는가에 대한 자료는 미비하다. 여기서 조(租)와 조(調)는 부세제도의 방식으로, 조(租)는 토지에 부과하는 현물징수제도이고, 조(調)는 집 단위로 부과하는 세금이다. 또한 용(庸)은 남자 성인에게 부과하는 인력 동원이다. 이 같은 조용조제도는 전근대사회 수취제의 기본 골격이었다.

『삼국사기』에 있는 관련 기록을 살펴보면 용은 15세 이상의 남자 장정이 부역에 동원된 것으로 이해되는데, 인력 동원이 가장 무거운 부담이었다. 또 그것이 고대사회의 특징으로 지적되곤 한다. 고려와 조선시대에는 20세 이상의 장정이 부역의 대상이 되었다. 그러나 농업의 생산량이 많아지면서 국가 수취는 토지를 대상으로 그 비중이 옮겨감을 알 수 있다. 조선시대의 조(調)에 해당하는 공물이 전세로 넘겨지는 경향이 그것이라 할 수 있다.

죽어도 두 마음을 갖지 않는다
도미의 아내

　도미(都彌)는 백제 사람이다. 비록 호적에 편입된(부역의 대상으로 국가의 호적에 편입된) 미천한 백성이었지만 자못 의리를 알았다. 그의 아내는 용모가 아름답고 또한 절개를 지키는 행실이 있어 당시 사람들의 칭찬을 받았다.

　개루왕(개로왕)이 이 말을 듣고 도미를 불러 말하였다.
　"대저 부인의 덕은 비록 지조를 지키고 결백한 것을 제일로 삼지만, 만약 그윽하고 어두우며 사람이 없는 곳에서 교묘한 말로 유혹하면 능히 마음을 움직이지 않는 사람이 드물다."
　그러자 도미가 대답하였다.
　"무릇 사람의 정이란 헤아리기 어려운 것입니다. 그러나 저의 아내와 같은 사람은 비록 죽더라도 두 마음을 갖지 않을 것입니다."
　왕이 이를 시험하기 위하여 도미에게 일을 시켜 잡아 두고는 한 명의 가까운 신하로 하여금 거짓으로 왕의 의복을 입고 말을 타고 밤에 그 집에 가게 하였다. (신하는) 사람을 시켜 왕이 오셨다고 먼저 알게 한 뒤 그 부인에게 말하였다.
　"나는 오래 전부터 네가 예쁘다는 소리를 들었는데 도미와 내기를 하여 너를 얻게 되었다. 내일 너를 맞아들여 궁인(宮人)으로 삼기로 하였다. 지금부터 네 몸은 내 것이다."

드디어 난행을 하려 하자 부인이 말하였다.

"국왕께서는 헛말을 하지 않으실 것이니 제가 어찌 따르지 않으리오. 청컨대 대왕께서는 먼저 방에 들어가소서. 제가 옷을 갈아입고 들어가겠습니다."

물러나 계집종을 치장시켜 바쳤다. 왕이 후에 속임을 당한 것을 알고는 크게 노하여 왕을 속인 죄로 도미를 처벌하여 두 눈알을 빼고 사람을 시켜 끌어내 작은 배에 태워 강에 띄웠다. 그리고는 그의 아내를 끌어다가 강제로 음행을 하고자 하니, 부인이 말하였다.

"지금 낭군을 이미 잃었으니 홀로 남은 이 한 몸을 스스로 지킬 수가 없습니다. 하물며 왕을 모시는 일이라면 어찌 감히 어길 수 있겠습니까? 그러나 지금 월경 중이어서 온 몸이 더러우니 청컨대 목욕을 하고 다음 날 오겠습니다."

왕이 이 말을 믿고 허락하였다.

부인이 곧바로 도망쳐 강어귀에 갔으나 건널 수가 없었다. 하늘을 부르며 통곡하니 문득 외로운 배가 물결을 따라 이르렀으므로 이를 타고 천성도(泉城島)* 에 다다라 남편을 만났는데, 아직 죽지 않았다. 풀뿌리를 캐 씹어 먹으며 함께 배를 타고 고구려의 산산(蒜山) 아래에 이르니 고구려 사람들이 불쌍히 여겼다. 옷과 음식을 구걸하며 구차히 살아 나그네로 일생을 마쳤다.

—『삼국사기』 권48, 열전 8

* 천성도: 현재 어디에 있는 섬인지 확실하지 않다. 그런데 경기 광주군 동부면 창우리 앞 말당으로 가는 팔당나루가 도미의 눈을 빼서 던진 도미나루라고 한다. 『신증동국여지승람』 권6 광주목 산천조에 나와 있는 '도미진(渡迷津)'이 그 곳이다. 천성도는 한강에 있는 섬으로 추정하는 견해가 있다.

세속오계의 가르침을 따르다
귀산과 추항

원광법사에게 도를 구하다

귀산(貴山)은 사량부(沙梁部) 사람이다. 아버지는 아간(阿干) 무은(武殷)이다. 귀산이 어렸을 때에 같은 부(部)의 사람 추항(箒項)과 친구가 되었다. 두 사람이 서로 말하였다.

"우리들이 학문이 있고 덕이 높은 사람과 더불어 하기로 기약하였으니, 먼저 마음을 바르게 하고 몸을 수양하지 않으면 아마 치욕을 자초할지 모르겠다. 어찌 어진 이에게 나아가 도를 묻지 않을 수 있겠는가?"

이때 원광법사(圓光法師)가 수나라에서 유학하고 돌아와 가실사(加悉寺)에 있었는데, 사람들이 그를 높이 예우하였다. 귀산 등이 그 문에 나아가 옷자락을 걷어잡고 말하였다.

"저희들 세속 선비는 몽매하여 아는 바가 없사오니 원컨대 한 말씀을 주셔서 종신토록 지킬 교훈을 삼도록 하여 주시기 바랍니다."

법사가 말하였다.

"불계(佛戒)에는 보살계(菩薩戒)가 있는데 그 종목이 열 가지이다. 남의 신하들인 너희들은 아마 이를 감당하지 못할 것이다. 지금 세속오계(世俗五戒)가 있으니, 첫째는 임금 섬기기를 충(忠)으로 할 것(사군이충(事君以忠)), 둘째는 어버이 섬기기를 효(孝)로 할 것(사친이효(事親以

孝)), 셋째는 친구 사귀기를 믿음으로 할 것(교우이신(交友以信)), 넷째는 전쟁에서 물러서지 말 것(임전무퇴(臨戰無退)), 다섯째는 생명 있는 것을 죽이되 가려서 할 것(살생유택(殺生有擇))이다. 너희들은 이를 실행함에 소홀히 하지 말라!"

귀산 등이 말하였다.

"다른 것은 이미 말씀하신 대로 따르겠습니다만, 말씀하신 '살생유택' 만은 잘 알지 못하겠습니다."

법사가 말하였다.

"육재일(六齋日)과 봄, 여름에는 살생치 아니한다는 것이니, 이것은 때를 가리는 것이다. 부리는 가축을 죽여서는 안 되니 말, 소, 닭, 개를 말한다. 또 작은 동물을 죽이지 않는 것이니, 이는 고기가 한 점도 되지 못하는 것을 말함이다. 이는 물건을 가리는 것이다. 이렇게 하여 오직 꼭 필요한 것만 죽이고 많이 죽이지 말 것이다. 이것은 세속의 좋은 계율이라고 할 수 있다."

귀산 등이 말하였다.

"지금부터 받들어 실천하여 감히 가르침을 실추시키지 않겠습니다!"

선비는 전쟁에서 물러서지 않는다

진평왕 건복(建福) 19년 임술(602) 8월에 백제가 크게 군사를 일으켜 아막성(阿莫城)을 포위하니, 왕이 장군 파진간 건품(乾品)·무리굴(武梨屈)·이리벌(伊梨伐), 급간 무은(武殷)·비리야(比梨耶) 등으로 하여금 군사를 거느리고 막게 하였다. 귀산과 추항도 함께 소감직(少監職)*

---

*소감: 명칭상으로 볼 때 대감(大監)과 대응되므로 그 직장(職掌)도 대감을 보좌하는 것으로 보인다. 이 중 '녹내판(屬大官)'은 내판내감(大官大監)의 지휘를 받는 것으로 보이며, 보병과 기병을 거느리는 소감(少監)은 각각 보병과 기병을 거느리는 부대감(隊大監) 예하의 군관으로 생각된다.

아막성 신라의 화랑 귀산과 추항이 백제와의 싸움에 출전했다는 곳이다. 전북 남원시 아영면에 있다.

으로 전선에 나갔다. 백제가 패하여 천산(泉山)의 못가로 물러가 군대를 숨겨 기다리고 있었다. 우리 군사가 진격하다가 힘이 다하여 돌아올 때 무은이 후군이 되어 군대의 맨 뒤에 섰는데, 복병이 갑자기 일어나 갈고리로 무은을 잡아당겨 떨어뜨리었다.

귀산이 큰 소리로 외쳤다.

"내가 일찍이 스승에게 들으니, 선비는 전쟁에 이르러 물러서지 않는다고 하였다. 어찌 감히 달아나겠는가!"

이에 적 수십 인을 격살하고, 자기 말로 아버지를 태워 보낸 다음 추항과 함께 창을 휘두르며 힘껏 싸우니 모든 군사가 이것을 보고 용감히 공격하였다. 적의 넘어진 시체가 들판에 가득하여 한 필의 말, 한 채의 수레도 돌아간 것이 없었다.

귀산 등도 온몸에 칼을 맞아 중로(中路)에서 죽었다. 왕이 여러 신하들과 함께 아나(阿那)의 들판에서 맞이하여 시체 앞에 나가 통곡하고

예(禮)로 장례를 치르게 하였다. 그리고 귀산에게는 관등 나마(奈麻)를, 추항에게는 대사(大舍)를 추증하였다.

―『삼국사기』 권45, 열전 5

[역사 상식]

세속오계를 가르친 원광법사

원광법사는 신라의 고승으로 성은 박씨 또는 설씨이다. 경주 출신으로 13세에 출가하여 승려가 되었고, 30세에 경주 안강의 삼기산(三岐山)에 금곡사(金谷寺)를 짓고, 거기서 수도하였다. 진평왕 11년(589)에 진(陳)나라에 유학하였다. 처음 금릉의 장엄사(莊嚴寺)에 머물면서 『성실론(成實論)』, 『열반경(涅槃經)』 등을 공부한 뒤 오(吳)나라의 호구산(虎丘山)에 들어가 선정에 힘썼다. 설법을 하면서 명성이 널리 알려졌다. 수나라에서 섭론종의 논소(論疏)를 공부하였다.

신라 국왕의 요청으로 600년 조빙사 나마 제문(諸文)과 대사(大舍) 횡천(橫川)을 따라 귀국하여 삼기산에 머물면서 대승경전을 강의하였다. 그 후 가실사에 머물 때에 귀산과 추항이 찾아와 평생토록 지킬 계율을 요청하자 세속오계를 가르쳐 주었다. 진평왕 30년(608)에 왕의 요청에 의하여 승려의 본분을 꺾고 수나라에 보낼 출사표를 썼다. 황룡사에서 인왕백좌강회를 베풀 때에는 최상석의 자리에 앉았다. 가서사(嘉栖寺)에서 불교 교리를 잘 모르는 사람에게 수계하여 정진할 점찰법을 정기적으로 베풀 기금(寶)을 마련하였다.

그가 입적한 나이는 99세라는 『속고승전』 원광전의 기록과 88세라는 『해동고승전』 원광전의 기록이 있는데 후자가 옳은 듯하다. 그의 부도는 삼기산 금곡사에 있었다. 저술로는 여래장(如來藏)에 대한 몇 권이 있었다 한다.

차라리 호랑이처럼 싸우다 죽겠다
죽죽

죽죽(竹竹)은 대야주(현재의 경남 합천) 사람이었다. 아버지 학열(郝熱)은 찬간(撰干: 외위 11관등 중 제5관등)이 되었다.

죽죽은 선덕왕 때 사지(舍知)가 되어 대야성 도독 김품석의 휘하에서 보좌역을 맡고 있었다. 왕 11년 임인(642) 가을 8월에 백제 장군 윤충이 군사를 거느리고 와서 그 성을 공격하였다. 이보다 앞서 도독 품석이 막객(幕客)인 사지 검일(黔日)의 아내가 예뻐 이를 빼앗았기 때문에 검일이 한스럽게 여기고 있었다.

이에 검일이 백제군에 내응하여 그 창고를 불태웠으므로 성중 사람들이 두려워하여 굳게 막지 못하였다. 품석의 보좌관 아찬 서천(西川)―또는 사찬 지삼나(祗彡那)라고도 하였다―이 성에 올라가 윤충에게 소리쳤다.

"만약 상군이 우리를 죽이시 않는다면 원컨대 성을 들어 항복하겠다!"

윤충이 말하였다.

"만약 그렇게 한다면, 그대와 더불어 우호를 함께 하겠다. 밝은 해를 두고 맹세하겠다!"

서천이 품석 및 여러 장수에게 권하여 성을 나가려 하니, 죽죽이 말리며 말하였다.

"백제는 번복을 잘하는 나라이니 믿을 수 없습니다. 그리고 윤충의 말이 달콤한 것은 반드시 우리를 유인하려는 것으로 만약 성을 나가면 반드시 적의 포로가 될 것입니다. 쥐처럼 엎드려 삶을 구하기보다는 차라리 호랑이처럼 싸우다가 죽는 것이 낫습니다."

품석이 이 말을 받아들이지 않고 문을 열어 병졸을 먼저 내보내니 백제의 복병이 나타나 모두 죽였다. 품석이 장차 나가려 하다가 장수와 병졸이

신라 충신 죽죽비 경남 합천군 합천읍에 있으며, 조선 중종 때 죽죽의 충절을 기리기 위해 건립되었다.

죽었다는 말을 듣고 먼저 처자를 죽이고 스스로 목을 찔러 죽었다.*

죽죽이 남은 병졸을 모아 성문을 닫고 몸소 대항하니 사지 용석(龍石)이 죽죽에게 말하였다.

"지금 군대의 형세가 이러한데 반드시 온전할 수 없다. 항복하여 살아서 후일을 도모함만 같지 못하다."

죽죽이 대답하였다.

"그대의 말이 합당하다. 그러나 우리 아버지가 나를 죽죽이라고 이름지어 준 것은 나로 하여금 추운 겨울에도 시들지 않는 절조를 지켜 부

---

* 품석의 죽음:『삼국사기』권28 백제 본기 의자왕 2년(642)조에는 품석이 처자와 함께 성을 나와 항복하자 백제 장군 윤충이 모두 죽여 그 머리를 잘라 왕도(王都: 부여)에 전하였다고 기술되어 있다. 또 성이 함락되자, 남녀 1,000명을 생포하여 서쪽의 주·현에 분거시켰다고 기록되어 있다.

러질지언정 굽히지 말게 한 것이니 어찌 죽음을 두려워하여 살아서 항복하겠는가?"

그리고 힘써 싸웠지만, 끝내 성이 함락되자 용석과 함께 죽었다. 왕이 이 소식을 듣고 크게 슬퍼하였고 죽죽에게 급찬, 용석에게 대나마의 관등을 내리고 처자에게 상을 내리고 서울로 옮겨 살게 하였다.

―『삼국사기』권47, 열전 7

적장의 목을 베지 못해 한스럽다
관창

관창(官昌: 645~660)—또는 관장(官狀)이라고도 하였다—은 신라 장군 품일의 아들이다. 용모와 자태가 아름답고 아담하였으며, 어린 나이에 화랑이 되었는데 사람들과 잘 사귀었다. 나이 16세 때 말 타고 활쏘기에 능숙하였다.

대감인 어느 사람이 태종대왕에게 그를 천거하여 당나라 현경 5년 경신(660)에 왕이 군대를 내어 당나라 장군과 더불어 백제를 칠 때 관창을 부장으로 삼았다. 황산벌에 이르러 양쪽의 군대가 서로 대치하자 아버지 품일이 말하였다.

"너는 비록 어린 나이지만 뜻과 기개가 있으니 오늘이 바로 공명을 세워 부귀를 취할 수 있는 때이니 어찌 용기가 없겠는가?"

관창이 '예' 하고는 곧바로 말에 올라 창을 비껴 들고 적진에 곧바로 진격하여 말을 달리면서 몇 사람을 죽였으나 상대편의 수가 많고 우리 편의 수가 적어서 적의 포로가 되었다. 포로로 백제의 원수(元帥) 계백의 앞에 끌려갔다. 계백이 투구를 벗게 하니 그가 어리고 용기가 있음을 아끼어 차마 죽이지 못하고 탄식하였다.

"신라에는 뛰어난 병사가 많다. 소년이 오히려 이러하거늘 하물며 장년 병사들이야!"

적을 향해 돌진하는 관창의 모습 『삼강행실도』의 속편 격인 『동국신속삼강행실도』에 실려 있다.

이에 살려 보내기를 허락하였다.

관창이 돌아와서 말하였다.

"내가 적지 가운데에 들어가 장수의 목을 베지 못하고 그 깃발을 꺾지 못한 것이 깊이 한스러운 바이다. 다시 들어가면 반드시 성공할 수 있다."

그리고 손으로 우물물을 움켜 마시고는 다시 적진에 돌진하여 민첩하게 싸우니 계백이 잡아서 머리를 베어 말안장에 매어 보내었다.

아버지 품일이 그 머리를 손으로 붙들고 소매로 피를 닦으며 말하였다.

"우리 아이의 얼굴과 눈이 살아 있는 것 같다. 능히 왕실의 일에 죽었으니 후회가 없다."

　전군이 이를 보고 용기를 내고 뜻을 세워 북을 요란하게 쳐 진격하니 백제가 크게 패하였다. 대왕이 급찬의 위계를 주고 예로 장례를 지내 주었고 그 집에 당나라 비단 30필, 20승포(升布) 30필과 곡식 100섬을 내려 주었다.

—『삼국사기』 권47, 열전 7

장부는 마땅히 전쟁터에서 죽어야 한다
심나

소나(素那)―또는 금천(金川)*이라고 하였다―는 백성군(白城郡: 경기도 안성시) 사산(蛇山: 충남 천안시 직산면) 사람이었다. 그의 아버지 심나(沈那)―또는 식천(熄川)이라고 하였다―는 팔힘이 남보다 세었고 몸이 가볍고도 민첩하였다.

사산현의 경계는 백제의 땅과 맞닿아 있었으므로 거의 매달 서로의 침입과 공격이 벌어졌다. 그런데 심나가 출전할 때마다 그를 대항할 강한 군사가 없었다. 인평(仁平) 연간에 백성군에서 군사를 내어 백제의 변방 고을을 빼앗았는데, 백제에서 정예 부대를 내어 급히 치니 우리 군대가 어지러이 물러났다.

심나만이 홀로 서서 칼을 빼 들고 눈을 부릅뜨고 크게 소리를 지르며 수십여 명을 목베어 죽이니 적이 두려워하여 감히 당하지 못하고 달아났다. 백제인들이 심나를 가리켜 '신라의 나는 장수'라고 불렀고 서로 말하기를 "심나가 아직 살아 있으니 백성(白城)에 접근할 수 없다"고 하였다.

* 금천: 소나(素那)의 다른 이름. 훈독하면 '쇠나'로서 소나(素那)에 대한 한자식 표현이다.

소나는 용감하고 호걸스러워 아버지의 풍채를 닮았다. 백제가 멸망한 후에 한주(漢州) 도독 도유(都儒)공이 대왕(문무왕)에게 청하여 소나를 아달성으로 옮기어 북쪽 변방을 막도록 하였다.

상원(上元) 2년 문무왕 15년 을해(675) 봄에 아달성 태수 급찬 한선(漢宣)이 백성에게 일렀다.

"어느 날 모두 나가 삼을 심으려 하니 명을 어기지 말도록 하라!"

말갈의 첩자가 이를 알고 돌아가 자기 추장에게 보고하였다.

그날 백성이 모두 함께 성을 나가 밭에 있는 틈을 타서 말갈이 군사를 숨겼다가 갑자기 성에 들어왔다. 말갈이 온 성을 겁탈하니 노인과 어린아이 등 성안 사람들이 허둥지둥 어쩔 줄을 몰랐다. 소나가 칼을 휘두르며 적을 향하여 크게 외쳤다.

"너희들은 신라에 심나의 아들 소나가 있다는 것을 아느냐? 진실로 죽음을 두려워하여 살고자 도모하지 않을 것이니 싸우고자 하는 사람은 어찌 나오지 않겠는가!"

드디어 분노하여 적에 돌진하니 적이 감히 가까이 오지 못하고 단지 화살을 쏠 뿐이었다. 소나도 또한 화살을 쏘니 화살이 벌 떼처럼 날아다니는 것 같았다. 아침부터 저녁까지 싸우니 소나의 몸에 화살이 박혀 고슴도치 같았다. 드디어 거꾸러져 죽었다.

소나의 아내는 가림군(加林郡 : 충남 부여군 임천면)의 양갓집 딸이었다. 전에 소나가 아달성이 적국에 가깝다는 이유로 홀로 가고 아내를 집에 남겨 두었는데, 그 군 사람들이 소나가 죽었다는 소식을 듣고 조문하니 그 아내가 곡하면서 대답하였다.

"나의 남편이 항상 말하기를 '장부는 진실로 마땅히 싸우다 죽어야지 어찌 병상에 누워 집사람의 보살핌 속에서 죽을 수 있겠는가?'라고 하였다. 평소의 말이 이와 같았는데, 지금의 죽음은 그의 뜻과 같이 된 것이다."

대왕이 그가 전사했다는 소식을 듣고 눈물을 흘려 옷깃을 적시면서 말하였다.

"아버지와 아들이 나라의 일에 용감하였으니 대대로 충의를 이루었다고 할 수 있다."

이에 그에게 잡찬*을 추증하였다.

—『삼국사기』 권47, 열전 7

* 잡찬: 진골 신분민이 받을 수 있는 신라의 제3관등이었다. 지방 출신인 소나에게 잡찬의 관등을 추증한 것은 예에 없는 파격적인 대우였다. 일반적으로 전사한 자에게 급찬(제9관등), 특별히 높이 주어야 사찬(제8등급) 정도였다.

그 아버지에 그 아들
김영윤

김영윤(金令胤)은 사량 사람으로 급찬(級湌) 반굴(盤屈)의 아들이다. 할아버지인 각간 흠춘(欽春) — 또는 흠순은 진평왕 때 화랑이 되었는데, 대단히 어질고 신뢰가 두터워 뭇 사람의 마음을 얻었다. 장년이 되어 문무대왕이 그를 총재(冢宰)로 삼았다. 윗사람을 충성으로 섬기고 백성에게 관대하여 나라 사람이 모두 어진 재상이라 칭하였다.

아버지 반굴의 죽음
태종대왕 7년 경신(660)에 당나라 고종이 대장군 소정방에게 명하여 백제를 치게 하였을 때 흠춘이 왕명을 받들어 장군 유신 등과 함께 정예 군사 5만을 이끌고 나갔다. 가을 7월 황산벌에 이르러 백제 장군 계백을 만나 싸움이 불리하여지자 흠춘이 아들 반굴을 불러 말하였다.

"신하는 충성이 제일 중요하고 자식은 효가 제일 중요하다. 위험을 보고 목숨을 바치면 충과 효가 모두 이루어진다."

반굴이 "예! 그렇게 하겠습니다" 하고는 적진에 들어가 힘껏 싸우다 죽었다.

영윤은 대대로 고관을 지낸 집안에서 태어나 성장하였으므로 명예와 절개를 자부하였다.

홀로 적진에 나아가 싸우다

신문대왕 때에 고구려의 남은 세력 실복(悉伏)이 보덕성(報德城)에서 반란을 일으켰다. 왕이 토벌을 명할 때에 영윤을 황금서당(黃衿誓幢)*의 보기감(步騎監)으로 삼았다. 장차 떠나려 할 때 말하였다.

"나의 이번 걸음에 나의 종족과 친구들로 하여금 나쁜 소리를 듣지 않게 하겠다."

실복이 가잠성(椵岑城) 남쪽 칠 리 밖에 나와 진을 치고 있는 것을 보고 어느 사람이 말하였다.

"지금 이 흉악한 무리는 비유컨대 제비 천막 위에 집을 지은 것이고 솥 안에서 놀고 있는 물고기와 같으니 만 번이라도 죽겠다는 각오로 나와서 싸우나 하루살이의 목숨과 같다. '막다른 곳에 다다른 도둑을 급박하게 쫓지 말라' 하였듯이, 마땅히 물러서서 피로가 극에 달함을 기다려 치면 칼날에 피를 묻히지 않고도 사로잡을 수 있을 것이다."

여러 장수들이 그 말을 그럴듯하다고 여겨 잠깐 물러났다. 오직 영윤만이 홀로 이를 받아들이지 않고 싸우려 하니 그 따르는 자가 말하였다.

"지금 여러 장수들이 어찌 다 살기를 엿보는 사람으로 죽음을 아끼는 무리이겠습니까? 지난번의 말을 수긍한 것은 장차 그 틈을 기다려 그 편함을 얻고자 함인데, 그대가 홀로 곧바로 진격하겠다고 하니 그것은 올바르지 못합니다."

영윤이 말하였다.

"전쟁에 임하여 용기가 없는 것은 예기에서 경계시킨 바요, 전진이 있을 뿐 후퇴가 없는 것은 병졸의 떳떳한 분수이다. 장부는 일에 임하여 스스로 결정할 것이지 어찌 반드시 무리를 좇을 필요가 있겠는가?"

드디어 적진에 나가 싸우다가 죽었다. 왕이 이를 듣고 슬퍼하여 눈물

*황금서당: 통일신라 중앙군인 9서당의 한 부대. 신문왕 3년 고구려 유민으로 조직한 군단. 군복의 옷깃 색이 황적(黃赤)이었다.

익산토성 삼국통일 후 고구려 부흥운동을 벌였던 안승이 보덕국을 세웠던 곳으로 전하여 보덕성이라 부르기도 한다. 보덕성에서 실복이 반란을 일으키자 김영윤은 이 싸움에 출전하여 죽었다. 전북 익산시 금마면에 있다.

을 흘리면서 말하였다.

"그런 아버지가 없었으면 이런 자식이 있을 수 없다. 그 의로운 공이 가상하다."

이에 벼슬과 상을 후하게 추증하였다.

—『삼국사기』권47, 열전 7

[역사 상식]

대를 이은 충성

김영윤의 할아버지인 흠춘은 신라의 진골 출신 장군이었다. 흠순이라고도 하는데, 열전은 주로 흠춘이라고 썼고, 본기는 주로 흠순이라고 썼다. 그는 김유신의 동생으로 어려서 화랑이 되었다.

660년 황산벌 싸움에서 신라군은 네 번이나 싸워 패하여 신라군의 사기가 크게 떨어지자, 흠춘은 아들 반굴(김영윤의 아버지)에게 나라가 위기에 처하였으니 목숨을 바쳐 충효를 다하라 하여 아들을 전사하게 하였다.

661년에는 평양에 와 있는 소정방에게 군량을 전하기 위하여 김유신과 함께 고구려 영역을 통과하여 식량을 전달하였고, 662년부터 663년까지는 내사지성(內斯只城: 대전 유성구), 거열성(居列城: 경남 거창), 사평성(沙平城: 충남 당진군 신평면), 덕안성(德安城: 충남 논산군 은진면)의 백제 부흥군을 토벌하였다.

668년 고구려를 멸망시키는 전쟁에서는 김인문과 함께 신라군을 이끄는 총대장으로 큰 공을 세웠다. 669년에는 파진찬 양도와 함께 당나라에 사신으로 갔다가 양도는 감옥에 갇혔고, 그는 다음 해에 환국하였다.

4장 효와 정절, 충의를 드높인 사람들

인물로 보는 삼국사

초판 1쇄 발행 2014년 11월 20일
초판 5쇄 발행 2016년 7월 15일

지은이 정구복
펴낸이 박경준
펴낸곳 글로북스

등록번호 제15-522호
등록일자 2001년 7월 2일

주소 서울시 마포구 서교동 444-15
전화 02-332-4327(代)
팩스 02-3141-4347

※ 잘못된 책은 구입하신 서점에서 바꾸어 드립니다.